إدارة المستشفيات
والرعاية الصحية

إدارة المستشفيات
والرعاية الصحية

تأليف
د. مضر زهران

ماجستير في الرعاية الصحية وإدارة المستشفيات

دكتوراه في إدارة الأعمال

مزيدة ومنقحة

٢٠٠٨

رقم الإيداع لدى دائرة المكتبة الوطنية ٢٠٠٨
رقم التصنيف:
المؤلف ومن هو في حكمه: الدكتور مضر زهران
عنوان المصنف: إدارة المستشفيات والرعاية الصحية
الموضوع الرئيسي: إدارة المستشفيات والرعاية الصحية
رقم الإيداع: ٢٠٠٨
بيانات النشر: عمان دار زهران
* تم إعداد البيانات الفهرسة والتصنيف الأولية من قبل دائرة
المكتبة الوطنية

المتخصصون في الكتاب الجامعي الأكاديمي العربي والأجنبي
دار زهران للنشر والتوزيع
تلفاكس: ٥٣٣١٢٨٩ – ٦- +٩٦٢، ص. ب ١١٧٠ عمان ١١٩٤١ الأردن
E- mail: Zahranco@maktoob www.Darzahran. Net

الجزء الأول

(١)

مقدمة

ولكن سرعان ما وجدوا بأن القبطان الذي وثقوا به لديه فكرة واحدة فقط لاجتياز المحيط تتمثل في قرع الجرس.

تتطلب إدارة المستشفيات مهارات عالية ومعرفة متخصصة وموقفاً ذو إطار ملائم حتى تؤدي الغرض الذي أنشئت من أجله. لقد مضى الوقت الذي كان يؤمل فيه بأن يقوم الطبيب الماهر والمتدرب على إدارة الأعمال بإدارة مستشفى إذ تتوفر بعض المساقات في أيامنا هذه تديرها جامعات مرموقة ومعاهد إدارة أعمال، وتساعد مثل هذه المساقات الدراسية الطلبة الدارسين على التخصص في هذا الحقل الجديد بين الطب والإدارة آملين أن يتمكن الطلبة الدارسين في هذه المعاهد بالإضافة إلى التعليم المستمر والخبرة الكافية من إدارة المستشفيات بكفاءة واقتدار.

إن مدير المستشفى هو مدير الموارد بأكملها وهذه الموارد المختلفة ومتعددة ونادرة وهي كذلك على وجه الخصوص في بلد كالهند إذ يعتمد نجاح مدير أو مديرة المستشفى على مدى قدرته أو قدرتها على تنظيم واستخدام الموارد المتاحة على الوجه الأمثل. والتي يمكن إدراجها على النحو التالي:

- الموارد البشرية - محترفون - مهره - غير محترفين.

- الطريقة.

- مقاييس الأداء.

- المواد.

- الآلات والمعدات.

- الأموال النقدية.

- الوقت (المصدر الذي لا يمكن تجديده).

- المعلومات (قيمة جداً ويمكن توسيعها سريعاً).

إذ يمكن مقارنة مدير المستشفى بقائد الأوركسترا الذي يستخدم كل مورد متاح إلى أقصى درجة ممكنة.

وبالإضافة إلى كونه مديراً لكل أنواع الموارد يكون مدير المستشفى أيضاً:

- متصوراً ومدركاً وفاهماً لأهداف المستشفى.

- مخططاً استراتيجياً وصائغاً للسياسات.

- مبادراً بالتغيير.

تركيبتها المعقدة:

تعتبر المستشفى مؤسسة بالغة التعقيد ولها جميع مقومات المؤسسة ولكن هناك العديد من الملامح الخاصة للإدارة والتدريب التي لا تشاهد في مؤسسات وأنظمة أخرى.

المستشفى:

- توفر العناية الشخصية والفردية ويعتبر كل (مريض) متفرداً حتى بوجود العديد من الأشخاص الذين يعانون من نفس المرض.

- أن يكون سريع التجاوب لتوقعات الفرد والعائلة والمجتمع.

- أن تنخرط في الرعاية الصحية الأولية وصحة المجتمع حتى في تقديمها للرعاية الثانوية والرعاية من الدرجة الثالثة.

- أن تتواكب مع الرعاية الطارئة وإدارة الأزمات (الحوادث والطوارئ) وهي جزء لا يتجزأ من إدارة المستشفيات.

- عدم إمكانية حدوث خطأ. والتي يمكن أن ينتهي بإزهاق الأرواح أو العجز الدائم أو المرضى المزمن.

- لديها فريق من المتخصصين الذين يطالبون بحرية اتخاذ القرارات والإجراءات ويتوقعون الحصول عليها.

- لديها صعوبة في توفير المكافآت أو العقوبات الفردية.

- تواجه صعوبة في تقييم أدائها الوظيفي مع وجود أهداف ونتائجها غير المصقولة وغير الواضحة.

- ولكن بالرغم من هذه العوائق يشعر الأشخاص العاملون في المستشفى بالقناعة، فهناك شعور بالالتزام والوفاء ويهدف هذا الكتاب لتحقيق غرضين في أن معاً فيقدم مبادئ الإدارة والتدبير ويقدم الحلول العملية.

لتلافي المشكلات التي يمكن أن تنشأ والتعامل معها بنجاح إذ يجب تلافي المشكلات وحلها:

إن إدارة المستشفيات ليست مسألة سهلة إنها مسألة بالغة التعقيد ولكن لا حاجة لأن تسبب القلق والحصار العصابي إذا تم التعامل معها بصورة ملائمة. ويوفر هذا الكتاب المساعدة للتعامل مع الأوضاع والمشكلات التي قد تنشأ. ويهدف إلى توفير المعرفة للقارئ والمهارات والأوضاع الملائمة لتلافي بروز المشاكل وحل المشكلات التي تنشأ، ومهما كان حجم ووضع المشكلة كبيراً أو صغيراً تجنب بروزها بصورة يومية فعالياً ما تسبب الإدارة التوتر وتحدث الأمور حتى بوجود أفضل القوانين فالمشاكل لا تحترم الأنظمة والقوانين أو الإجراءات فربما تربح أو تخسر

استناداً إلى كيفية التعامل مع المشاكل والناس وحتى المشاكل التي تبدو غير قابلة للحل ربما تذهب بعيداً بسهولة مدهشة كالظل وقت الفجر.

فكن حذراً فربما تنقلب المشاكل التي تبدو صغيرة ككرة الثلج إلى مشاكل شديدة الصعوبة، ولا تدعي صعوبة المشكلة لأن المشكلة غير الصعبة ليست مشكلة. ويساعدك هذا الكتاب لتجاوز المشكلات، بحيث تتعامل مع المشاكل بفاعلية وكفاءة أكبر.

لا تضع الافتراضات غير الناجحة وكن منفتحاً على جميع الاقتراحات والتعليقات.

وغالباً ما سمعت المدراء يشكون من الافتقار إلى الصلاحيات وسمعت آخرين يشكون من عدم استخدام المدير لصلاحياته أو أنه كاره استخدامها أو أنه خائف من استخدامها خائف من الانتقادات ومن الإجراءات التي قد تتخذها السلطات العليا أو المستخدمين.

فهناك شكوى عدم وجود الأدوية الكافية في مستشفيات المقاطعات في الولاية، وأراد وزير الصحة للولاية المساعدة في شهر مارس (آذار) (عند قرب انتهاء السنة المالية) حيث تصبح بعض التمويلات متوفرة من مسئول حسابات آخر وخصصوا أربعة لاك (وهو مبلغ ضخم في ذلك الوقت) بحيث يتصرف كل ضباط صحة المقاطعة (وهو أيضاً مع تعليمات مجددة لاستخدام الأموال بصورة فورية (دون الوقوع في الخطأ) بغرض توفير الدواء اللازم بصورة مستعجلة وهناك اثنين فقط من الضباط التسعة استخدموا كامل هذه الأموال مع بعض الحث وأربعة منهم استخدموا الأموال جزئياً وثلاثة سلموا الأموال كاملة.

وغالباً ما تشكوا إدارات المستشفيات من المنافسة المتزايدة في كل مكان وهناك نمو مفاجئ في عدد المستشفيات المتحدثة المشتركة ويجلب ذلك نظرة وبيئة تجارية

وغالباً ما يجلبون التكنولوجيا المتقدمة والمعقدة كجزء من الاستثمار لتحقيق أرباح مرتفعة وعلى الرغم من فائدة تطور التكنولوجيا الانتقائية فليست كل التكنولوجيا الجديدة المكلفة ضرورية أو مرغوب فيها، حيث التكلفة الغالية التي تكون فوق القدرات المالية للناس فإن هذه المستشفيات المتحدة المشتركة والمستشفيات المشابهة تدفع رواتب أكثر إغراءً مع متطلبات أساسية أخرى، وهناك خوف من استقطابها لأفضل الأطباء والممرضين والفنيين وغالباً ما تكون مثل هذه الافتراضات خاطئة فلا يصيبك الذعر فالحقيقة أن المستشفى الذي يسير بصورة جديدة سيواصل استقطابه للمحترفين والفنيين اللازمين، فلا تقلل من جودة المستشفى الخاص بك وتزيد من تقدير جودة المستشفى المنافس لك. فهناك متسع للجميع وتحتاج البلاد إلى المزيد من المستشفيات المتنوعة حكومية وغير حكومية.

الفشل

إن الفشل جزء من التجربة الإنسانية فإذا نظرت إليه على أنه تحدي فإنك ستجد أنه خطوة حقيقية على طريق النجاح والإثراء الشخصي فالفشل هو الفرصة الوحيدة للبدء ثانية بصورة أكثر ذكاءً كما ذكر هنري فورد وقال السياسي الفرنسي- جورج كليمنصو أن تعرضك للفشل ليس أمراً بلا قيمة حيث يشير إلى قيامك بمحاولة عمل شيء ما.

روجر بانيستر وهو طالب طب كان مرشحاً لنيل الميدالية الذهبية من أولمبياد هلينسكي ١٩٥٢م لم يصنع شيئاً ولكنه كان حافزاً له للركض ميلاً واحداً في أقل من أربع دقائق وحطم الرقم القياسي للأربع دقائق بعد سنتين من فشله وذكر بأنه لو أنه قد حصل على الميدالية الذهبية في الأولمبياد فربما لم يقم بتحطيم الرقم القياسي.

فهل تصبح نجيلاً بسبب ارتكابك للخطأ؟ فليس لديك الإجابة الصحيحة في وقت ما أو الإجابة الخاطئة؟ لا تقلق فربما يحصل ذلك لأفضل المدراء. فليس هناك

شخص معصوم عن الخطأ وليس هناك شخص على صواب طيلة حياته فلك الحـق في ارتكاب الخطأ. فالشخص الوحيد الذي لا يرتكب الخطأ هو الذي لا يصنع شيئاً ولكن يجب أن تتعلم من الأخطاء وأن تستفيد منها، إنها تجربة تعلم ويهدف هذا الكتاب إلى التقليل من الأخطاء.

الجزء الثاني
(٢)

إدارة المستشفيات (٢)

مدير المستشفى – دوره ومسؤولياته

إن الشخص الذي على الجواد الأبيض هو الشخص الذي ينظر إليه في المؤسسة بأكملها.

إن مدير المستشفى هو الرئيس التنفيذي الأول للمستشفى وهو الـذي يتطلع الجميع إلى توجيهاته فهو الذي يضع نغمة الأداء وكيف سيعامل المستشفى مرضاه بكفاءة وفعالية عالية. لذا فإن مدير المستشفى هو الذي سيكون مسئولا في النهايـة عن نجاح المستشفى أو فشله.

ففي الماضي كان هناك لدى المستشفيات في الهند وفي الدول الأخرى الرغبة بـأن يديرها طبيب سريري ترقى في منزلته يتم تعيينه في النهاية مـديراً أو رئيسـاً تنفيذياً للمستشفى ولكنه لا يكون مدرباً على الإدارة وقوانين الأفراد وعلاقات العمل والمالية والتخطيط وإدارة المواد ... الخ، وعليه فإن المستشـفى تخسـر طبيبـاً جيـداً وتحصل على إداري ضعيف وعلاوة على ذلك فإن مثل هذا المدير غالباً ما يسانده مـدير غير طبي؟ غير مدرب (غير مؤهل) ويكون بيروقراطياً في المستشفيات الحكومية. وممثل رجال الدين في حالة المستشفيات التي تديرها مؤسسات دينية وشخص ثقة بالنسبة للمالكين في حالة المستشفيات ذات الملكية الخاصة بإدارة مستشفى كمـا في النظـام القائم وقد أصبح الآن ممكناً أن يكون هناك أشخاص طبيـون أو ممرضـون أو غـير طبيين والحصول على تدريب على إدارة المستشفيات ويتمكنوا من أن يصبحوا مدراء مستشفيات بصورة فاعلة.

استناداً إلى الخلفية الخاصة بالشخص (فيما إذا كان من الكادر الطبي أم لا) واستناداً إلى ملكية المستشفى وتعيين المدراء التنفيذيين الآخرين، ربما يتم تصنيف مدير المستشفى كمدير تنفيذي أو مدير طبي أو يتم تصنيفه مديراً للمستشفى.

وفي المستشفيات الضخمة والمتوسطة هناك حاجة إلى أكثر من مدير للمستشفى وفي هذه الحالة يعمل كمدير تنفيذي أو مديراً طبيباً بينما يعمل كمسئول طبي وفي بعض الأحيان ربما يعين الطبيب الممارس للإدارة الطبية وبالمقابل ربما يعين المدير التنفيذي كمدير طبي/ أو مسئول طبي يساعده مدير غير طبي وفي المستشفيات الضخمة فهناك حاجة إلى مدير مستشفى مساعد أو أكثر يراقب كل منهم ويشرف على مجموعة من الخدمات المساندة ودوائر الخدمات المساعدة، لذا فإن دور ومسئوليات مدير المستشفى يختلف استناداً إلى الوصف الوظيفي. وتوفر مدراء آخرين طبيين وغير طبيين وكذل الواجبات المحددة المخصصة له من قبل الإدارة مثل الحكومة/ أو مجلس الإدارة أو مجلس الأمناء/ المالكين، للمستشفى.

واجبات مدير المستشفى:

تشتمل واجبات مدير المستشفى الوظيفية بشكل عام أثناء عمله مديراً طبياً أو رئيساً تنفيذياً الآتي:

* بصفته الممثل الرسمي للإدارة فهو مسئول عن إذعان المستشفى لجميع القوانين الحكومية والمتطلبات الشرعية والأخلاقية والقانونية.

* تجنب مبدأ (أتترك المسئولية على المسئول) (اترك الإجابة للمسئول) فهو مسئول عن جميع الأفعال التي يقوم بها العاملون في المستشفى سواء بدوام كامل أو جزئي أو زائرين.

* كذراع تنفيذي لمجلس الإدارة.

- لديه واجب عام بالاطلاع كل نشاط يجري في المستشفى.

- لديه المسئولية المطلقة للتأكد من أن مهمة وفلسفة أو أهداف المستشفى يتم تنفيذها وتصل إلى أقسامها والهيئة العاملة فيها.

- نقل وتفسير وتطبيق قرارات وقوانين المستشفى.

- وللالتزام بسياسات الإدارة يقوم بصياغة القوانين والأنظمة والإجراءات اللازمة ومراقبة تطبيقها.

- الرقي بالاستخدام الفاعل لموارد المستشفى للإنسان والمال والمواد والمباني والساحات.

- تنسيق الخطط السنوية والخطط طويلة الأمد للمستشفى وتوجيه تنفيذها بموافقة الإدارة.

- تقديم تقارير الميزانية والمقترحات والأداء وكشف الميزانية مدققة سنوياً إلى مجلس الإدارة ويقوم بالتنسيق بين الأقسام.

- وحيث أن المستشفى في مراحل بنائها وتجهيزها بالإدارة والمهندسين والمعماريين من جهة والمحترفون من كوادر الطب والتمريض من حيث الحاجة إلى الإدارات والمباني والمعدات والتأثيث والتزويد بالهيئة العاملة.

- التأكد من قابلية المؤسسة للنمو مالياً والرقي بجهود التسويق الملائمة والعائدات العالية والاقتصاد في استخدام الموارد.

* وكــذلك فــإن المــدير التنفيــذي هــو حلقــة الوصــل الرســمية بــين الإدارة والمستخدمين وبذلك يقوم بالآتي:

- تقديم النصح إلى مجلس الإدارة عن تركيبة الراتب والخدمات والفوائد والقيم للهيئة العاملة الرئيسية.

- وإنه هو المسئول في النهاية عـن العلاقـات السـليمة بـين المستخدم وصاحب العمل والتفاوض مع اتحاد العمال.

- وبصفته قائداً للمؤسسة يقوم بالآتي.

- إيجاد مناخ مؤسسي محبب ويقوم بحل الخلافات المؤسسية الرئيسية والرقي بأخلاقيات المستخدمين العالية والرضى الوظيفي.

- يعمل عن كثب مع التنفيذيين الرئيسيين الآخرين بما في ذلك المسئول الطبي والمسئول التمريضي والمدراء المساعدون مشكلين فريقاً إدارياً متماسكاً للبحـث في الشئون اليومية.

- اختيار كبار التنفيذيين الآخرين ورؤساء الإدارات وكبار أعضاء الهيئة العاملة وتخصيص الواجبات والمسئوليات لكل منهم بالصورة الملائمة ويحملهم المسئولية عن ذلك.

- التأكد من أن هذه الهيئة التنفيذية والإدارية العاملة تعمل بفاعلية وتدير المستشفى بطريقة مريحة بكفاءة عالية.

- يعتبر مسئولاً عن الاتصالات الفاعلة ضمن المستشفى بـين الإدارات والأقسـام المختلفة وبين المستشفى ومستخدميه ويصدر التعاميم ويحضرـ الاجتماعـات بـين الإدارات المختلفـة وداخـل كـل إدارة ويقـدم تقـاريره للـإدارة عـن النشاطات ذات العلاقة بالمستشفى.

* وكصاحب عمل يعتبر المدير التنفيذي مسئولاً عن إدارة شئون الأفراد.

- فيقوم بتعيين الهيئة العاملة حسب ما يلزم وكما يوصي بـذلك رؤسـاء الأقسـام ذات العلاقة ويحدد المكافآت والتعويضات طبقاً للمـؤهلات والخـبرات والمسـتوى أو الدرجة في المؤسسة، ويوافق على سلم الرواتب وقيود الميزانية.

- التعاقد مع مؤسسات متخصصة لتقديم بعض الخدمات بطريقـة أكثر كفـاءة وأوفر اقتصادياً.

- مسئول عن سياسات شئون الأفراد والالتزام بقوانين الخدمة ونظام الاستخدام وحفظ سجلات دقيقة للأفراد.

- هو السلطة العليا للنظام والانضباط في المستشفى.

* وكونه وصياً على أموال وممتلكات المستشفى:

- يقوم بإنشاء نظام جيد للاستخدام الاقتصادي الملائم لأموال المستشفى بعنايـة كبيرة، وتطوير مراقبة مالية ملائمة والتأكد من الاحتفاظ بالسجلات المالية وصيانتها بالصورة الملائمة، ومنع سوء الاستخدام لأموال وممتلكات المستشفى.

- تقديم النصح للإدارة عن الرسوم/ والأجور للخدمات المختلفة.

- مراقبة حيازة المباني وشراء المعدات والمواد والتأكد من الاستخدام الملائم لها.

- اتخاذ الإجراءات للحد من المصائب وتجاوزها مثل الحريق والسرقة.

- التأكد من حفظ السجلات الطبية بصورة ملائمـة. و/ أو السجلات المكتوبة لجميع صفقات الأعمال، والمراسلات والتقارير بصورة ملائمة.

- بما أن المستشفى موجودة بصورة أساسية لتوفير الرعاية، المساندة حتى ولو لم تكن ذات خلفية طبية، فإن على المدير التنفيذي مسئولية أساسية عن نوعية الرعاية التي يتم تقديمها وبناءً عليه يقوم بالآتي:

* اتخاذ كافة الخطوات الضرورية للتأكد من المستوى العالي للخدمات الاحترافية والفنية والمساندة.

* التأكد من أن الإجراءات الملائمة في مكانها الصحيح للإدخال الكفء للمرضى والعناية بهم وتخريجهم من المستشفى.

* مراقبة أداء المستشفى وعائداته وكفاءته وفاعليته وجودة العناية والتمريض الذي توفره.

* التأكد من أن المباني والأجهزة متوفرة بصورة ملائمة لإسناد الرعاية الجيدة والسريعة للمرضى.

* تطبيق نظام المراجعة الدورية وتحسين التنافس المهني للعاملين من خلال تأكيد الجودة والتدريب الوظيفي والإثراء الوظيفي المتواصل بالانخراط بالتعليم المستمر والنشاطات العلمية والأبحاث.

* بصفته الممثل الرسمي للمستشفى فإن المدير التنفيذي لديه المسئولية للنشاطات الخارجية أيضاً.

- تطوير تصور إيجابي للمستشفى وتطوير علاقات عامة جيدة مع الحكومة، الوكالات الرسمية والبائعين ومع الجمهور بشكل موسع.

- الحفاظ على اتصال عن قرب مع المجتمع الذي تخدمه المستشفى.

- التنسيق مع المنظمات الحكومية وغير الحكومية في تطوير وتنفيذ السياسات الصحية ولحل المشكلات الصحية للمجتمع.

- الاهتمام الفاعل بالمنتديات الاحترافية وتشجيعها مع المطبوعات والنشاطات التعليمية.

* بما أنه يقوم/ أو تقوم بتنفيذ بعض الواجبات الأخرى التي قد يطلب منه القيام بها كمدير تنفيذي للمستشفى.

بما أنه من غير الممكن جسدياً للمدير التنفيذي للمستشفى القيام بكل هذه الواجبات فإنه يمكن نقل هذه الصلاحيات إلى التنفيذيين الرئيسيين مثل المسئول الطبي أو مدير المستشفى أو مساعد مدير المستشفى ومهما يكن فإن الصلاحيات النهائية هي في يد المدير التنفيذي ومدير المستشفى المسمى المدير الطبي أو المسئول الطبي.

عليه مسئوليات أخرى مباشرة عن النشاطات التالية في الإدارة الطبية:

- ترؤس مؤسسات الهيئة الطبية ومسئوليته عن القيام بوظيفة الخدمات السريرية والخدمات المساندة بصورة فاعلة.

- العمل عن قرب مع رؤساء إدارات الخدمات السريرية والخدمات المساندة لتطوير وتحسين نوعية ومدى الخدمات السريرية والتشخيص وتسهيلات العلاج والبروتوكولات للعناية الكفء بالمريض.

- العمل عن قرب مع خدمات التمريض في تطوير الإجراءات الملائمة للرعاية التمريضية والمساندة الجيدة للمرضى.

- المساعدة في تعيين هيئة تدريسية فنية واعتماد الامتيازات التي تبين مجال عملهم.

- تبني الأنظمة لمراقبة وتحسين نوعية الرعاية واستغلال المباني والعائدات وأداء الهيئة العاملة.

- تطوير السياسات والإجراءات لحماية العاملين والمرضى ضد الإصابات غير المتشابهة وغير المتماثلة والإصابات الحاصلة الخطيرة وما يترتب عليها.

- تنظيم لجان للتدقيق السريري ومسرح العمليات ومراقبة العدوى في المستشفى ومراقبة العقاقير والمعالجة للشفاء وأبحاث المرضى.

- التأكد على الاحتفاظ الملائم بالسجلات الطبية ووثائق المرضى والحفاظ على سريتها.

- مراقبة المسائل المتعلقة بالقوانين والأخلاقيات والأبحاث الطبية ذات العلاقة برعاية المرضى والتنسيق مع الأطباء ذوي العلاقة بهذا المجال.

- الرقي بالتعليم الوظيفي المستمر للهيئة العاملة الطبية والتمريضية والطبية المساعدة. وإذا كان المدير الطبي، أو المسئول الطبي هو المدير التنفيذي فإن العديد من النشاطات غير الطبية والإدارة العامة وشئون الأفراد والمالية وإدارة المواد وصيانة المباني تفوض لأشخاص إداريي مستشفيات غير طبيين.

الجزء الثالث

(٣)

نموذج لمدير مستشفى

فاعل (٣)

إن الإداري الذي لا يتقد حماسه يجب أن تلهب مشاعره بالحماسة.

يكون مدير المستشفى فاهماً ومدركاً لماهية التغيير في المستشفيات وكيفية تسييرها. فإن الدور التقليدي لمدير المستشفى قد جرى عليه تغيير كبير فمدير لمستشفى ليس فقط مديراً شريفاً للموارد ذات العلاقة لصالح المستشفى ومرضاه، فعلى مدير المستشفى الآن أن يكون مستوعباً وفاهماً لمهمة المستشفى، وصائغاً للسياسات ومخططاً استراتيجياً ويجب أن يكون مبتكراً ومبدعاً ولا يدير فقط الموارد المتوفرة لديه ولكن يرفع هذه الموارد لتفي بالتحديات التي أمامه، وعليه أن يسير المستشفى مثل أي صناعة كفؤة دون أن نفقد اللمسة الإنسانية ويجعل منها مكاناً ملائماً لإبراز كفاءات العاملين في المستشفى في الوقت الذي يحافظ فيه مواكبة التقدم التكنولوجي والتغير الاجتماعي.

شريحة من القدرات والدور الذي لعبه مدير المستشفى:

- منافس، ويأتي ذلك من المعرفة، والمهارات والخبرة.

- الحساسية للمشاكل المؤسسية، واحتياجات الناس، الإمكانيات غير المدركة للعاملين.

- القدرة على التحليل والتركيب وتوحيد المعلومات المختلفة.

- القدرة على التطلع إلى الأمام والتخطيط تبعاً لذلك مخططاً للمستقبل في الوقت الذي يدير فيه الموارد المتوفرة.

- القدرة على استنباط أفكار إبداعية وجديدة تكون عاملاً من عوامل التعبير.

الرغبة بالمخاطرة للحصول على أفكار يتم قبولها وتنفيذها بالفشل الأكبر في عدم المحاولة.

- القدرة على التنسيق وجلب التناغم والتعاون والتنظيم وتخصيص الموارد والمراقبة.

- القدرة على التفويض مع الاستخدام الفاعل لوقته ولأوقات الآخرين من حوله.

- حافز شخصي جيد وقدرة على التحفز والتحرك وتطوير الناس العاملين في المستشفى.

- القدرة على العمل الصعب، مع تصميم أكثر قليلاً وعزم أكثر قليلاً وعمل أكثر قليلاً وهذا هو الخط.

- القدرة على فهم النفسيات والقدرات للأشخاص والتقييم وعمل التعديلات عند الضرورة.

- الشعور بالمساواة والعدل والعدالة الاجتماعية في جميع تعاملاته داخل المستشفى وخارجه.

- القدرة على إدارة التوتر من خلال الصبر والشعور والدعاية وحالة من التفاؤل.

- مقاومة الدعاية غير المبررة مثل القول الأمر لنرى – يجب أن يكون الرجل مثل الشاي الخاص به، تظهر قوته الحقيقية عندما يوضع في الماء الحار.

المتطلبات الأساسية للفاعلية:

فهم الوضع

أنت مسئول عن المستشفى، أبحث عن أهداف المؤسسة. كل مؤسسة فريدة في حالتها حتى ولو كان بينها وبين غيرها تشابهاً كبيراً أن عليك أن تفهم الوضع، والتحدي الخاص، ربما تفكر بأنك تعرف كل شيء عن أهداف المستشفى الخاص بك وتخدم في نفس الوضع لمدة طويلة، وسوف تتفاجأ.

ما هي مهمة المستشفى ولماذا أنشئت هذه المؤسسة؟ ما هي الأهداف إذن؟ هل تغيرت الأهداف؟ لماذا؟ ما هي الأهداف التي تغيرت؟ هل لها علاقة بهذه الأيام؟ هل تم إنجازها؟ إذا لم يتم فما هي العوائق التي حالت دون ذلك؟ هل يمكن تجاوزها؟ وما هي نقاط القوة والضعف للمستشفى الخاص بك؟ وما هي الفرص الكافية أمامك؟ هل هل يهي جميع العاملين بالمستشفى أهدافها؟ كيف يمكن ترجمتها إلى أفعال قوية؟

الناس:

عليك أن تعمل مع الناس الذين هم أصلاً هناك ويمكن أن تشارك الآخرون وربما بعضهم قد اخترته أنت بنفسك والبعض الآخر اختارهم غيرك أو نقلوا من قبل أشخاص ومؤسسات أخرى، عليك أن تفهمهم حوافزهم وطموحاتهم، كيف تمكن أن يتم توضيح قنوات التعاطف معهم لخدمة اهتمامات المؤسسة.

سيكون هناك محترفون من موظفي الكادر الطبي والتمريضي والطبية المساعدة وغيرهم عليك أن تجعلهما مرتبطان معاً كفريق متناسق وربما تكون هناك مجموعات قوى في الإدارة وبين العاملين في المستشفى وربما يكون هناك اتحاد تعمل معه وستكون

هناك مجموعات مـن المـرضى والمسـتخدمين والمؤسسـات الخارجيـة والعامـة الـذين ستتفاعل معهم.

الخدمة:

كل مستشفى يقدم خدمته من خلال موارده البشرية والمعدات والمـواد وغيرهـا فهل هذه الموارد مستغلة على أفضل وجه؟ هل هناك زيادة في بعض هـذه المـواد؟ وأي هذه الخدمات بحاجة إلى تحسين؟ وكيف يمكن أن يتم تعـديل الخدمات مـع أقل زيادة في الموارد.

لا يكفي بأن تعرف بالوضع السائد في المستشفى الخاص بـك لأنـه ليس غريـزة وعليك أن تنظر من حولك، وهناك العديد من مؤسسات الرعاية الطبية لتتعلم منها وعليك أن تعمل بالتعاون والتنافس الصـحي مـع المستشفيات الأخرى مـن حولك، ومن المهم أيضاً معرفة الوضع في البلد، ما هي العناصر الهامـة في السياسة الوطنيـة للصحة؟ كيف تتلاءم المستشفى الخاص بك مع هذا الإطار العملي لهـذه السياسة؟ ماذا يحدث في العالم؟ وما هو التقدم الحاصل في مجال الرعاية الصحية – من حيث المعلومات والمهارات والتكنولوجيا والأوضاع.

التكامل/ التنسيق:

بوجـودك عـلى رأس المؤسسـة فـإن عليـك أن تكـون قـادراً عـلى الاطلاع عـلى المستشفى كاملة فكل رئيس قسم يطهر الجزء الذي يهتم به هو، وكل فرد يـنغمس فقط بما يتعلق به مباشرة وسيكون هناك صراع على المصالح والتركيز عليها ولكن يجب أن يكون لديك نظرة متكاملة لما يلزم فليس هناك قسـم مسـتقل تمامـاً وأنهـا تعتمد اعتماداً متبادلاً على بعضها البعض وعند اقتراح أية تعبيرات عليك أن تسـأل نفسك والآخرين ما الذي يمكن أن يعود به هذا الاقتراح أو المطلب عـلى المستشفى ككل؟

فعلى سبيل المثال هناك الجراحة الترقيمية في المستشفى m قد غيروا أيام الدوام في الأسبوع إلى خمسة أيام ونصف وكان هناك مطلب من الإدارات الأخرى لاتباع نفس الطريقة وكان من الضروري حفظ القرار لأن المستشفى ككل لا تستطيع توفير هذا النوع من الدوام. ومن الضروري التكامل مع معاهد الرعاية الصحية الأخرى في المستشفى الإرسال إلى المستشفى كمرجع ومراكز برامج غير القادرين QUTREACH والممارسات الخاصة مهما كان نوع المستشفى خاصتك فلن تمتلك كل الخبرات اللازمة وعليك تحويل المريض إلى مؤسسات أخرى أو طلب الخبراء منهم مع ضرورة فهم خبرة هذه المؤسسات وأن تكون مرجعاً لهم لاستقبال المرضى من طرفهم وعليك الاهتمام بمراكز السل والجذام - المناعة.

القيادة:

إن مدير المستشفى الفاعل يوفر القيادة الضرورية للمواد وتحصيل وتطوير المؤسسة والتحسين الشامل لصحة الناس ويجب أن يتمتع القائد بصفات خاصة أهمها ما يلي:

الاستقامة والأمانة

وهذه هي إحدى أهم المقومات الأساسية للقيادة على المدى البعيد وليس المطلوب فقط أن تكون القيادة شريفة في تعاملها ولكن يجب أن تظهر أيضاً بأنها شريفة وهذا يجعل الناس يثقون بك ويقفون معك والاستقامة ضرورية جداً في مجال الرعاية الصحية. ويجب أن يكون هناك احترام للحقيقة والسرية وعدم التحيز وتطبيق النواحي الأخلاقية والالتزام بمستوى عالي من السلوك والشرف والأخلاق وأن يطالب الآخرين بذلك ويدعمهم في هذا المجال.

- السيطرة على الخوف (تجاوز الخوف):

يكون القائد مستعداً للمخاطرة عندما يشير ذلك إلى إحداث تغيرات فالخوف يأسر العقل ويجري فيه ويبحث عن العزلة فالخوف من الفشل يؤدي فقط إلى الفشل وكل عائق في التقدم هو نعمة تستفيد منها وتعلمك دروساً كثيرة تحتاجها ويجب أن تتعلم من أخطاءك بحيث لا تعيد نفس الخطأ ثانية لا تخاف من الانتقاد أوت المعارضة تذكر أن الطائرة الورقية ترتفع ضد الريح.

- الثقة بالنفس:

يثق القائد بقدرته على التعامل مع المشاكل المعتادة والجديدة المستقبلية أو غير المعتادة وإذا كان لديك ثقة بنفسك فإنك ستقوم بالمثابرة والعمل المستمر للحصول على الهدف وكلما كان إيمانك بفكرتك أكبر كلما زاد قبولها لدى الآخرين وأذعنوا لها.

- اتخاذ القرارات:

أنه قلب الوظائف الإدارية والتدبيرية كلها ضمن الصلاحية المعطاء لك يجب أن تتخذ قرارات وتعمل بها حدد المشكلة، وقم بتحليلها وتطوير حلول بديلة، واسأل الأسئلة الصحيحة واختر أفضل الاختيارات المتاحة تحت هذه الظروف.

- النشاط البناء:

فالمدير دائماً نشط، يقوم بتحسين المباني والتسهيلات والمرافق الأخرى بصورة ثابتة، ولا يكون حاصلاً كما يقول سقراط.

{{إنني أدعو ذلك الشخص الذي يعين بوظيفة أفضل خاملاً}}

- لديه روح المبادرة:

تجعل الإنسان يعمل ما يجب عليه عمله، وتنظر دائماً إلى الفرص إلى مداخل جديدة للتحسين، فالقائد لا يلزم أن يقال له ما الذي يتعين عمله، فالقائد يحلم بأشياء غير موجودة ويقول لم لا. فالقيادة تصنع الشيء الصحيح بالطريقة الصحيحة، والوقت الصحيح على أنه حق.

- متحمس:

يجب أن تكون متحمساً لكل ما تقوم بعمله ويجب أن تكون قادراً على نقل هذا الحماس إلى الآخرين بحيث يمكن أن تحقق أهدافكم معاً، فالحماس ينتقل إلى الأشخاص فدع كل شخص يلمسه ويحس به.

- الرغبة بالخدمة:

يجب أن تكون هناك رغبة حقيقية أن تكون مستعداً وجاهزاً لتقديم الخدمة. ويدعوك هذا الأمر النصيحة فالإنجازات الكبيرة تأتي بالخدمة العظيمة.

- التفرد في الغرض والإخلاص له:

قرر ما الذي تريد أن تقوم به وتابعه حتى يتم إنجازه وركز على هدفك. إن التفرد في الغرض والإخلاص له هو أحد الأسباب الجوهرية الرئيسية للنجاح.

- القدرة على التعاون مع الآخرين.

يتعين عليك العمل مع أناس لهم مدارك مختلفة ويجب أن تخضع أهدافك الشخصية لإهداء المؤسسة وأهداف مشتركة لخير الجميع.

- **الحساسية:**

يتعين عليك السيطرة على ما يجري في المستشفى وفي الرعاية الصحية بشكل عام يجب أن يكون لديك قدرة إدراكية لإدراك الأحداث والمشاكل والتوريطات وما يترتب عليها.

بناء فريق:

إن التعاون وحده هو الذي ينتج عنه أفضل النتائج بالتجاوب مع إدراكات مجلس الإدارة وإدراكات زملاؤك ونظراؤك ومستخدميك وثبط سماسرة القوة والمداخل الفردية وشجع جميع العاملين في المستشفى للمشاركة في التخطيط للنشاطات المختلفة وساندهم وتأكد من نجاح النشاط، افهم احتياجات الآخرين وكن حساساً للسلوك اليومي.

وهناك طرق مختلفة تعمل في إدارة المستشفى إدارية ومعالجة للشفاء وتشخيصية ومساندة هذه الفرق وربطها مع بعضها البعض لتوفير رعاية كفؤه ومتعاطفة ومنافسة.

المعرفة والمهارات والمواقف:

يجب أن تكون عندك قابلية للمعرفة في الممارسات الإدارية بالكامل لقوانين وأنزمة المستشفيات محتفظ بالقدرة على الإقرار بالقوانين والتماشي مع أية قوانين حكومية متغيرة ومتعلقة بالأفراد وعلاقات العمل والمالية وتطوير وسائل الإبقاء على مواكبة جميع التطورات الجديدة في مجال التقنية الطبية وممارسات المستشفيات وأساليب الإدارة. ومعرفة جميع العمليات والإجراءات والأساليب والطرق المفيدة. لا يمكنك أن تكون خبيراً في كل شيء وعليك أن تعرف من هو الخبير في كل مجال، وأن تكون لديك القدرة من طلب النصيحة والمشورة منهم عند الحاجة إليها وهذا ضرورياً بشكل خاص عندما تؤخذ القرارات الحاسمة المتعلقة بالمشاريع الجديدة والاستثمار في

تكنولوجياً جديدة وشراء الأجهزة والمعدات المرتفعة الثمن ومتطلبات الهندسة والسلامة وإنهاء خدمات العاملين.

وعلى المدير الإداري للمستشفى أن يبقى نفسه مواكباً للأمور الحديثة من خلال التعليم المستمر. وهذا يقود إلى التطور المهني مع موقف إيجابي ومنافسة وثقة بالنفس.

كن مبدعاً:

الإبداع ضروري لتحسين وظيفة أي مستشفى ويجب أن تكون مبدعاً لأن الوضع يختلف من مستشفى لآخر وأنت تعرف المستشفى الخاص بك جيداً وسوف تواجه أوضاعاً جديدة وفرصاً جديدة وتهديدات جديدة وعليك التجاوب معها جميعاً ربما بإجراءات لم تحاولها من قبل لإيجاد أرضية جديدة للابتكار. إن قدرة المستشفى على تنمية الابتكار والإبداع غالباً ما يقرر نجاحها وإلا فإنها ستنحدر مستواها تدريجياً فتصبح مختصرة إلى أن تضمحل وتنتهي.

ونحن جميعاً لدينا صفة الإبداع بمدى أكثر أو أقل ولكننا نميل لمقاومة ما هو غير معتاد من الأمور ونرغب أن نلعب بأمان وراحة ونخاف من تغيير الوضع الراهن والبحث عن الأفكار الإبداعية بتواجدها وتمييزها ودعمها وتنفيذ الأفكار الجديدة والحلول اللامعة للمشاكل ربما يأتي من تلك الأفكار والتي قد تبدو مبدئياً بأنها سخيفة فخذ الأفكار بعين الاعتبار بحذر وفكر بها وحلل مدى جدارتها وتوثيق ما عليها وضعها بعد ذلك قيد الاستعمال فالأفكار التي لا يتم العمل بها لا فائدة منها، شجع الناس للعمل بأن يكونوا مبتدعين استمع لهم، وإذا بدت الأفكار راسخة حاول اختيارها.

الجزء الرابع
(٤)

المهارات الإدارية (٤)

التخطيط

إن المسئولية الرئيسية لمدير المستشفى هـي التخطيط فعـلى المستوى الفـردي فإننا نخطط إلى درجة معينة ونقوم باتخاذ القرارات بصورة ثابتة ماذا نصنع، وكيـف نقوم بذلك ومتى تقوم بذلك، وما الذين سنقوم بعمله غداً من خلال خطط للشهر القادم والسنة القادمة والسنين اللاحقة.

فالتخطيط يتطلع إلى الأمام يحدد الأهداف القصيرة والبعيدة لمدى والسياسات والإجراءات وطرق التنفيذ أخذاً بالاعتبار البدائل المختلفة. قم باختيار أفضل البدائل، ضع إطاراً زمنياً وحدد تاريخ الهدف وفي الوقت الذي يتم فيه استشارة العديـد مـن الناس فإن التخطيط لا يمكن تفويضه لأي شخص آخر.

فالتخطيط يؤكد الاستخدام الأمثل للمصادر والاقتصاد في الإنجاز ويطرح التخطيط جميع الأسئلة التي تتعلق بماذا ولماذا وأن ومتى ومن وكيف وكم المقدار وكم العدد؟

وهناك مراحل عديدة في التخطيط والبدء بمرحلة وضع المفاهيم لتنظيم المستشفى فالتخطيط علمية مستمرة تـؤثر عـلى التحسينات في الخدمات وحـل المشاكل التي تتم مواجهتها أو التي يتوقع مواجهتها ويجب بذل جهود متواصلة لتحسين نوعية التخطيط ويجب أن يكون المدير منظماً للأمور مع علمية التخطيط والذي يعود بتحسين التنفيذ، فالهنود يقال عنهم بأنهم جيدون في التخطيط سيئون في التنفيذ. فسوء التنفيذ يعتمد على حد كبير على سوء التخطيط.

فالتخطيط يمكن تقسيمه إلى جزئين:

١. استراتيجي.

٢. تشغيلي.

فالتخطيط الاستراتيجي يحاول الوفاء بالأهداف طويلة الأمد للمستشفى ويحدد ويحاول إنجاز أهداف المستشفى ويعطي أجوبة على أسئلة مثل:

١- ما هو الغرض (المهنة، والهدف العام) للمستشفى؟

٢- ما هو نوع الخدمة التي سيتم تقديمها ولمن؟

٣- ما هي البدائل المتوفرة وكيف تختار أفضل الإجراءات (المتوافقة مع الاستراتيجية والموارد).

التخطيط التشغيلي:

يساعد في تطبيق الخطة الاستراتيجية ويحدد ما الذي يجب عمله وكيف يمكن عمله ضمن إطار زمني ضمن الموارد المتاحة، فالخطة التشغيلية تترجم الخطة الاستراتيجية عملياً.

المداخل:

هناك مداخل كثيرة للتخطيط من أفضلها الموجه الهدف ومدخل حل المشاكل ويستند إلى تحليل المشكلة وتحديد جوهر المشكلة وبعد ذلك الأهداف التي سيتم إنجازها بحل المشكلة.

تحليل المشكلة:

حلل المشكلة الرئيسية وهدف تحليل المشكلة هو حل المشكلة أو التقليل من جمعها ويجب أن يتم القيام بذلك من جذورها. وكذلك تحديد أسباب المشكلة وتأثيراتها.

يتم إجراء تحليل المشاكل بمشاركة مجموعات مختلفة مهمة جميعها (وحتى غير المهمة فيها ولكنها متأثرة) ويجب إشراك الأشخاص والمجموعات في المؤسسة والاهتمامات يجب أن تكون:

- إيجابية (مساندة).

- سلبية (معارضة).

- محايدة (لا تستطيع أن تكون غير مهتمة).

فالمجموعات المشاركة هي المستفيدة وأولئك المتأثرين عكسياً من الخطة لشمولها لجميع وجهات النظر ومختلف. الآراء سوف يقود إلى تحليل أفضل للمشكلة وأسبابها وتأثيرها وتقود كذلك إلى تعاون أفضل عندما يتم تنفيذ الخطة وبذلك نصل إلى حل أسرع وأفضل للمشكلة.

ويجب أن يكون النقاش حراً عادلاً للاطلاع على وجهات النظر (بما في ذلك الجدلية منها) في مرحلة التخطيط نفسها لأولئك الذين يتأثرون إيجابياً وسلبياً بها بهذه التحليل بالمشاركة إلى تقديم السؤال ما هو جوهر المشكلة؟ فأعضاء الفريق هم الذين يحددون جوهر المشكلة.

وهناك العديد من الاقتراحات المتعلقة بالمشكلة وبما يتم طرحها والتي يلزم أن يكون جوهر المشكلة بشكل محدد أو عام أو فوري عن بعد لا تستريح حتى تحدد جوهر المشكلة.

والخطوة الثانية هي تحليل الأسباب للمشكلة الجوهرية كتأثير أيضاً وأن الكثيرون ضده ربما يمون جاء من محاولة تحديد المشكلة الجوهرية وهناك أمور أخرى حددها.

وأعضاء الفريق هم الذين حددوا المشكلة الجوهرية بأن مغسلة المستشفى غير قادرة على الوفاء بحاجات العنابر من البطائن الكتانية النظيفة وقد تكون الأسباب وراء ذلك هي:

- عدم وجود معدات أو آلات كافية.

- الافتقار إلى عدد ملائم من المهرة أو شبه الماهرين.

- مرافق التجفيف غير كافية.

- الإدارة غير كافية.

- التنسيق غير ملائم.

- عدم وجود بطائن كتانية كافية.

وهناك شبكة من الأسباب والتأثيرات يمكن العمل عليها؟ ويمكن أن ننشيء أيضاً شجرة مشاكل ويمكن أن يكون تأثيرها كالآتي:

- أن المعدات قد زاد استهلاكها عن المطلوب/ أو لا لم تستغل بكامل طاقتها أو تالفة.

- العاملين غير مقنعين.

- إجراء تسوية وسط بخصوص نظافة الغير.

- العدوى المتداخلة والمكوث أطول في المستشفى.

- الجرد المتزايد وفقدان النقود.

- وهناك الكثير من الأسباب والتأثيرات يمكن العمل عليها ويمكن أيضاً أن ننشئ شجرة المشاكل. فالجذع وهو المشكلة الرئيسية والجذور (الأسباب) والفروع (التأثيرات).

تحليل الأهداف:

إن المشكلة الموضحة بمصطلحات سلبية يتم إعادة عباراتها لتصبح لظروف إيجابية ليتم إنجازها، ففي مشكلة المغسلة يبقى الهدف الأشمل والرئيسي هو توفير الشراشف النظيفة للعنابر حسب حاجتها، فليس من المعقول أن تتطلع إلى إنجاز دائم بنسبة ١٠٠% ولكن ربما يكون التطلع المعقول هو التمكن من تزويد العنابر بحاجاتها من الشراشف بنسبة ٩٥% دائماً وهذا هو الهدف الرئيسي ـ وسيتم إنجازه بوسائل مختلفة سيتم القيام بها بعلاقتها بالموارد ومن بين الوسائل ربما:

- شراء آلات: إصلاح النوع الجيد من الآلات.

- تعيين عاملين مهرة أو شبه مهره بالعدد المطلوب مع التدريب الصحيح.

- مرافق التجفيف كافية.

- تحسين الإدارة.

- التنسيق بين العنابر والمغسلة.

هذه الوسائل يتم تقييمها فيما بعد استناداً إلى النتائج وتخصيص الأولويات وعمل الاختيار استناداً إلى الحاجة الملحة والتكلفة/ ومعدل الفائدة/ وتوفر الأفراد والأموال وعوامل أخرى.

ويتطلب التخطيط إيجاد قالب لتخطيط المشروع، وإن الكثير من الاستفسارات بحاجة إلى إجابات.

- ما هو الهدف الرئيسي الشامل والغرض؟

- ما هي النتائج المرغوب أو المخارجات التي سيتم إنجازها بالمشروع؟

- ما هي مؤشرات الإنجاز للنتائج/ والمخرجات؟

- كيف يمكن أن يتم توثيقها؟

- ما هي النشاطات الضرورية لإنجاز النتائج/ المخرجات المرجوة؟

ويتطلع القالب تخطيط المشروع بعناية إلى الموارد والمخرجات اللازمة للنشاطات المختلفة/ الأشخاص والمواد والتعود والوقت. وفي مثال توريد الشراشف النظيفة من بين البدائل الأخرى الوسائل المحددة لإنجازه الهدف. وفرت عدد أكبر وأفضل من الغسالات وقد تم اتخاذ القرار بأنه إذا تم تركيب الآلات وتشغيلها فإن الهدف الشامل سيتم تخفيفه وطرح هذا العديد من الأسئلة:

- هل هناك الأموال الكافية المتوفرة؟

- هل تتوفر الآلات؟

- كم من الوقت تستغرب تنفيذ الطلبية وتجهيز الماكنة في وضعية التشغيل؟

- كيف تقوم بتدريب عدد كافٍ من العاملين للعمل على الآلات الجديدة.

- هل يمكن تدريب العاملين الحاليين؟ من سيدربهم؟ هل هناك حاجة لإحضار هيئة من الخارج؟ ما هو تأثير ذلك على العاملين الحاليين؟

- ما هو الإطار الزمني لذلك؟

- ماذا استصنع بالآلات القديمة؟

- إن التخطيط المنطقي الواقعي يتطلب خطوات معينة، ويمكن تعدادها كالآتي:

١- التحليل الأوضاع: ما هو الوضع الحالي؟ ما هي المشكلة التي يتعين حلها؟ وما هي الفرصة لذلك؟

٢- الأولوية، وضع الأهداف القصيرة والبعيدة الأمد، ما الذي سيتم إنجازه؟ ما هي الأهداف الصغرى والأهداف الكبرى؟ ما هي الجدوى الاقتصادية؟

٣- تقييم الأشخاص: الاختيارات استناداً إلى المشكلة/ الفرصة – وتأثير التكلفة والعوائق الأخرى.

٤- اختبار أفضل البدائل الممكنة.

٥- البرمجة للبدائل المفضلة.

٦- التنفيذ.

٧- التقييم.

نظام المعلومات (٥)

أنت بحاجة إلى مدخلات إدارية عديدة للقيام بوظيفتك كمدير فاعل وبقدر كبير المستشفى وبقدر تعقيد الخدمات التي تقدمها بقدر ما يلزم من إعطاء الانتباه لهـذه المتطلبـات ومـن بينهـا الحاجـة للتحـديث، والمعلومـات الموثوقة، وجميع العمليات الخاصة بـالإدارة والتـدبير تسـتند إلى معلومـات ملائمـة، حيث تحتاج إلى نظام معلومات شامل.

قفزت فتاة من الدور الثاني للمستشفى وتعرضت لكسور مركبة وهي في وضع حرج.

قفزت فتاة من الطابق الثاني للمستشفى وتعرضت لكسور متعـددة وحالتها خطرة وقد أدى إعطاء السائل ضمن الوريد والإجراءات قبل العملية إلى مضاعفات عكسية حاجة ولا يوجد في الصيدلية وثلاجة بنك الدم لا تعمل ليلاً وإشغال الأسرة في العنبر الطبي أدنى مـن ٦٠٪ والمتبقي في البنك وصل إلى وضع حـرج ولم يأت طبيـب التخـدير للعمـل وتأجل العديد مـن العمليات وهنـاك عـدد ضخم مـن المعلومـات تولدت في المستشفى فهل تـأتي هـذه فـوراً للشخص المعنـي ومن الـذي سيصدر القرار الضروري ويتخذ الإجراء الملائم.

فالمعلومات لا تتولد فقط داخلياً ويتعين تجميعهـا مـن المستشفيات الأخرى حكومية وغير حكومية ويتعين الحصول على المعلومـات المتعلقة بالسياسات الصحية في الدولـة، فيتعين الحصول عـلى المعلومـات عـن العقاقير الجديدة والإجراءات الجديدة والمعدات الجديدة (وكذلك عن القديمة متى سيتم إهمالها أو تعديلها).

جميع هذه الأمـور تؤثر على الوظائف اليوميـة وطويلة الأمـد للمستشفى وإن قيمة المواد المتدفقة للمدير وتنوعهـا تتزايـد لدرجـة كبيرة ويتعين مساعدة المـدير لمواكبة هذه المعلومات، وهناك حاجة لنظام وهناك حاجة لجميع المعلومات تنسيق ومعالجتها،

وتنقيتها، وفرزها ووضعها في الأرشيف واستخدام النوع المطلوب من المعلومات. فبعض هذه المعلومات سيكون هاماً جداً وحتى حيوياً لتشغيل المستشفى ومعظم تفاصيل المعلومات ليست للاستعمال الفوري للإدارة الضعيفة للمستشفى ولكن بعضها يمكن أن يكون مفيداً في المستقبل القريب أو البعيد وإن قدوم الكثير من المعلومات مباشرة من إلى المدير سيئاً مثله مثل وصول قليل من المعلومات إليه، إن رؤية الكثير من الأدوات أو التقارير إليه ومقابلة الكثير من الناس له يؤدي أن يصبح بالمعلومات، فالمعلومات يجب أن تكون انتقائية وذات علاقة ومفيدة والبيانات غير ذات العلاقة يتمكن فقط أن تؤخر الإجراءات، وعلى المدير أن يكون متمكناً من هضم وامتصاص المعلومات، وبذلك تتبع الإجراءات الملائمة فالمعلومات يجب أن تكون ذات علاقة وسارية المفعول (قوية) وبحيث أن تكون دقيقة وكاملة قدر الإمكان، وأن المعلومات غير الدقيقة وغير الكاملة قد تقود إلى الخطأ، وفي نفس الوقت قد لا يكون ممكناً. الحصول على معلومات كاملة ويجب أن يكون النظام بحيث يمكن الحصول على المعلومات الملائمة والبدء من المعلومات غير الدقيقة وغير الكاملة.

إن من الجوهري أن يتم الحصول على المعلومات في وقتها، وإن المعلومات المتأخرة لا فائدة منها، وإنها في أحسن أحوالها تساعد على التصحيح فقط.

ليس بكافي أن تحصل على معلومات خام، يجب أن تتم موازنة المعلومات وتنقيتها وإعادة وضعها في مجموعات، بحيث تفهم المعلومات في سياقها الصحيح، إن المعلومات في مجال واحد من الخدمة أو الإدارة يمكن أن يحصل من الضروري الحصول على معلومات من مجالات أخرى، والتي عليه أن تتأثر بصورة إيجابية أو عكسية بالإجراء الذي تم التفكير به ودراسته ملياً.

إن نظام معلومات المستشفى يجب أن يتوفر المعلومات اللازمة دون إضاعة الموارد النادرة غير الضرورية من أشخاص ومال وقت، ويتعين أن يعرف المدير ما يكفي من الوظائف.

١- الإدارية

٢- (السريرية (المعالجة للشفاء، والشخصية والمساندة)

٣- المالية.

جميع هذه الثلاث مرتبطة، وإن غياب المعلومات من أي مجال ستكون له تأثير سلبي على غيره من المجالات.

تساعد المعلومات المدير للمقارنة بين الموارد والاحتياجات على أفضل ما يمكن وتساعد على زيادة الكفاءة في تقديم الخدمات وتجنب الضياع وتساعد في التخطيط وتنفيذ الأولويات بحيث تتأكد نوعية الرعاية.

يجب أن يكون النظام معداً بطريقة توفر فيه الشبكة المعلومات اللازمة في جميع الاتجاهات ويتعين أن تتجاوب مع الاحتياجات العاجلة والخطرة الطارئة حيث لا يكون هناك تأخير ويجب أن تبلغ عن الحوادث غير المعتادة ويجب في نفس الوقت أن تكون قادرة على نشر المعلومات والإحصائيات على أسس دورية: يومياً (مثل الميزانية النقدية) وأسبوعياً وشهرياً (الإدخالات والخروجيات) وربع سنوياً ونصف سنوي وسنوي (مثل المدخل والنفقات) استناداً إلى سياسة المستشفى التي ربما توفر المعلومات فورية تتعلق بالإدخال للمرضى المقيمين من العاملين في المستشفى أو الأشخاص الهامين المرتبطين بالمستشفى وكذلك المشاكل الحاصلة الخطرة والحالات الطبية القانونية وغيرها.

يجب أن يوفر نظام المعلومات تقارير دورية عن وظائف الأقسام السريرية، والمختبر والأشعة والعمليات (الصغرى والكبرى) والولادات والصيدلية. هناك حاجة لتقارير دورية لعدد من المرضى الخارجين وللمرضى المقيمين معاً مع تحليل طول الإقامة، وإجمالي أيام المرضى وعدد الوفيات وتقارير عن العناية الطبية والتمريضية ضرورية كذلك.

وتقارير عن وظائف المستودعات، والمغسلة والبطائن الكتانية والتزويد المركزي المعقم، والصيانة وشئون الأفراد يجب أن يتم بشكل دوري أيضاً وهناك حاجة لتقارير دورية أيضاً مع تحليل للمالية والحسابات.

وهناك لزوم لمجالات أخرى تكون المعلومات متوفرة عنها ولها حاجة وكذلك هناك حاجة لمعرفة ما يجري خارج المستشفى فيما إذا كانت فوق القدرات المالية لسكان الأحياء الفقيرة وفي القرى أو المستشفيات الأخرى برامجاً ويجب أن يكون مدير المستشفى مواكباً للتحديث مع احترام السياسة الطبية للولاية والدولة وكذلك برامج الرعاية الصحية.

كل مستشفى له (أو يتعين أن يكون له) فلسفة وأهداف خاصة له. وهناك حاجة لمعرفة أين يقف المستشفى فيما يتعلق بفلسفته وأهدافه طويلة والقصير المدى وفقط إذا عرف المدير القوة والضعف فإنه يتمكن من اتخاذ الإجراءات التصحيحية والإصلاحية كالآتي وتعتمد قيمة نظام المعلومات على الآتي:

١- توفرها طيلة الوقت.

٢- النوعية، والإتمام، والصحة والملائمة.

٣- الكمية، ليست كثيرة جداً وليست قليلة جداً.

فالمعلومات هي فقط أداة للإدارة الأفضل والمعلومات نفسها لا تستخدم من أجل المعلومات فقط، دون اتباعها بعمل ولكن إذا استخدمت تساعد في إدارة أفضل وبدون معلومات صحيحة وملائمة فإن من غير المحتمل وبدرجة كبيرة بأنك ستكون قادراً على إدارة المستشفى الخاص بك بفاعلية.

الهيئة العامة
مجلس الإدارة
تدقيق المعلومات
المجلس بين
التنفيذي
المدير والهيئة
العامة ومجلس الإدارة
والمجلس التنفيذي
المدير التنفيذي

من مجلس الإدارة/ المجلس التنفيذي إلى المدير	من المدير إلى مجلس الإدارة/ المجلس التنفيذي	بين المدير ومجلس الإدارة/ المجلس التنفيذي
الأهداف	التقارير	الاجتماعات
السياسات والاستراتيجيات	الخطط والمشاريع	المؤتمرات
الخطط والمشاريع	الاقتراحات	المراجعات
التوجيهات	التوصيات	المعلومات
التعيينات	كشف الميزانية	المعلومات
التغذية الاسترجاعية		

العاملين تدفق المعلومات
بين المدير والعاملين
المدير وغالباً من
خلاله الضباط المتوسطون
أو اللجان المدير

من المدير إلى العاملين	من العاملين إلى المدير	بين المدير والعاملين
الأهداف	الأفكار والمقترحات	العناية بالمرضى
السياسات والاستراتيجيات	المعلومات	المتطلبات
الخطط المعلومات	التقارير والاجتماعات	الاجتماعات
التوجيهات والإرشادات	المشاكل/ والضيم	
التعيينات	الاستثناءات/ الأمور الحادثة	التجمعات الاجتماعية
الأنظمة والقوانين	الإدخال/ التخريج	رسائل الأخبار
الجداول	الوفيات	السلامة
الأداء	الحسابات	التحكم
التقارير	اقتراحات الميزانية	
التعليم/ التدريب	الإنجازات	
المقاييس	التغذية الراجعة	

(gpso)

تدفق المعلومات

بين المدير والحكومة

والجهات الشريكة الممولة

والهيئات القانونية

وآخرون

من المدير إلى الهيئات الممولة الشريكة والحكومية والهيئات القانونية	من الهيئات الممولة الشريكة والحكومية والهيئات القانونية إلى المدير	بين الجهات الممولة الحكومية والهيئات القانونية والمدير
		التقارير
التقارير	القوانين والأنظمة	المعلومات المشتركة
الاقتراحات	التقارير (المطلوبة)	المعلومات المشتركة
	التفتيش	الاجتماعات

* إن المعلومات التي لديك ليست هي المعلومات التي تريدها.

* المعلومات التي تريدها ليست هي المعلومات التي تحتاجها.

* المعلومات التي تحتاجها ليست هي المعلومات التي تستطيع الحصول عليها.

* المعلومات التي يمكن أن تحصل عليها تكلف أكثر مما تريد أن تدفع.

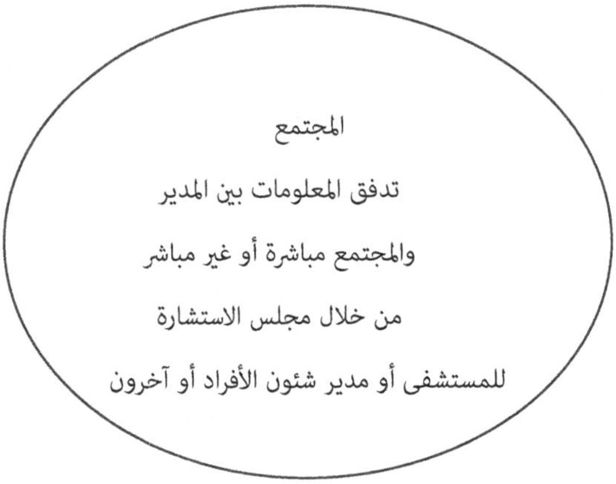

المجتمع
تدفق المعلومات بين المدير
والمجتمع مباشرة أو غير مباشر
من خلال مجلس الاستشارة
للمستشفى أو مدير شئون الأفراد أو آخرون

من المدير إلى المجتمع	من المجتمع إلى المدير	بين المجتمع والمدير
الأهداف	المقترحات	معسكرات صحة المجتمع
السياسات والخطط	المتطلبات	الأقارب وأصدقاء المرضى
الندوات والورش	الطلبيات	الإسناد المهني
صحة المجتمع	المشاكل	
المعلومات		

الاتصال (٦)

إن جزءً كبيراً من وقتك كمدير ينقضي في تلقي المعلومات وإرسالها هل تريد أن تنجز أهدافك؟ عليك أن تعمل ذلك من خلال الناس فالاتصالات عملية ذات حدين فيما إذا كانت بين الأفراد أو بين الفرد ومجموعة أو بين مجموعات من الأشخاص فإنها متبادلة يجب على الناس أن يشاركوا في الفكرة قبل الاتصال مع بعضهم البعض. جميع الأشخاص الذين يتمتعون بصفات الاتصال والمشاركة يضعون علاقة بين أفكارهم وشعورهم ونماذج سلوكهم ووجهات نظرهم موجدين مناخاً من العلاقة الجيدة من خلال الاتصال الملائم.

فالاتصال من وسائل الإفصاح عن الأفكار وجعل الشخص يفهم الآخر ويعتمد النجاح في جميع الوظائف الإدارية والتدبيرية كذلك على الاتصال الفاعل فالمدير يجب أن يعرف ماذا يحدث في المستشفى وأن يكون قادراً على إيصال المعلومات إلى جميع أولئك المنخرطين مع المستشفى المستخدمين والمرضى والعامة والمهارات كمتصل تساعد في بناء في المستشفى والثقة في العامة.

بماذا يتعلق الاتصالات؟ الاتصالات تتضمن وجود رسالة سيتم نقلها بأنها وصلت وتم فهمها آملين أن تقبل الرسالة وحيث يشير الفعل فإن الفعل المرغوب قد تم اتخاذه في الوقت الصحيح من قبل الأشخاص الصحيحين وهناك العديد من مجموعات الاتصالات وهي:

- المعلومات لا تصل إلى الشخص الذي يلزم أن تصله.

- تشويه المعلومات من قبل مرسلها.

- سوء تفسير المعلومات.

تأكد من أن اللغة واضحة، ومختصرة وملائمة لكل شخص بعينه أو أشخاص، وإن أحد العوائق أمام الاتصال هي الافتقار إلى الكفاءة من استخدام اللغة حاول أن تكون منافساً واستخدام اللغة المحلية (شفوياً تحدثاً وكتابة) والاتصال ليس الوسيلة الوحيدة للاتصال وهناك أشكال أخرى مثل التماس ولغة الجسد يمكن استخدامها بفاعلية حتى عندما يتم الوفاء بجميع المتطلبات، ربما يظهر الاتصال الناجح وما زال الشخص للآن يسمع ما يريد أن يسمعه، ويهمل الباقي أنها ملاحظة عامة بأننا إذا سألنا الأشخاص الذين يأتون من الاجتماعات عما قاله المتحدثون في الاجتماع فإننا نحصل على إجابات مختلفة فكل شخص يركز انتباهه على مفاهيم محددة. ويمكن ألا يكون هناك افتقار للانتباه وحتى إذا تم السماع فقد لا يكون قد تم الفهم فربما يكون هناك تحميل زائد لمعلومات. إذا تم التحدث عن أمور عديدة فإن معظمها قد لا يكون الاحتفاظ فيها للناس أفكاراً مسبقة لفهم معاني شخصية وعندما يتحدث ربما يتم فهمه بصورة مختلفة من قبل السامعين نظراً لتفكيره الخاص به.

فالمستشفى م يريد أن ينشئ قسم كشف السرطان وتم دعوة الكادر الطبي للاجتماع، وقد أصبح واضحاً بعده عدة دقائق بأن هناك مجموعتين بفهم مختلف فهمت إحداها بأن ذلك كان يعني اكتشاف الأمراض والعلاقات في الشخص الظاهر فيه أعراض السرطان بينما فهمت المجموعة الأخرى ذلك على أنه مركز تشخيص السرطان ولتشخيص السرطان من شخص به أعراض يشير ذلك إلى إمكانية وجود أورام خبيثة وقد تم توضيح الفكرة وركزت المنافسة على مركز اكتشاف السرطان وللاتصال بفاعلية كتابة أو محادثة ربما يتم اتباع بعض الخطوط العريضة:

١- فكر جيداً ما الذي تود الاتصال بشأنه.

٢- خذ الحقيقة إذا أردت أن تبلغ أو تقنع أو العاملين والآخرين فإن سيادة الحقائق أمر ضروري.

٣- تنظيم الحائق يجب أن يتم ترتيبها بحيث تشكل تسلسل منطقي يقود أحدها الآخر والكثير من الحقائق متمثلة في وضع الخطط التي تنتج الاضطراب.

٤- تحديد ما تريد أن تكتبه أو تقوله قبل الكتابة أو التحدث اكتب النقاط التي تريد أن تطرحها ورتبها حسب التسلسل أو الأهمية.

٥- ابدأ بمقدمة جيدة فإن لها تأثير ويجب أن تركز على الموضوع.

٦- عندما تكتب ضع عناوين رئيسية وأخرى فرعية وفي التقارير الطويلة استخدام ترقيم للفقرات.

٧- ابعد التفاصيل غير الضرورية وتجنب الحقائق التي لا يتمكن الناس من رؤيتها أو استخدامها، بينما يجب أن تعرف أكبر قدر ممكن من التفاصيل فإن الكثير من التفاصيل في طرحك للموضوع يمكن أن تسبب مصاعب في الفهم.

٨- اجعل نقطة لكل رسالة تنفيذية بحيث يكون لها نقطة رئيسية واحدة يجب أن يتم عملها بسرعة.

٩- ضع نفسك في مكان المستقبل لها وفكر كيف ترغب بأن تنقل إليك الأمور، وضع في الاعتبار لمستواه التعبيري وفكر كيف ستكون وقع الرسالة على المستقبل لها، من هم الناس المستهدفون من هو الذي سيستمع إليك أو يقرأ رسالتك وماذا تكتب؟ اجعل كتابك أو خطابتك السماعية في أذهان الناس دائماً.

١٠- لا تفترض بأن ما هو معروف لديك معروف لكل الناس وغالباً ليس كذلك.

١١- استعمل لغة دقيقة بسيطة عادية بحيث تكون من السهولة ليتم فهمها وتجنب الرطانة أو اللغة الفنية بقدر الإمكان وعندما تكتب استخدم كلمات قصيرة

ليس أكثر من ١٥٠ مقطعاً صوتياً إلى ١٠٠ كلمة) وجمل قصيرة ليس أكثر من (١٥ كلمة) وفقرات قصيرة ليست أكثر من خمس جمل.

١٢- كن دقيقاً في الاختصار والتكثيف وغالباً اجعل المسألة أكثر وضوحاً وأكثر سهولة للفهم حد من الكلمات غير الضرورية.

١٣- اربط كل ما تقول أو تكتب بالموضوع؟ وإذا لم يكن كذلك احذفه.

١٤- حافظ على الاتصال بالنظر إذا كنت تتكلم مع شخص أو مجموعة أشخاص لأن ذلك يجعل الانتباه لك أكثر والثقة بك أكبر.

١٥- كن متحمساً فالحماسة تنتقل إلى أولئك الذين يرغبون تنفيذ الخطط السياسات والبرامج، يجب أن يكونوا متحمسين وغالباً ما تستخدم الاتصال كمخرج لعواطفنا وللتعبير عن الذات وهذا يمكن أن يكون لمدى محدود لا تستخدمها بصورة زائدة، يجب أن تكون هناك إرادة الاتصال لشرح فكرتك ورغبتك وتعليماتك.

إن الاتصال أهون عندما يكون هناك ثقة متبادلة وهذه الثقة يجب أن يتم الحصول عليها عبر فترة طويلة من الزمن وعلى الناس أن يدركوا بأن المدير هو الشخص الذي يحفظ كلمته وهو رجل.

فتح خطوط للاتصال:

يجب أن يكون هناك اتصال من الأعلى إلى الأسفل ومن الخارج إلى الداخل ومن الأسفل إلى الأعلى ومن الداخل إلى الخارج وأفقي فكري مائل أو تماس حقيقي ضمن المستشفى، يجب أن تكون خطوط للاتصال مع مؤسسات الرعاية الصحية الأخرى والمنظمات (الحكومية وغير الحكومية) ومع المجتمع وبناء شبكة اتصال واتصال فاعل مهما كان شكله ووسيلته فهو تحفيز ضروري جداً للإنجاز الجيد.

فكل من القنوات الرسمية وغير الرسمية للاتصال مهمة، وأحد الاتصالات غير الرسمية هو عناقيد العنب لا تستخدمها كثيراً وبنفس الوقت لا تتجنبها تماماً فالمعلومات التي تحصل عليها عن طريق عناقيد العنب غالباً ما تكون غير دقيقة، وإنصاف حقائق، والإشاعات واعتقاد المرء بصحة ما يفكر به ويعتقده لأنه يرغب به ومعلومات مشبه بها أو مشوهة وبذلك يجب أن ينتبه الإنسان باستمرار لمثل هذه المعلومات. وغالباً ما تعكس مزاج الناس الذين يعملون معك، وعندما يشار إلى ذلك إما مباشرة أو من خلال رؤساء الإدارات أو خلال المحادثات أو التحادث يجب تصحيح المعلومات الخاطئة.

لقد قال جيمس كالاهان رئيس الوزراء البريطاني الكذب يدور نصف الكرة الأرضية قبل أن تضع الحقيقة قدمها عليها قامت مستشفى بإنهاء خدمات مستخدم أثناء الفترة التجريبية فانتشرت إشاعة في المستشفى بأن ثلاثة عشر مستخدماً في قسم الجمعية قد تم إنهاء خدماتهم بما في ذلك الموظفين المنتظمين وهذا الحادث أوجد إضراباً وربما لو أنه قد تم إبلاغ المستخدمين بالوضع الحقيقي يتم تجنب الإضراب ولكن المدير ومدير شئون الأفراد ظنوا بأن من الأفضل أن يتم ذلك بدوء.

وإن المعلومات التصحيحية هنا مفيدة جداً ويجب أن يتم توفيرها سريعاً فالإشاعة التي لا يتم تحديها غالباً ما تتحول كأنها حقيقة وتخدم الحقيقة أغراضاً مختلفة

ويمكن أن تكون اجتماعية ويمكن أن تكون معلومات فاسدة ويمكن أن تكون للمعالجة للشفاء وإن تعليم المريض يتطلب اتصالاً جيداً والتثقيف الصحة يحتاج إلى اتصال فاعل.

فالاتصال يجب أن يقود دائماً إلى فعل ملائم فالمعلومات الصحيحة واتجاهها يجب أن تصل إلى الناس الذين يستحقونها في الوقت الصحيح. وهذا ما لم يحدث مرة في مستشفى H إلى بومباي فأدى إلى نتائج مأساوية، ففي ففي تقرير لجنة التقصي لما يسمى شعبياً الموت السهل بالجليسرول وقال القاضي لنبين، فإن العميد والمسئول الطبي كانوا مهملين وقد تبين في إعلانهم في طلبهم وإقصائهم عن واجباتهم في عدم أخذهم أي إجراء بعد لهم على معلومات عن مدى رد فعل على العقاقير في المستشفى كأن يتعين عليهم الاتصال بكل بالمستخدمين للعقاقير في المستشفى لإيقاف استخدام هذه العقاقير المشبوهة وكان يجب أن يتأكد من أن عقار خطر قد تم سحبه.

وإن النشر الفاعل والسريع للمعلومات الحيوية واجب وإذا تم إهماله فيمكن أن يترتب عليها مصائب، فالاتصال يجب أن يكون سريعاً وتجنب التأخير، ويجب أن يكون فاعلاً – فالخطوة المتخذة يجب أن تؤكد الإجراء المرغوب القيام به.

وعندما يتحدث مع العاملين، ادع العامل أو العاملة باسمه فكل شخص يتوق للانتباه وهناك فارق كبير عندما يميزه أو يميزها المدير فيدعو كل منهم باسمه فيعجب بسماع اسمه من مديره.

وإذا اتفقنا بأن الاتصال عملية باتجاهين، فيجب على المدير أن يستمع ويراقب فالاستماع ليس سهلاً ولكن يمكن أن تتعلم أدبياته.

١- ركز على ما يقوله الآخرون واستمع بصورة جيدة فالنغمة والتركيز يمكن أن ينقل المعنى الذي قد يضع إذا لم تكن منتبهاً بما يكفي. وكيف يمكن لشخص أن

يقول شيئاً ما قد يكون أكثر أهمية مما قال فالكلمات غير المسموعة التي لم يقلها والأفكار التي يمكن غالباً فهمها إذا كنت متيقظاً.

٢- كن منفتحاً لاستقبال الأفكار والمعلومات الطازجة وإن عقلنا في البرشوت لا يعمل إلا بعد أن يفتح.

٣- تجنب الهدم والتدمير.

٤- أنظر إلى الشخص الذي يتحدث إليك، مراقب الشخص كاملاً مراقب الإيماء، والتصور وتعبيرات الوجه والأفعال.

٥- حاول أن ترى الأشياء من وجهة نظر المتحدث وأبعد عن في شعوره الخوف بأن يتكلم أو تتكلم بعد ذلك بحرية، وربما يجد المتحدث أو المتحدثة حلاً لبعض مشاكله الفنية أو يتعلم كيفية التعايش السلمي معها.

٦- شجعه على التحدث واسأل أسئلة بسيطة، واحصل على توضيحات واحصل على معلومات محدده.

٧- لكن متجاوباً أظهر بمظهر جيد في سلوكك الإجمالي مبيناً بأنك مهتم بما يقوله وبذلك فإنه سيتصل بحرية ارحمنا حتى سمعك جيداً.

يخاف بعض المدراء من الاتصال، إن إبلاغ المعلومات مصدر قوة وربما يمنع المدير المعلومات ظناً منه أن العاملين يمكن أن يستخدموها في مناقشاتهم، فالمناقشة يجب أن تستند إلى الحقائق.

يؤدي العاملون دورهم على أفضل وجه حين يفهمون دورهم ووظيفتهم ويعرفون ما يجري، فهناك علاقة قوية جداً بين الرضى الوظيفي والمعلومات الجيدة. فالعاملين الذين لديهم معلومات جيدة يقومون بعمل أفضل وهم أكثر واقعية في

فاوضات الأجور وخاصة فيما يتعلق بقدرة المستشفى على الوفاء بمطالباتهم بالزيادة في الرواتب.

فالأطباء في مستشفى R أرادوا زيادة تقارب ١٠٠ في الرواتب وأطلعهم المدير على كشوف الميزانية والحسابات المدققة وكيف أن المستشفى يواجه عجزاً نظراً للخدمات التي يقدمها للفقراء. فوافق الأطباء على تسوية الأمور مقابل زيادة بسيطة.

ما هي الفوائد الرئيسية للاتصال المحسن؟

١- الفهم الأفضل لأهداف المستشفى فهناك أهمية أكثر لتحقيق الأهداف.

٢- علاقات مستخدمين مع صاحب العمل أفضل.

٣- تصور أفضل عن المستشفى ويعود ذلك إلى نوعية محسنة في توظيف الأفراد.

٤- إسناد شعبي عام أفضل، مفيد دائماً ولكن فائدته أكثر في وقت التدهور العام.

تفويض الصلاحيات (٧)

ليس باستطاعة مدير أو مدير المستشفى القيام بكافة الأعمال بنفسه بالإدارة الجيدة أيضاً هي من خلال تفويض الآخرين بالقيام ببعض الأعمال. لذم فإن من الضروري أن يعهد ببعض المهام للآخرين، فغالباً أعضاء الفريق الإداري للمستشفى الذي يلقي المسئولية على الآخرين من خلال التملق للمدير الذي قد تكون للموافقة والقول بأنني سأقوم بذلك ويجب أن تتم مقاومة هذا الميل وتفويض المهام وسوف تنتهي بأن تكون أكثر نجاحاً في إدارتك من خلال تفويض المهام وسوف تنهي بأن تكون أكثر نجاحاً في إدارتك من خلال تفويض فاعل فيمكن لوقف المدير أن يتم تحريره لإنجاز وظائف أخرى هامة.

كيف تقوم بالتفويض؟

ضع قائمة بالوظائف التي يتعين القيام بها، وضع علامة إشارة على الوظائف التي يمكن أن يتم القيام بها (ربما بطريقة أفضل مما تقوم به أنت) من خلال الآخرين، قم بتفويض هذه الوظائف وحين تعهد بهذه الوظائف تأكد أن هذه الوظائف قد تم تحديدها بالتفصيل ووفر الصلاحيات الكافية فالتفويض يمكن أن يكون فاعلاً فقط إذا منحت فيه الصلاحيات بجانب المسئولية وجد موعداً زمنياً نهائياً (إطار زمني) لإتمام العمل ووضح ذلك للشخص، واحصل على التزام من التابع بإنجاز العمل بفاعلية وتذكر بأن المسئولية النهائية تقع على عاتقك، وراقب التقدم من خلال التقارير الدورية لتقدم الأعمال ولا تستطيع الهروب قائلاً (أنني فوضت العمل لاكتشاف ولكنه لم يقم به).

لمن يتم التفويض؟

اختيار الشخص أمراً مهماً، فالتفويض ينمي الأشخاص الذين هم في المرتبة الثانية من المسئولية (عندما يدرك الشخص بأنه يمكن أن يطلب من الآخرين مساعدته في إنجاز عمله بصورة أفضل مما يقوم به وحده يكون قد خطى خطوات كبيرة في الحياة كما أشار أندرو كارينجي (قيم المرؤوس ثم قم بالتفويض).

إن الشخص الذي ستمنح له المسئولية والصلاحية يجب أن يكون له مواقف وقدرات ومعرفة ومهارات للقيام بتحمل المسئولية الممنوحة له واستثمار الصلاحية المعطاة له.

والذي تقوم بتفويضه؟

لا يمكن للمدير تفويض الوظائف الخاصة به، فالغرض من التفويض هو تمكين المدير من التركيز على وظيفته الخاصة فالتفويض لا يمكن أن يكون غير مجبر أو مشوش ويتعين الاختيار لعناية العمل الذي سيتم تفويضه للآخرين فحدد أي الوظائف سيتم القيام بها من قبل الآخرين وما هي الوظائف التي يجب أن تقوم بإنجازها بنفسك وما الذي تستطيع القيام به بنفسك.

- التي يجب أن تقوم بها بنفسك.
- التي يجب أن تقوم بها مع الآخرين.
- التي يمكن أن تقوم بها ولكن يمكن أن يقوم بها الآخرون.
- يتعين أن يقوم بها الآخرون بمساعدتك.
- يجب أن يقوم بها الآخرون.

عندما تقوم بتفويض المهام فإنه من الضروري إعطاء الصلاحيات الكافية لمقارنة متطلبات المهمة. وإذا كانت الصلاحيات غير مفوض بها فإن الشخص الذي تم تفويض المهمة له لن يكون باستطاعته إنجاز المهمة، وسيتم اعتباره أو اعتبارها فاشلاً دون أي خطأ من جانبه، فالتفويض دون صلاحية ليس بتفويض.

لماذا لا يقوم المدراء غالباً بالتفويض؟

ربما يكون هناك العديد من الأسباب

- ربما يعتقد المدير بأنه يستطيع أن يقوم بالمهمة على الوجه الأفضل والأسرع بنفسه، وحتى لو كان ذلك صحيحاً فيجب على المدير أن يقوم بالتفويض لأنه يكون بذلك قد طور مرؤوساً سيكون بإمكانه أن يفوض بالمهمات بثقة وفي نفس الوقت فإن الإداري لديه الحرية بتنفيذ بالقيام بالوظائف الهامة الأخرى بإعطائها الانتباه.

- ربما يشعر المدير بأن لا أحد من مجموعته أو فريقه منافساً بما فيه الكفاية للقيام بتنفيذ المهمة بكفاءة ويمكن أن يكون هناك خوف من أن يرتكب الآخرون أخطاء قم بالمخاطرة فسوف تجد أن الخوف كان غير مبرر في معظم الحالات.

- ربما لا يريد المدير القيام بالتفويض لشعور لديه بعدم أمن الوظيفة التي سيقوم بها الآخرون؟ وهل ستجدني الإدارة بأنني شخص فائض عن حاجة المستشفى لا داعي لوجوده بها.

- ربما لا يرغب المدير بالتنازل عن صلاحياته عن طريق التفويض ولكن الحقيقة أن تصبح أقوى بالتفويض.

- ربما لا يعرف المدير كيف يقوم بالتفويض.

لماذا لا يرغب أعضاء الفريق بتولي هذه المسئولية؟

وفي بعض الأحيان وحتى عندما يكون لدى المدراء الرغبة بتفويض بعض الصلاحيات إلى أعضاء الفريق فإنه لا يرغب هؤلاء بتحمل المسئولية (والصلاحية) وإنه من السهل جداً جعل شخص آخر يقوم بها وحتى لو كانت متصلة بمسئولية كبيرة وعضو الفريق هنا ليس متأكداً من صلاحيته، وهو ليس متأكداً من إسناد المدير والآخرين له في المستشفى ولا يرى عضو الفريق غالباً بأن العمال الإضافي المفوض له

(والصلاحية الممنوحة لـه) سـوف تسـاعده في وظيفتـه فيقـول لمـاذا علي أن أضف مسئوليات أخرى إلى مسئولياتي دون الحصول على فوائد مالية أو مادية؟

والأسباب الأخرى هي الخوف من الانتقاد وعلى الخطأ، والافتقار إلى المعلومات اللازمة للقيام بالوظيفة جيداً والافتقار إلى الثقة بالنفس وإن العامل الأهـم في ذلك سيكولوجي وخاصة الخوف من ارتكاب الأخطاء ولكن تحمل المسئولية عند من هو أعلى منه يوجهه ويصححه ستساعد في تنمية المرؤوس.

كيف تقوم بالتحفيز؟

إن من الضروري تحفز المرؤوس لتحمل مسئوليات أكبر، ضـع نفسـك في مكانـه عاكساً ذلك على العلاقة، ثق بالمرؤوس وناقش العمل معه وأكد له تقديم مساعدتك له لإنجاز العمل ووفر المعلومات الضرورية والمدخلات.

متى يكون هناك تفويض؟

يتضمن التفويض اتخاذ القـرار وتنفيـذه، وهنـاك طـرق متعـددة لاتخـاذ القرار وتنفيذها استناداً إلى هذه الأمور فربما يكون هناك تفويض ومشاركة واستـثارة أو لا شيء مما ذكر.

١- أن يقر المدير بصورة مسـتقلة استخدام المعلومـات المتوفرة أو الحصول لا تفويض على المعلومات الضرورية مـن المـرؤوس، وربمـا لا يفسـر ـالمـدير أو لغير لا مشاركة الأسباب التي دعته لاتخاذ هذا القرار.

٢- المدير:

- يتخذ قرارات غير نهائية ويناقش المسألة والقرارات غير النهائيـة استشاره مـع المرؤوس ويقرر بعد ذلك بنفسه.

لا تفويض

- عرض المشكلة على المرؤوس ويحصل على أفكار ومقترحات وبعد ذلك يقرر بنفسه.

٣- يناقش المدير ومرؤوسه المشكلة ويطوروا ويقيموا حلول بديله مشاركة ويتخذون القرار.

تفويض جزئي

- يلعب المدير الدور الرئيسي.

- يلعب الاثنان دوراً متساوياً.

- دون إبلاغ المدير.

٤- المرؤوس يتخذ القرار.

- خاضع لموافقة المدير.

- وإبلاغ المدير كذلك تفويض.

- دون إبلاغ المدير.

الإدارة الجيد تدعو لتفويض ما يمكن أن يتم تفويضه، وإن الواجب الرئيسي للمدير هو تطوير مرؤوسيه، ويجب على المدير أن يوجه المساعدة للمرؤوس في تنفيذ المهمة المعهود بها إليه عندما تكون قبل هذه الإرشادات تكون مطلوبة ولكن يتعين أن لا يتدخل بغير ضرورة ويتعين على المدير أن ينمي بيئة الثقة وعلى المرؤوس أن يتم تمكينه من تنفيذ المهمة بصورة مستقلة ولكن بحرية للاقتراب في الإرشادات التي يشعر أو تشعر بأنها ضرورية لها.

اتخاذ القرارات (٨)

إن اتخاذ القرارات هي قلب الوظائف الإدارية والتدبيرية ضمن الصلاحية المعطاء لك. يجب عليك اتخاذ القرارات، فإن من واجب معالجة المشاكل عندما تظهر وحيث تظهر هذه المشاكل في المستشفى. تأكد من أن المسئوليات التي ستتولاها هي ضمن قدرتك ولا تقبل بمسئولية أكبر من ذلك لا تستطيع احتمالها دون إهمال للمجال الذي ترتبط به وظيفتك، وإن الآخرين الذين يعملون معك يمكن أن يقحموا عليك مسئولية اتخاذ القرار وتحمل المسئولية للآخرين بإلقاء اللوم عليهم نظراً للخوف من الانتقاد والافتقار إلى الاهتمام، ويجب أن تتم معالجة مشاكل الإدارات من قبل رؤساء الإدارات إلا إذا طلب رؤساء الإدارات مساعدتك أو أنه من الضروري بأن تتدخل في المشاكل فوراً.

ربما يكون القرار إيجابياً أو سلبياً فالقرارات الإيجابية يمكن أن تكون بعمل شيء ما أو عدم القيام به. أو وقف إجراء أو منع إجراء، وإن القرارات السلبية هي القرارات التي لا تقرر ومهمة مثل القرارات الإيجابية والقرار بعدم اتخاذ القرار ربما يتم اتخاذه بسبب الآتي:

- المسألة ليست ذات صلة.

- المسألة وثيقة الصلة ولكن لا تتوفر المعلومات الكافية لاتخاذ القرار النهائي بشأنها.

- المسألة وثيقة الصلة ولكن القرار يجب أن يتخذه شخص آخر (مثل الهيئة العامة).

- لا تعتبر نفسك منافساً بما يكفي لاتخاذ قرار.

إن اتخاذ القرار وحل المشاكل ليس نفس الشيء، فالقرار قد يقود وقد لا يقود إلى حلول للمشاكل في ذلك الوقت.

فقد تم طرد راميش المستخدم بعد التحقيق وأراد الاتحاد له أن يعيده إلى وضعه السابق وقررت الإدارة عدم إعادته إلى وضعه السابق فالقرار لم يحل المشكلة وتم اتخاذ قرار بإعادته لوظيفته السابقة.

وقد تم اتخاذ القرار بطرق مختلفة ربما تستند إلى خبرة سابقة أو على الحدس أو الحسن الباطني وربما يتخذ القرار استناداً إلى التصدر في إدارة المستشفى يجب أن يكون اتخاذ القرار منطقياً إذا لم يكن استبدادي فهناك حاجة لمدخل علمي لاتخاذ القرار.

ولدينا حلول جاهزة لمعظم المشاكل اليومية والمشاكل المتكررة وهي تبحث في القوانين والأنظمة السارية وكذلك الإجراءات المميزة وعندما تبرز المشاكل الجديدة تغطي الأوضاع غير المألوفة ويجب أن يتم الاستعانة بها في عملية اتخاذ القرار.

ربما يكون هناك قيود على اتخاذك للقرار

- الجهات العليا (التعليمات من وزير الحكومة أو الهيئة العامة الحكومية).

- الجهات الأدنى (يتعين تنفيذ القرار من خلال العاملين تحت إمرتكم وإن أحد المبادئ المهمة هي أن الأوامر لن يتم صرفها لا يمكن أو عاد لن يتم الإذعان لها، وإلا يمكن أن تدمر السلطة والنظام والأخلاقيات.

- الأنظمة الحكومية: المحلية وعلى مستوى الولاية والحكومة الوطنية ربما يكون هناك تشريعات مقيدة للتطلعات وتم تفسير التشريعات من قبل المحاكم مثل مرسوم العقاقير ومساحيق التجميل ومرسوم الحد الأدنى ومرسوم النزاعات الصناعية.

- بما يكون الدخول في الاتفاقيات مع المنظمات الأخرى مقيداً الحرية ولاتخاذ القرارات بشكل مستقل.

- ربما يشترط في الاتفاق مع الاتحاد على اتخاذ إجراءات معينة.

- النظام الاجتماعي العام المحدد بالعادات والتقاليد .... الخ.

خطوات باتخاذ القرارات:

- حدد المشكلة – ابحث عميقاً لتحديد المشكلة الحقيقية أو جد الجذور التي سببت المشكلة أو جد السبب الذي أدى إلى السبب.

- حلل المشكلة: سيكون هناك عدة مكونات لأية مشكلة ولتحليل المشكلة يجب علينا محاولة الحصول على أكبر قدر من الحقائق ولكن تذكر لن نحصل على كل الحقائق دائماً. وهذا يجب أن لا يكون عذراً لتأخير اتخاذ القرار.

دراسة حالة:

١- هناك رئيسين إداريين للإدارة والذين هما في صراع متبادل غالباً وكان يعتقد أن ذلك ناتج عن اختلافات بالشخصية ولكن بعد التعمق في البحث وجد أن الواجبات والوظائف لم تكن محددة تماماً فكانت هناك مسئوليات وصلاحيات متداخلة وطلب من كل رئيس كتابة الإدراكات لواجباتهم ومسئولياتهم استناداً إلى تجاوبهم وتم بعد التشاور اتخاذ قرار بأن يسند لكل منهم واجبات معينة.

٢- كان لقسم العلاج الطبيعي في مستشفى ما عائدات كبيرة للمعالجين الطبيعيين فظنوا بأن العائدات ناتجة عن الرواتب المنخفضة فاقترح رئيس الإدارة رواتب أعلى ولكن ذلك لم يكن مقبولاً للإدارة لأن أصحاب نفس المؤهلات والخبرات في الإدارات الأخرى سيطالبون برواتب مرتفعة، والرواتب تقارن بما

يمنح في مؤسسات أخرى مماثلة وبعد الاطلاع أكثر على المسألة، وجد أن المسئولية عن المعالجة الطبيعية رغم كفاءتها وحماسها لم تكن باستطاعتها التعامل مع المستخدمين فقد أرسلت إلى دورة في الإدارة المتوسطة، وتمت تسوية المشكلة.

٣- تطوير حلول بديلة، اسأل الأسئلة الصحيحة لديك كل الحق في تجنب اتخاذ القرارات أو إرجاؤها والتروي في الحصول على معلومات أكثر ووقت أكثر وحقائق أكثر لاستشارة الآخرين والفصل في المسألة، فلا تسمح لنفسك بأن تكون منقاداً للقرار ولكن ليس هناك أو حيادي في تأجيل القرارات لغير الضرورة على أمل أن تحل المشكلة تلقائياً وعندما يتم تحديد المشكلة وتحليلها يجب علينا البحث عن حلول بديلة، بعض هذه الحلول البديلة ربما يوفرها أصدقاؤك يجب أن تأخذهم في الاعتبار وكذلك إيجاد عدد أكثر وأفضل من البدائل افحص الكثير من البدائل إذا تم تفعيلها خذ في الاعتبار التأثير المحتمل وما يترتب عليه وتذكر أن لكل قرار تأثير على مجمل النظام في المستشفى.

٤- قرر أفضل حل تحت الظروف المتوافرة معدل المخاطرة/ الفائدة فلكل قرار مخاطرته وفوائده اختر القرار الذي فيه أقل مخاطرة وأكثر فائدة، فالأطباء هم على وعي بمسألة المخاطرة والفائدة عندما يختارون إجراءات المعالجة للشفاء أو عقاقير الاقتصاد في الجهود والنفقات، حيث يكون هناك حلول مشابهة مع معدل مخاطرة وفائدة أكبر وأقل متعادلة فإن البديل الذي يتطلب الجهد الأقل والنفقات الأقل للموارد (الأشخاص والمال والمواد والوقت) سيتم اختياره. القبول/ يجب أن يتم قبول الحل لذوي العلاقة ولا حاجة لحل غير مقبول، وفي

نفس الوقت يجب أن يتم التذكر بأن أكثر الحلول ربما لا يتم قبولها كاملة من قبل أي شخص.

٥- تنفيذ القرار ومتابعته.

المشاركة في اتخاذ القرار:

ربما تكون فكرة جيدة أن تشارك في اتخاذ القرار مع الآخرين مباشرة متأثراً بالقرار فاتخاذ القرار يدخل فيه اختيار بديلاً واحداً من بديلين أو أكثر ويجب أن نكون:

١- واعين للبدائل.

٢- تحديد هذه البدائل وما يترتب عليها من اختيار لكل منها.

٣- ممارسة الاختيار.

إن العاملين لديها يمكن أن ينخرطوا في صنع القرار وخاصة الأولين وحتى الثالث. ولكن حتى في هذه الحالة فإن الاختيار ربما يتم من قبل المجموعة كاملة بالإجماع أو الاتفاق الجماعي وتبقى المسئولية لدى المدير فيستطيع التغلب على الأغلبية إذا اعتقد بأن المخاطرة في القرار أكبر من الفائدة المترتبة عليه ولكن في الغالبية العظمى من الحالات فإن من الممكن الذهاب مع القرار الجماعي.

إن شراء محلل غاز الدم من قبل المستشفى م قد تمت مناقشته من قبل مجموعة من الأطباء والممرضات المنخرطين في ذلك وقد اعتبروا بأن البارامتر سيتم تحليله وبذلك فقد وقع الاختيار في فئة محددة من الأجهزة، وقد طلب من الشركة الصانعة الذين يفون بالمتطلبات تقديم عروضهم والحضور للمناقشة مع المجموعة، آخذين في الاعتبار النوعية والوفاء بالمتطلبات والتكلفة وقد تم الاختيار.

وكانت فوائد اتخاذ القرار بالمشاركة كالآتي:

١- لجعل أفضل نوع من المنتج يفي بمتطلبات خاصة للمستشفى.

٢- جاهزية كل من شاركوا لتأكيد النجاح الكبير بالعمل على الجهاز.

٣- قناعة الأعضاء ورضاهم بأنهم شاركوا في اتخاذ القرار الذي كان قد أحدث تماسكاً كبيراً.

الغوص في الوحل:

وغالباً يكون المدير كارهاً لاتخاذ قرار منطقي وشامل ويمكن أن يسيروا ببطئ لمعالجة المشاكل الناشئة بتغيرات بسيطة، ولذلك فائدته إذ تزيد من الأمن في إحداث التغيير فالتغييرات محدودة، ومثل هذه السياسة ربما تعمل في ظروف معينة.

١- السياسة الحالية هي مرضية بشكل رئيسيء ولكن بعض التغيرات الإدارية كافية لإنجاز التحسين المطلوب.

٢- هناك درجة كبيرة من الاستمرارية لطبيعة المشكلة وفي الوسائل المتوفرة للبحث بالمشكلة، فبعض الحلول ربما تعمل في بعض الحالات لبعض الوقت ولكن الطريقة العلمية الأفضل لحل المشاكل سيتم واحتياجها مع مرور الزمن.

المراقبة والتقييم:

إن المراقبة والتقييم هي أجزاء لا تتجزأ من دورة التخطيط ويجب أن يتم إنجازها وبتوجيه شخص بالتركيز على كمية ونوعية على كل من النوعية والكمية ومراقبة التعامل مع التقييمات والبرامج والنشاطات الجارية للقيام بالتصحيحات الملائمة في المخرجات، فالتقييم أكثر ارتباط مع التقييم فصلي ومتوسط المدى وطويل المدى.

المراقبة (٩)

فالمدير يجب أن يعرف أولاً ماذا يحدث في المستشفى، هل أنت واع لما يحدث؟ هل تعرف ما هي خدمات المستشفى؟ الطبية والتمريضية والصيدلانية والمختبر والأشعة والخدمات المساندة. هل تسير بشكل طبيعي؟ وهل تجري بالطريقة اللازمة لتحقيق الإنجازات؟

إن مؤسسة المستشفى بالغة التعقيد، ولا تستطيع التدخل مباشرة في كل شيء ولكن تحتاج إلى معرفة ما يحدث في المناطق الحساسة وأن تستطيع الحصول على المعلومات عندما يحتاجها، إذا كانت المستشفى الخاصة بك جيدة التنظيم. فسوف تسير النشاطات بسهولة، وإذا قمت بتفويض المسئوليات للأشخاص المنافسين ومنحتهم الصلاحيات اللازمة كذلك، فإن الخدمات يمكن توقع أن يتم تنفيذها دون انقطاع في تقدمها وحسب أهداف المستشفى ورغم ذلك فهناك استثناءات ستحتاج إلى تدخلك، ربما تكون هناك مشاكل غير منظورة أو فرص غير متوقعة وربما تتغير الظروف ويمكن أن يلزم أن تقوم بإعادة تقييم الوضع، آخذاً بعداً منظورياً شاملاً طويل الأمد.

فالمراقبة تعني معرفة ما يجري، يرتبط بها وظيفة التحكم وإجراء التغييرات للحفاظ على النشاطات سائرة برتابة مفيدة فالتحكم والمراقبة تتعلق بشكل رئيسي- بالنشاطات اليومية بينما يرتبط التقييم طويل الأمد.

لماذا المراقبة:

المراقب لمراقبة النشاطات خلال تنفيذها، ونقيس المدخلات مقابل المخرجات في إنجاز الأهداف، فالمدخلات قد تكون قوى عاملة ومال ومواد ووقت وموارد أخرى أما المخرجات فقد تكون عدد المرضى الزائرين والمرضى المقيمين في المستشفى والعمليات التي جرت، والأدوية المصروفة والتعليم الصحي الذي تم

وما شابهه هـل تـم الإنفـاق زيـادة عـلى الميزانيـة أو أقـل منهـا مـن قبـل الإدارات والأقسام؟ هل عدد العاملين كاف للقيام بالواجبات؟ هل هنـاك اسـتخدام أقـل مـن اللازم للعاملين؟ هل هناك تخزين للعقاقير؟ فالاستفسارات متعددة مختلفة.

فالمراقبة تجلب ما ليس معتاداً ولا متوقعاً وبـذلك يمكـن للمـدير أن يركـز عـلى مثل هذه الأمور التي تحدث. مهما كانت إيجابية أو سلبية.

فالمراقبة أيضاً تساعد العاملين على الإنجاز الأفضل وهم يعرفـون أن هنـاك مـن هو مهتم بعملهم، والثناء على إنجازاتهم وسماع مشاكلهم ومحاولـة حلهـا، والمراقبـة الشديدة الزائدة يمكن أن تؤدي إلى نتائج عكسية ويجب أن يـتم القيـام بهـا بصـورة حكيمة.

إن المدير الفاعل حذر دائماً ومتيقظ لأي شيء غير اعتيادي يبرز وعـدم الانتظـام والفرص وتوفر المراقبة تغذية استرجاعية والتي قـد تسـاعد في المراجعـة والنشـاطات والتعديل الصحيح لتعزيز نوعيتها وتأثيرها.

مؤشرات المراقبة:

لتقوم بالمراقبة الناجحة تحتاج إلى تطوير مـؤشرات ملائمـة فالمؤشرات النوعيـة والكمية ضرورية.

كمية مثل:

- التعدد البسيط للأحداث والنشاطات (عدد).

- المعدل قياس التردد الذي تظهر فيه الأحداث يومياً أو أسبوعياً أو شهرياً.

- المعدل، النسب، النسب المئوية للعمل المنجز في مجمله.

نوعية:

إن المؤشرات النوعية بشكل خاص هامة جداً في المستشفى وهذه يجب أن يتم تطويرها بصورة محددة لكل نشاط وللمدير فإن المؤشرات للإدارة والتدبير هامة ومن بينها عمليات سياسة التطوير والمراجعة للسياسة واتخاذ القرار، والمعرفة ووضع الأشخاص ومهاراتهم والعائدات للعاملين والمستخدمين والمراجعة الدورية لمسئوليات العمل وتقييم الإنجاز.

وسيكون جزءً هاماً من المراقبة هو رضى المرضى وعائلاتهم وأقربائهم والمجتمع ككل.

إن مراجعة الإدارة المالية كمية ونوعية وتشتمل على الإنجازات المالية والتقارير المالية المنتظمة، وحفظ السجلات ومقارنة الإنجاز المالي الحقيقي مع الميزانية (المناسبة).

الخطوات للمراقبة:

١- تحديد أهداف المراقبة.

٢- تحديد مجال المراقبة.

٣- اختيار المؤشرات أو المقاييس.

٤- اختيار مصدر المعلومات.

٥- تطوير طرق جميع المعلومات.

أ. جمع البيانات.

ب. تحليل البيانات.

ج. اتخاذ أو الإجراء الملائم.

كيف تقوم بالمراقبة؟

هناك طرق متعددة للمراقبة

الملاحظة (المراقبة)

بالزيارات إلى العنابر والإدارات والأقسام، فأن يقوم المدير بذلك ويحصل على معرفة جيدة طازجة عما يجري في المستشفى، ورؤية ما يحدث وقضاء الوقت مع العاملين لمناقشة المشاكل.

التقارير

ربما تكون هذه التقارير شفوية أو مكتوبة، وكلها متساوية الأهمية، والتقارير المكتوبة ربما تكون بفواصل زمنية ثابتة أو عندما تكون ضرورية، ويجب أن تكون التقارير مختصرة وتركز على الموضوع، ويجب أن يطلع المدير على كيفية سير العمل، وما هي الصعوبات، ويعطي تغذية راجعة على التقارير.

قوائم التفقد:

يمكن أن تساعد هذه على مراجعة النشاطات في المستشفى إذا تم تنفيذها يمكن أن تساعد بالحصول على معلومات متواصلة.

الاجتماعات:

يساعد بمراجعتهم الأهداف طويلة المدى وقصيرة الأمد وهذه الاجتماعات يمكن تثبيتها بفواصل دورية أو يمكن أن تكون على أسس خاصة.

الآراء:

ربما تكون هناك شكاوي أو ثناء ربما يقوم بها المرضى أو أقاربهم أو المجتمع المجاور أو الصحافة أو غيرها، ويجب التحقق دائماً من الشكاوي حتى ولو كانت مجهولة الاسم والمصدر واتخاذ الإجراء بصدورها، ويجب أن تتم للتغذية الاسترطاعية الثناء للناس المعنيين وتشجيع النقد البناء، ويساعد ذلك في تحسين الخدمات.

ويتعـين أن تـتم المراقبـة بلباقـة في المستشـفى فالأطبـاء والموظفـون الصـحيين الآخرون يستوون من المراقبة ويحافظون على حقهم بتقرير ما يجب القيام بـه نحـو أي مريض.

فالمراجعة للأقـران والتـدقيق الطبـي هـي أنظمـة يسـتطيع الأطبـاء مـن نفـس المستوى أن يراقبوا عمل وإنجازات كل منهما للآخر.

ويتعين مراجعة أنظمة المراقبة بصورة دورية في ضوء الخبرة وهنـاك متطلبـات هامة توفر التغذية الاسترجاعية السريعة للشخص المعني.

التقييم

إن عملية التقييم هي جمع البيانات واستخدامها لتشكل وغالباً ما تسـاعد عـلى الوصول إلى القرارات عن النشاطات التي تم تقييمها وهناك ثناء شامل على الاتجـاه. والكفاءة والتكاليف ونتائج البرنامج.

فالتقييم جزء لا يتجزأ من التخطيط وربما يكون

- تثقيفي: يتم القيـام بـه بيـنما لا يـزال العمـل جاريـاً وهـو جـزء مـن المراقبـة المستمرة ويساعد في تحديد الملامح عندما يكون التحسين ممكناً.

- يتم إعداد هذه النقاط مسـبقاً بعـد إتمـام المشروع أو النشـاط وهـي فصـلية ويساعد في الحكم على ما تم عمله.

الغرض من التقييم:

١- هل كان النشاط مثرياً؟ وفي حالـة التقيـيم ذو الأثـر الفاعـل يسـاعد ذلـك في تحديد فيما إذا كان يتعين الاستمرار في العمل أو منعه أو تعديله.

٢- هل تم إنجاز العمل: ليتحقق الأهداف المرجـوة؟ ويسـتطيع أيضـاً المسـاعدة بتحديد فيما إذا كان سيتم توسيع النشاط أم لا.

٣- إذا لم يقم العمل بإنجاز غرضه، لماذا لم يتم إنجاز ذلك؟

إذ يمكن أن يكون الفشل ناتجاً عن الآتي:

- المدخلات أو الموارد هل هي كافية؟ وهل يتم تنفيذها بالطريقة الأفضل وفي الوقت الصحيح.

- المخرجات أو الخدمات: هل الخدمات المقدمة ذات علاقة أو ملائمة، في الكمية والكيفية وهل الخدمات كفؤه؟ وهل هي مقبولة للمجتمع ومستخدمة من قبل الناس؟

النتيجة:

ما الذي كان مرغوباً في إنتاجه؟ وهل أي تحسين صحي هو نتيجة مباشرة للنشاط؟ وهل ينتج النشاط أي تأثر آخر إيجابي أو سلبي؟

طريقة العمل:

يجب أن يكون تصميم التقييم بسيطاً ومتناسباً مع الحصول على الأجوبة المرجوة فيما بعد، ويتعين أن يشتمل التقييم الخطة (الأهداف والأولويات) والعملية (الطريقة التي سيتم بها تنفيذ الخطة والنتيجة (الناتج).

وهناك أربعة مراحل لتقييم طريقة العمل

- وضع الأسئلة: وضع الأسئلة بحيث يتوقع من التقييم الإجابة على ما تحتاج معرفته.

- المعلومات الرئيسية التي تصف الوضع قبل البدء بالنشاط والبيانات عن السياسات والأولويات والبرامج.

- بالعوملات المدخلة والموارد المستخدمة في البرنامج.

- معالجة المعلومات وصف الوضع بعد النشاط أو خلال النشاط (التغيرات أو الإنجاز في فترة الخدمة).

مصدر المعلومات:

- إحصائيات المستشفى جميع البيانات ذات العلاقة متوفرة ويتم استخدامها بحكمة.

- المسح الذي يشمل وضع المجتمعات ومستخدمي الخدمة وربما تكون المسوحات كمية أو نوعية.

- التغذية الاسترجاعية من العاملين والإدارة إلى المستشفى.

كيف تحصل على المعلومات؟

إن من الجوهري تحديد كيفية الحصول على معلومات موثوقة وذات علاقة بما نريد.

كيف يتم تقييم المعلومات ومن الذي سيقوم بتقييمها؟

- إن من الضروري تحديد من الذي سيقوم بتنفيذ التقييم يجب أن يتمتع الأشخاص الذين يتم انتقاؤهم بالمعرفة ولديهم المهارات والمواقف الكافية.

- من الذي يقوم بتنفيذ تقييم المعلومات.

- هناك مجموعات مختلفة من الأشخاص يمكن أن يتم اختيارها للقيام بهذا التقييم.

من خارج المستشفى بمهارات: هؤلاء هم الخبراء الذين هم منخرطون في نشاطات مختلفة وهم عادة موضوعيون ويجب أن تكون هناك علاقة بالثقة والتعاون بين المقيمين الخارجيين وأولئك الذين سيتم تقييم نشاطاتهم.

- مورد الخدمات: وهؤلاء هم الناس الذين يريدون الخدمة وهم مهتمون بالتقييم ولكنهم قد يكونون متحيزين سيئوا السمعة بالنتيجة.

- المستخدمون وهؤلاء هم المستفيدون من الخدمات وهم الذين يرجح بأن يكونوا ناقدون وهناك خلط حكيم بين هذه المجموعات الثلاث (أو الحصول على معلومات من ممثلين عن المجموعات) يمكن أن يجلب ويظهر تقيماً فالتقييم هو الأفضل كعملية تعاونية.

تنظيم الوقت (١٠)

إن أحد أعظم الموارد هو الوقت لا تهدره، فالوقت لا يمكن زيادته بخلاف الموارد الأخرى ولكن يمكنك أن تقوم بتحسين الوقت المتوفر لديك.

فلديك ٢٤ ساعة في اليوم.

١٦٨ ساعة في الأسبوع.

٨٧٦ ساعة في السنة.

إن هذا الوقت متاح للجميع بالمقدار نفسه فبعضهم يقوم بالكثير من الإنجازات بنفس المقدار المتاح وبالمصطلح العملي فإن مقدار الوقت المتاح أقل بقليل وربما هو ٨- ١٠ ساعات يومياً لمدة ٣٠٠ يوم سنوياً.

كيف يمكنك استخدام هذا الوقت المحدود لتحقيق أفضل الفائدة؟

وهل تستطيع عمل ذلك؟ إذا خططت ونظمت وقتك.

إن المطالبات للوقت كثيرة فليس ممكناً أن توفر الوقت لكل المتطلبات وعليك الاختيار.

فهل فكرت في مقدار الوقت الذي أضعته فالوقت يغني ما مضى- منه لا يعود، استمع إلى ما قاله والتر سكوت عنه.

ص٥٢ سكر صغير

وهناك طرق عديدة لتضييع الوقت

١- عادات العمل غير الملائمة.

٢- عدم ترتيب الأهداف والأولويات.

٣- الخوف من اتخاذ القرارات.

٤- القيام بالأعمال القليلة الأهمية (الأقل أهمية).

٥- السماح للآخرين بتضييع وقتك.

٦- القيام بالأعمال التي يتعين القيام بها من قبل الآخرين.

دراسة حالة:

الدكتور MS المسئول الطبي في مستشفى H وفيما كان الدكتور MS في حفلة متأخرة يوم الأحد استيقظ يوم الاثنين متأخراً بصداع في الرأس شرب القهوة وتناول حبة من الأسبرين جهز نفسه سريعاً وتناول طعام الإفطار وقاد سيارته إلى المستشفى وجاء متأخراً عن اجتماع كان في الساعة التاسعة من أمس اليوم ولم يركز على المسائل المطروحة في الاجتماع.

وكان يوم إدخال المرضى ذهب إلى قسم العمليات وكان غاضباً على العدد الكبير من المرضى يقومون بضجيج وصياح على الممرضة التي في عملها لإدارتها الضعيفة للمرضى، اطلع على جزء من المرضى وطلب من الطبيب المستجد الاطلاع على ما تبقى منهم وذهب إلى العنبر للقيام بجولات، وجاءته مكالمة من سكرتير الحكومة، يريد منه بعض المعلومات عن المستشفى وقد قدم مدير المالية عرضه له لإعطائه المعلومات ولكن الدكتور M S ترك هذا العرض جانباً وفكر بالحصول على معلومات جاهزة في أول صباح الاثنين ولكنها سرعان ما غابت عن ذاكرته، واعتذر إلى الوزير ووعده بأن تكون المعلومات جاهزة في الساعة الثانية مساءً خرج وإذا هو شخص يشكو من إهمال أخصائي في المستشفى معه، مبلغاً وأبلغه أنه لا يملك الوقت الآن النظر في مثل هذا الأمر طالباً منه مقابلته الساعة الرابعة مساءً وكان هناك تبادل للهجة جادة في النقاش وغادر الشخص غاضباً وقال بأننا سنلتقي في محكمة

المستهلكين أو عاد مندفعاً إلى العنبر وأخذ المريض أكثر مما توقعناه، بالرغم من السرعة ووصف الدواء. وكان أحد أقرباء المريض صديق كبير وقد انتظر لمقابلة الطبيب لنقاش جاد في التنبؤ المحتمل للمرضى قريبه وكان الدكتور MS مسرعاً ليس لديه وقت لقريبه طالباً منه لقاءه في اليوم التالي، وذهب إلى المكتب للعمل على إيجاد المعلومات التي سيبلغها إلى الوزير فوجد المدير المالي قد وضع له ورقة على مكتبه يقول فيها بأنه لن يأتي في المساء ولا يعرف أحد آخر شيئاً عن المعلومات المطلوبة وترك تناول الغداء للعمل على هذه المعلومات ولم يكن لديه وقت لإعادة التفقد للمعلومات، وأعطى المعلومات إلى الوزير الذي قال بأن الأرقام المعطاء سابقاً والأرقام الحالية لا يتطابقان، وذهب عائداً إلى عمله في غرفة العمليات وتلقى مكالمة من أخصائي التخدير قائلاً بأن الأوكسجين في غرفة العمليات قد نفذ ولا يوجد في المستودع اسطوانات مليئة. وكل الاسطوانات تم استهلاكها في نهاية الأسبوع وكان هناك عدد من الحالات الطارئة غير المتوقعة واتصل بإمدادات الأوكسجين الموثوقة وقالوا بأن التزويد بالأوكسجين لا يمكن التزويد به إلا في اليوم التالي فمرر المعلومات لطبيب التخدير والذي قال بأنه ليس مسئولاً إذا حدث أي شيء مشئوم نتيجة الحاجة للأوكسجين وعندما عاد للعمل على الأرقام فلم يكن باستطاعته القيام بذلك بشكل صحيح وكان متوقعاً لاجتماع مهم في الساعة الرابعة وكانت الرابعة والنصف مساءً وجد أن الاجتماع كان قد بدأ، وبعض القرارات لم تكن صحيحة، بالنسبة له دخل في تبادل جاد لوجهات النظر وغادر الجميع غاضبون في نهاية اجتماع غير صاحب ووصل إلى البيت في السادسة والنصف وكانت زوجته في انتظاره لتذهب للتسوق فألغي التسوق وشرب بعض المشروبات الخفيفة وتناول حبة أسبرين وارتمى منهمكاً في السرير.

كيف استخدم الدكتور MS وقته؟ وكيف تأقلم مع وقته؟

أن تبدو مشغولاً:

إن بعض الناس يبدو مشغولاً وهذا لا يعني أنهم يستغلون وقتهم إلى أقصى درجة ممكنة.

١- غير منظمين.

٢- هادئ – فاعل.

٣- أصبح ماهر في استغلال الوقت.

كيف يتعين عليك تخطيط وقتك؟

اجعل لديك فكرة واضحة عن كيفية استخدام عقلك وفكر ما الذي تنوي عمله عندما تريد أن تنجز أهدافك المتميزة القصيرة والطويلة الأمد.

- خذ مسئوليتك بعين الاعتبار، واعمل توازناً بين المظاهر المختلفة لوظيفتك.

- ما الذي يمكن القيام به؟

- ما الذي يمكن القيام به أفضل من الآخرين؟

- ما الذي يجب علي أن أعمله.

- ما الذي يمكن أن أقوم بتفويضه.

- أعطي الأولوية لكل عنصر من وظيفتك وترجم الأولويات إلى عمل هل تتوقف لتفكر فيما إذا كنت ستستخدم وقتك بفاعلية؟ وإذا أردت استغلال وقتك بصورة أفضل أو وقف النظر إلى كيفية استخدامك للوقت الآن وبالأمس وخلال الأسبوع الماضي وخلال الشهر الماضي هل أضعت وقتك؟ هل أمضيت وقتك في مسائل غير هامة بصورة نسبية؟ هل أمضيت وقتك في

مهام روتينية التي يمكن أن يقوم بها أحد مرؤوسيك. هل كان باستطاعتك عمل ما هو أفضل؟

- هل كنت قادراً على إعادة الاتصال؟ ماذا صنعت الأسبوع الماضي والشهر الماضي؟ وإذا كان لديك مفكرة فإنها تساعد إنها أداة إدارة مهمة، إنها تساعدك في التخطيط المستقبلي وبتحديد المواعيد والحفاظ عليها، والنظر إلى مراجعة كيفية استخدامك للوقت.

حلل ماذا أضعت خلال الأسبوع الماضي/ الشهر الماضي

١- المهام التي كان يجب أن تقوم بها أنت (المسئوليات والالتزامات الرئيسية).

٢- المهام التي هي مع الآخرين مثل التوقع والإقناع والضغط فعملها.

٣- المهام التي تقوم بها لأنك ترغب بذلك (حسب اختيارك).

النشاطات ويمكن تصنيفها كالآتي:

- مستعجلة وهامة.

- مستعجلة ولكن ليست هامة.

- غير مستعجلة ولكنها هامة.

- غير مستعجلة وغير هامة.

ستيفن .ر. كوفي

راجع جدول كل صباح وقم بترتيبها كالآتي:

- واجبه.

- يتعين عملها.

- يمكن عملها.

- يتم عملها اليوم.

خصص بعض الوقت للطوارئ أو لحدث غير متوقع ويجب على مدير المستشفى أن يكون جاهزاً للوفاء بغير المتوقعة كيف تنظم وقتك؟

ليكن لديك خطة يومية لعمل قائمة. وأضف أيضاً خطة أسبوعية وخطة شهرية وخطة سنوية، وربما يكون لديك خطة لخمس سنوات يجب أن تخطط للفرص الجديدة والوظائف الجديدة ودورات الإنعاش والتعليم المستمر والتوجه للتقدم في وظيفتك والإنجاز الأفضل.

تقيد بالخطط لأبعد حد ممكن لا تساويها خطة في قيمتها إذا لم تتقيد بها لا تكن قاسياً الفرص الجديدة قد تدعو إلى تغييرات.

كيف تجهز للقيام بها؟

١- اعمل قائمة بكل ما عليك عمله أو ترغب بعمله في ذلك اليوم.

٢- فكر بما تريد إنجازه في نهاية اليوم.

٣- فكر بما تريد أن تقوم به على المدى الطويل، واجلس جانباً بعض الوقت فهذا يساعدك لعمل ما هو مهم ولكن ليس بصورة ملحة.

* تصفح القائمة وقرر أولوياتك وصنفها بأولوية قصوى أو متوسطة أو دنيا.

* ركز على الأولويات القصوى والمتوسطة.

متى يمكن أن تقوم بإعداد القائمة؟

اقضي الخمسة عشر دقيقة في الصباح قبل أن تبدأ عملك أو مراجعة النشاطات اليومية في نهاية كل يوم وخطط ما الذي تريد أن تقوم به في اليوم التالي:

* العمل عن كثب مع سكرتيرك واختيار شخصاً مناسباً لتكون سكرتيراً لك وتحثه أو تحثها على الوظيفة، وأعطه تدريباً على الوظيفة.

* ابني علاقات ثقة، ومعلومات مشاركة وسرية، ابحث عن الأفكار للنشاط من السكرتير عن كيفية تسحين عملك، اجعل سكرتيرك يعرف أولوياتك وتحركاتك، إعقد جلسة يومية مع سكرتيرك للتعامل مع البريد والمسائل الروتينية وتكريس الجهد، ودرب سكرتيرك للتعامل مع المسائل الصغيرة، اجعل سكرتيرك يتعامل مع المكالمات الهاتفية في غيابك، اجعل سكرتيرك ينخرط في الاجتماعات، ادعم قرارات سكرتيرك وابحث عن الصعوبات، المشاكل التي يمكن أن تنشأ لا تجعل سكرتيرك يتولى الأمر.

المفكرة:

احتفظ بمفكرة جيب معك دائماً احتفظ بها حتى تاريخه شجع زملاؤك على الاحتفاظ بمفكرة، احصل على مفكرات لزملائك.

- ضع المواعيد المثبتة للاجتماعات الهامة والزيارات وحاول التقيد بالوقت وحاول أن تجعل الآخرين يلتزمون بالوقت وتجنب البدء المتأخر للاجتماعات لأن البعض ليأتي متأخراً فذلك مضيعة للوقت.

- خذ مفكرتك للاجتماعات، والاجتماعات المستقبلية يمكن تثبيتها بعد ذلك وهناك بينما المشاركون حاضرون.

- حدث مفكرتك بصورة منتظمة وراجعها من وقت إلى آخر. وانظر كيف تم استخدامك للوقت وتأكد من أنك تخطط لاستغلال وقتك بأفضل طريقة إذا كان هناك أي ضياع.

- ابني وقتاً إضافياً في جدولك لبعض الأحداث غير المنظورة وسوف يبرز بصورة يومية ويتعين أن لا تسبب الإخلال بجدولك.

- المخطط السنوي مفيد – اجعل فريقك يستخدمه.

الموقف الإيجابي نحو الوقت:

عليك أن تنمي موقفاً إيجابياً للاستغلال الجيد للوقت وهذا سيعود إلى الاستغلال الأفضل للموارد البشرية والتسهيلات والمواصلات ... الخ.

لا تضع الأشياء جانباً، المستقبل غير المحدد، واعمل ذلك مبكراً قدر المستطاع، لا تضيع وقتك على المسائل غير الجوهرية استخدم وقتك من أجل معالجة المسائلة المهمة.

- أعط الوقت دائماً للناس الهامين، وذلك يساعد في إنجاز أهدافك البعيدة والقصيرة الأمد، ولكن يجب أيضاً أن لا يضيعوا وقتك، قال لي أحد رؤساء الجامعات الهامة في الولايات المتحدة أنا لا أعطي أكثر من خمسة عشر دقيقة لأي شخص لشرح أي موضوع فإذا لم يكن الوقت كافياً لشرح المسألة بطريقة مرضية فهذا يعني أنها بحاجة إلى دراسة تفاصيل أخرى، واطلب من الشخص أن يقدمها لي كتابة، وهذا يوفر الوقت ويشرح المسائل بطريقة أفضل.

- تعلم القول المهذب، فمطلوب من المدير أن يحضر العديد من الوظائف الاجتماعية قم بذلك إذا كان باستطاعتك توفير بعض الوقت ولكن أن لا يكون ذلك على حساب الواجبات الهامة أو المسؤوليات التي تم الالتزام بها.

- تحكم بوقتك لا تدع الآخرين يتحكمون به رأيت ملصقاً مكتوباً عليه إذا لم يكن لديك شيئاً تصنعه فلا تصنعه هنا، وهذه عبارة حكيمة لا تسمح للآخرين الذين ليس لديهم شيئاً للقيام به يضيعون وقتك الثمين.

- قم بالاستخدام الكامل للآخرين، لا تقم بعمل يستطيع أن يقوم به الآخرون بصورة أفضل، قم بتفويض المسئوليات والمهمات وامنح الصلاحيات الملائمة حتى يمكن الشخص من إنجاز المهام.

- قم بتنمية روح الفريق، لا تضيع وقتك في الجدال غير الضروري حتى لو كسبت الجدال، فإنك تخسر الرضا والمودة.

- لا تركز كثيراً، الفشل الأخير والأخطاء فهي مضيعة للوقت ولكن تعلم من الخطاء الماضية.

- ضع أطر للوقت ومواعيد نهائية للمهمات الهامة، وتقيد بها، وهي نقطة قوية في هذا الشعار ثابتة الصحة للجميع بحلول عام ٢٠٠٠م، وهي ثابتة في الإطار الزمني.

- اجعل الوقت يخدمك، ولا تجعله سيداً لك بل خادماً.

الاجتماعات (١١)

إن جزءً كبيراً مـن الوقت تأخـذه الاجتماعـات، وربمـا تكون هذه الاجتماعـات مفيدة جداً فالاجتماعـات مفيدة جـداً فالاجتماعـات تسـاعد عـلى التقـاء العقـول، فاستخدام العقول يعتمد على نوعية الاجتماع وجديته والـذي يشـارك فيه الأعضاء، ويعتمد النجاح بصـورة كبـيرة عـلى الإعـداد الـذي جـرى في تنظيم خطـة الاجتماع وخطط جيد للأمام.

- الإعداد للأجندا.

- وضوح الأهداف.

- أوراق الخلفيات وتوزيعها.

- القيادة.

- المشاركة الفاعلة.

من الذي ستتم دعوته؟

قرر بعناية من الذي يتعين دعوته للاجتماعات، على الأقل في المراحل الأولية من الضروري دعوة كل من يتأثر بهذا الاجتماع إيجاباً أو سلباً، وهناك أشخاص محايدون ولكنهم يستطيعون المساهمة الفاعلة فيه ادع الأشخاص الملائمين ومن الضروري أيضاً أن تحدد عدد الذين سيتم دعوتهم، فالمجموعات الكبيرة لها مكاسب ومخاسر.

المكاسب (الفوائد)

١- هناك المزيد من المعرفة والقدرات متوفرة.

٢- هناك تفاعل المزيد من الناس.

٣- تمثيل أكبر لوجهات النظر المختلفة.

المخاسر (السلبيات):

- هناك قابلية للنزاع.

- تخفيض المساهمة من كل عضو.

- أن يطالب أقصى عدد باعتبار المسألة للنقاش.

الترتيبات:

إن ترتيب المقاعد في دائرة هو الأفضل لأنها تعطي مساواة ومساواة في النظر بالعين وأن تكون الكراسي مريحة ومن المفضل أن تجعلها جميعاً من نفس النوع، والحجم والارتفاع أن تكون الغرفة جيدة الإنارة والتهوية مع أقل إزعاج ممكن، ويتم التسجيل من قبل سكرتير التسجيل إلا إذا كان مرغوباً إحضار مسجل وهذا يحتاج إلى فيما بعد ويجب تجنب المقاطعات بقدر الإمكان وليكن لديك لوح طباشير أو لوحة متوفرة لتركيز الانتباه لرؤية المشاكل.

المدة:

إن الاجتماعات في أقصاها ٩٠ دقيقة، فإذا لزم أن يكون الاجتماع أطول اجعله على جلستين أو أكثر بينها فاصل.

الغرض:

كل اجتماع يجب أن يكون له غرض أو هدف، ويجب أن يكون ذلك واضحاً من البداية وللاجتماعات أهداف وأغراض مختلفة.

- التثقيف.

- استشاري.

- تنفيذي.

- خليط مما ذكر.

الاجتماع التثقيفي:

إن الغرض من هذا الاجتماع هو تمرير المعلومات قبل نقل الدم ونقص المناعـة المكتسبة (الأمور) لتمريـر المعلومـات الـواردة مـن الحكومـة أو أيـة وكالات أخرى بالإجراء ربما يظهر أو لا يظهر من هذه المعلومات.

الاجتماع الاستشاري:

إذ أنك ترغب بالحصـول عـلى أفكار ومقترحـات جديـدة كيفيـة الحصـول عـلى متبرعين متطوعين بالدم؟ بمشاركة الكثير من الناس ذوي الخلفيات المختلفة ويعتقد بأن الكثير من الاقتراحات سيتم طرحها.

الاجتماع التنفيذي:

وهذه الاجتماعات تساعد باتخاذ قرارات وأن يتم القيام بشراء الـدم مـن بنـوك الدم التجارية فالقرار تم اتخـاذه مـن قبـل الجميـع والالتزام به يحتاج إلى تعاون المشاركين.

الأجندا:

يجب أن تكون هناك أجندة لكل اجتماع يتعين أن تكون مفصلة وهذا يسـاعد المشاركين على التحضير مقدماً ويأتون بمعلومـات وبيانـات جيـدة ...الخ. والأجنـدة عامة لبلورة وجهات نظر المشاركين ويتعين أن تحدد الأجندا الوقت المتوفر ويجب أن يتوفر الوقت الكافي للتبادل المفيد للأفكار.

البدء:

ابدأ بالوقت المحدد، وحتى لو أن عدداً قليلاً مـن الأشخاص سـيأتون متـأخرين، فالتأخير لعشر دقائق ربما يكون مسموحاً وليس هنـاك مـبرر لـترك النـاس ينتظـرون كثيراً من أجل بعض المتأخرين وفور إنشـائك الاسـم ودقـة المواعيـد فإن المشـاركين سيبدءون القدوم في الوقت المحدد، ففي المستشفى يتوقـع أن يـأتي الـبعض متـأخراً لأنهم ربما يكونون مشغولين بحالة طارئة غير متوقعة.

بيان الافتتاح:

حـدد مسـبقاً الرسـالة التـي ترغـب بنقلهـا وقـل مـا تريـد أن تقولـه بدقـة ومصطلحات محدودة وواضحة ويجب أن تكون الرسالة واضحة وركـز علـى نقـاط النقـاش وعلـى القـرارات وضـع المجموعـة في الصـورة لمعرفة دورهـا بالضبط في رد الفعل، أو التوصية أو إصدار القرار.

المناقشة:

أعطي لكل شخص الفرصة للتحدث، فستكون هناك رغبة بالخروج عـن الأجنـدا فيجب أن تحث المتحدث بلطافة للتقيد ببنود الأجندا، واجعل المناقشة سـارة بقـدر الإمكان.

المشاركة الفاعلة:

ضع ملاحظاتك بدقة كبيرة بقدر الإمكان موضحاً موقفك مبيناً الأسباب والأمثلة، إذا كانت لها علاقة واستمع بانتباه وتعلم عدم الموافقة بطريقة توافقية.

كيف يتم اتخاذ القرارات:

لكل عضو في المجموعة تأثيره على المجموعة سلباً أو إيجاباً حتى ولو لم يتحـدث العضو فإنها أو إنه في تأثيره بموقفها أو موقفه، ففي بعض الأحيان فإن فـرداً واحـداً يسـيطر ويتخذ قرار عندما يكون المشاركون الآخرون سـلبيون أو صـامتون أو جبنـاء وفي بعض الأحيان فإن مجموعة من الصامتين الذين يتكلمون بوضوح يتخذون القرار وحتى مع ذلك فإن صوت الأغلبية قد يكون مختلفـاً فيجب علـى رئيس المجموعـة أخذ وجهات النظـر مـن أكبر عـدد ممكـن مـن النـاس وبـذلك يكـون القـرار قـرار المجموعة ويتم الأخذ بالأصوات في بعض الأحيان وبفضل تجنب ذلك لأن الأصوات تقسـم المجموعة إلى رابحين وخـاسرين وغالبـاً مـا يتم اتخـاذ القرارات بالاتفـاق الجماعي وهي تأتي في الأفضلية مباشرة بعد الإجماع.

عدم الاتفاق:

يمكن أن يكون عـدم الاتفـاق قيماً ويجـب أن يكونـوا بنائين وغالبـاً مـا يأتون بتحليل أفضل للمشاكل، بالإضافة إلى أننا نستخدم الاختلافات في الـرأي بحكمـة مـن أجل الآتي:

١- جمع معلومات أكبر.

٢- توضيح المسائل.

البحث عن بدائل أفضل

ولكن لا أحد ينبغي له أن يصر على عدم الاتفاق ويعيق اتخاذ القرار، علماً بأنها أو أنه قد أعطي الفرصة كاملة ليقدم أو يقدم أسبابه وفهمها وفهمه الآخرون.

سلوك المجموعة:

تعرض المجموعات سلوكيات مختلفة

السلوك الوظيفي يساعد المجموعة على مهامها أو يسحب المجموعة مع بعضها، وهذا غالباً ما يتم من قبل القائد بالمبادرة والبحث وإعطاء المعلومات وبالتنسيـق أو التلخيص الدوري، وهي أو وهو يشجع الناس على طرح وجهات نظرهم وينظر بـأن كـل شـخص قـد أعطي الفرصة للحـديث وهي أو هـي يلخص للتعبيـر عـن رأي المجموعة.

سلوك الاحتلال الوظيفي:

مهاجمة الأفكار الأخرى وعدم الاتفاق وراء الأسباب مثل هذا الشخص يمكن أن يسيطر أو ينسحب مقطب الوجه عابساً.

قائد المنافسة:

يجب أن تلعب دور القائد الموجه والمراقب وصانع القرار ولكن ليس المحاضر، يجب أن تحمي التعبيرات لآراء الأقلية، وتابع النظر حولك لتعرف من يريد أن يساهم وجه الاجتماع نحو قنوات بناءه، وحافظ على البيئة مفتوحة للمناقشة، فاقطع كلامه بلباقة وإذا واصل المتحدث كلامه طويلاً كن مستقبلاً لمعرفة ما إذا كانت المجموعة جاهزة لاتخاذ قرار وخذ وقتاً للتخليص وتقرير ماذا تحتاج لفعله بعد ذلك.

مجموعة الهمس والغمغمة:

عندما يكون النقاش قد أراد لفترة من الوقت فربما يكون مفيداً أن تتم تجزئته لوحدات صغيرة من ٣- ٥ لمناقشة الموضوع والهدف من هذه المجموعات هو.

- توضيح النقاط.

- تدعيم وجهات النظر.

- المساعدة في حل المشكلة.

- توفير التغذية الاسترجاعية.

- تخفيف التوتر.

وجلسة مجموعة الهمس والغمغمة يجب أن تستمر لمدة ١٠- ١٥ دقيقة فقط عندما يتم إعادة عقد المجموعة الكبيرة.

تعصف بالدفاع:

إن الإجراء المفيد هو أن يكون هناك جلسة تعصف بالدفاع أو هذه مفيدة خاصة عندما تتواجه المجموعة مع مشكلة صعبة بشكل خاص أو عندما تكون الأولويات سيتم تثبيتها ويساهم الأعضاء بالأفكار عشوائياً بدون مناقشة وتعليق أو انتقاد حتى يتم الإلمام بجميع الأفكار وتسجيلها وبعد ذلك توفير محاضر لجلسة

المجموعة لاستخدام تلك التي تبدو مناسبة للمهمة، وبعض الأفكار سيتم إبعادها لعدم جدواها الاقتصادية أو لأسباب أخرى مما يضيق الاختيار.

المحاضر:

فور انتهاء الاجتماع، فإن المحاضر سيتم إعدادها سريعاً ويجب أن يتناغم النموذج عندما تكون أعطيت أسماء بعض المساهمات للنقاش، أعطي أسماء كل من ساهم بشكل متميز، فيجب الناس أن يردوا أسمائهم ويشعرون بأنهم هوجموا عندما يتم حذف أسمائهم بينما تطرح أسماء آخرين، ويجب أن تعكس محاضر الاجتماعات وأن تحوي مضمونها بصدق ويحتوي على جميع النقاط الصافية ونشر ـ محاضر الاجتماعات هذه بالسرعة الممكنة عندما تكون الذاكرة مهيأة في أذهان المشاركين.

مقابلة الأفراد:

يجب أن يعطي الاهتمام لمقابلة الأفراد وهنا تأتي أهمية ترتيب المقاعد ويجب أن تكون مريحة ومتساوية، وربما يجلس في مواقع مختلفة، وهذا يمكن أن يعطي فكرة وعادة تكون وجهاً لوجه، وهذا يشير إلى رغبة بمناقشة شريفة وطرح وجهات النظر ويمكن أيضاً أن تكون مناقشة المقاعد غير الرسمية من ركن إلى آخر والنهايات ليست الطريقة المحببة للجلوس، عندما تتم دعوة الناس للجلوس من جهة إلى أخرى فهذا يشير إلى رغبة بالتعاون وإذا رغب الشخص بالجلوس بعيداً (على مسافة من النهاية إلى المقابلة أو من النهاية إلى الزاوية إلى الزاوية) فربما يشير ذلك إلى الاستقلالية، وستكون فكرة جيدة لدعوته للاقتراب أكثر.

المفاوضات (١٢)

كمدير عليك أن تناقش مع أشخاص متعددين مباشرة أو بطريقـة غـير مباشرة فالشخص عليه أن يناقش مع:

١- الاتحاد مع المستشفى، ربما توضع لائحة مطالب لمراجعة الأمور وتسهيلات أفضل وأشياء أخرى كثيرة.

٢- الموردون عندما يريد المرء أن تشـتري أجهـزة أو عقـاقير أو أفلام تصـوير أو أثاث أو أية مواد أخرى.

٣- مع المؤسسات الحكومية والمنظمات الأخرى عندما يريدون بعض النشاطات ليتم تنفيذها من قبل المستشفى.

يجب أن تقود المفاوضات دائماً إلى الرضى للطرفين فهل الاتحاد سعيد دائماً وإذا حصل المستخدمون علـى زيـادة عاليـة فـي الأجـور؟ فهـل الإدارة سـعيدة دائمـاً؟ وإذا كانت الإدارة تعمل ما تراه مناسباً مع زيادة بسيطة جداً؟ ليس بالضرورة أن يكون بمظهر كلام في المفاوضات هو الرضى فالرضى يعتمـد غالبـاً علـى العمليـة. كيـف تـم الحصول على هذا الارتفاع وكيف أعطى. وكيف تمت الموافقة على هـذه التسـهيلات أو إنكارها. كل مجموعة تأتي من طاولة المفاوضات يجب أن تعتقد بأنها حصـلت على شيء خارج المفاوضات فإذا تجاوبت الإدارة بسهولة وأعطت ذلك فـإن الاتحـاد سيفكر بالحصول على أكثر وأكثر وإذا ضغطوا للطلب أكثر، فإن مواقعهم تصبح غـير آمنه، وفي المرة القادمة سوف يقررون بأساليب أقصى وصوت أعلى بكثير ويتوقعون الأكثر.

وتحتاج الإدارة أيضا إلى قناعة ربما يعتقد بأن الإداري يمكنه أن يتم الاحتفاظ به لوقت طويل ولن يذهب بالامتيازات والفوائد القليلة، وفي المرة القادمة سيكونون أكثر قوة.

وغالباً من خلال المفاوضات، فإن من الضروري القول. ليس مرة واحدة قبل قول نعم نحن لا نقول بطريقة مطلقة لا تتوقف فجأة يجب أن يعطي الوقت للطرفين قبل الأخذ بالاعتبار للمطالب ودراستها ويجب أن يؤخذ الوقت الكافي للاطلاع على الأرقام ودراسة المضامين والمقترحات.

كم من الوقت يتعين أن يؤخذ؟ يعتمد ذلك على الوضع وعلى الاتحاد أن يشعر بأن عليهم العمل إلى مدى محدد للحصول على ما أرادوا، وبالتأكيد سيكونون أكثر سعادة به.

تذكر بأن كل مفاوضات تؤثر على نجاح الأخرى، فإذا كانت الحالية مرضية فالقادمة لها فرصة أكبر لتكون مرضية. ووظيفة المدير هي جعل الاتحاد سعيداً، وتشعر بشعور جيد عن نتائج الصفقة الأخيرة.

وفي نفس الوقت فإن على المرء أن يحافظ على مصالح المؤسسة وهناك علاقة طويلة الأمد بين إدارة المستشفى والمستخدمين، هذا يجب أن يؤخذ في الاعتبار وبعد ذلك سيكون الجميع سعداء.

القيام بتنازلات:

عندما يفاوض المرء فعليه أن يقدم تنازلات كيف يقدم هذه التنازلات وهي غالباً أهم مما يتم تقديم التنازلات به. فإن من الحكمة الاستمرار في زيادات صغيرة تعطي ببطء ولتكن تجاوباً معتبراً. وعلى المرء أن يأخذ في الاعتبار تأثير هذه التنازلات وربما يفكر المرء بأن شخصاً لديه جميع الإجابات وبمعنى آخر، أعطي الوقت الكافي

واطلب الوقت الكافي للتفكير والعمل على التضمينات وبصورة مشابهة فعلى المرء أن يعطى الوقت للاتخاذ الذي يمكن أن يحتاج إلى وقت آخر.

لكن صوراً (الشخص الصور يحصل على ما يرغب) د

فكر دائماً ويحقق التأثير الإجمالي للتنازلات التي تعطى.

إن اتحاد المستشفى كان له لائحة مطالب كان أحدها علاوة بمقدار ٣ روبيات لكل سنة من الخدمة وقد قدمت الإدارة صفة علاوة بمقدار ١٠ روبية لكل ٥- ١٠ سنوات من الخدمة و ٢٠ روبية لكل ١١- ١٥ سنة و ٣٠ روبية لما يصل إلى ١٦ سنة وأكثر وفي الواجهة لما مقداره ٣ روبيات بدت الثلاث روبيات جذابه ولكن التأثير يعتمد على المستشفى ومدة الخدمة للمستخدم، وكانت المستشفى ٢ الأقدم بعدد كبير من المستخدمين الذين خدموا مدة طويلة ودائماً تأخذ وقتاً ويتحقق.

أعمال الإضراب:

بدت مستشفى تطوعي غير ربحي لمأوى الجذام بمائتي سرير مع معالجة العقاقير متعددة وانخفض عدد المرضى بالجذام وأعيد بناء المستشفى بتسعين شهراً وبخاصة من أجل الجراحة البنائية و ١٢٠ سريراً للعناية بالمرضى كمستشفى عام ومعظم العاملين هم من الذين تم شفاؤهم من الجذام وقد تم منحهم وظائف كجزء من إعادة التأهيل وبينت دراسة إدارية بأن العدد كان في زيادة عن الحاجة الحقيقية للمستشفى وكان الراتب معقول وكان أعلى من الحد الأدنى للأجود الموصوفة في الفئات للعاملين ولكنها أدنى من مقاييس الحكومة وطالب العاملون وكان دخل المستشفى قد تناقص حيث وفرت وكالة متبرعة منحة للمرضى المتأثرين بالجذام والدخل من المرضى العامين الآخرين كان أدنى من ذلك نظراً لأن أغلبهم من الفقراء أو يتمتعون إلى أدنى الطبقة المتوسطة.

وقد أصدر الاتحاد إشعاراً بالإضراب وأنت المدير فكيف تعالج الوضع.

إن التفاوض من أجل الشراء هاماً جداً وغالباً ما يكون هناك هامش للربح في أجهزة الرعاية الصحية وبالمفاوضات الحذر يمكن تخفيض الأسعار إلى الأدنى ويمكن أن يكون الوفر هاماً كن حذراً بأن لا شيء هاماً قد ترك خارج العرض بنفس الوقت ربما تكون هناك اختيارات غير ضرورية وغير مفيدة.

وجميع الملحقات وقطع الغيار اللازمة للعمل الجيد يجب أن يتم شموله وخذ النصيحة من أولئك الذين لديهم معرفة في العمل على هذه الأجهزة وسأل عن تفاصيل المستشفى الذي تم تركيب المعدات به وارجع لهم وإذا اقتنعت فابدأ بالمفاوضات.

أراد المستشفى   H   جهاز الأمواج فوق الصوتية وقد طلب من ثمانية مؤسسات تقديم عروضها ومن الاطلاع المبدئي تم اختيار أربع منها وقد تم إعطاءهم المتطلبات بالغبت للمستشفى   وطلب منهم تقديم ملامح للبنود المختارة للعرض من قبلهم لإعطاء أدنى عرض أسعار وأعطيت كل مؤسسة ساعة واحدة استناداً إلى الطرح وعروض الأسعار النهائي وقد تم اختيار اثنتين إجراء مفاوضات أخرى وأخيراً عم اختيار واحدة منها وكان هناك وفر بأكثر من واحد لاك (ويساوي مائة ألف روبيه).

وعند المفاوضات لشراء الأجهزة فمن الضروري التأكيد بأن المؤسسة أو وكيلها سيكون قادرين على تقديم الخدمة السريعة للأجهزة وتوفير قطع الغيار اللازمة لها في وقت معقول عند طلبها فالوقت الضائع المهدور يجب أن يتم تقليله إلى الحد الأدنى المطلق على أن يتم إدراج الشروط والبنود اللازمة في الطلبية/ الاتفاقية.

الابتكار (١٣)

إن المظهر الثابت الوحيد في هذا العالم المتغير في الوقت الـذي قـد لا تقـود فيـه جميع التغيرات إلى التقدم لا يمكن أن يكون هناك تقدم دون تغير. وهـذه حقيقـة للأفراد والمؤسسات والمنظمات والدول، فالحضارة مدنيـة لوجـود التغيير وإن نجـاح المؤسسة وحتى بقائها حية يعتمد على إجراء التغييرات اللازمة.

ولتخترع معناه أن تنـتج شيئاً جديداً يكون إبداعياً ويجـب أن يكون المـدير مخترعـاً وعامل التغيير أو التغييرات هـو أسـاس في الاقتصـاد المتحـرك المتـأرجح في المشهد السياسي والعلوم والتكنولوجيا ولتوقعات الناس إذا لم يكن هنـاك تغيير وإن المنظمة أو المؤسسة أو الدولة سيعيبها الركود والانحدار.

والابتكار يتم عن طريق سلسلة من العمليات، يبدأ بالفكرة والتصور وهو ورشة الدماغ وهو فعل التفكير البناء وتصنيف المعرفة والمهارات والمواقف إلى جديدة وأصلية والأفكار المنطقية والأفكار القديمة والحقائق القائمة تنشـأ في خليط جديد وتوضع في استخدامات جديدة.

فالتصور هو تأديبي وإبداعي، ويمكن أن يصلها انطباعات وتشكل خليطاً جديداً وتبنيها على شكل أفكار وتتم ترجمة هذه الأفكار إلى خطط ثـم إلى نشـاطات وكل نشاطاتنا وإنجازاتنا تنمو من خـلال خطط منظمة تـتم إيجادهـا في تصوراتنـا أولاً، ويتطلب التفكير الإبداعي بأن تبقى أدمغتنا مفتوحة ومقارنـة بالمظلـة فإنهـا تعمل فقط عندما تكون مفتوحة.

وغالباً لا نحاول الابتكار لأننا

- خائفون من الفشل أو المعارضة للمجهول.

- الافتقار إلى المعلومات الملائمة والصحيحة.

- كاره للتجربة.

- مقيدون بالعادات والتقاليد.

- غير واعين لقوتنا بالإنجاز.

عندما يقترح الشخص التغيير فهناك الكثير ممن يعترضون على ذلك، ويسمع ملاحظات تثبيط.

- لقد حاولنا ذلك قبل سنة ولكن ذلك لم ينجح.

- لا شيء يتغير هنا.

- هذا يتطلب تحليلاً شاملاً ومكثفاً.

- هناك حاجة للتغيير ولكن المناخ لا يلائم الآن.

- لم أقف في حياتي ضد التقدم ولكن ....؟

- الأمور جيدة الآن فلماذا المخاطرة بالتغيير.

- لن تنجح هذه الأمور.

فهناك الكثير من الأعذار وعدد ضخم من الأسباب سيتم تقديمه لماذا لا يمكن عمل الأشياء ولكن أولئك الذين يعتقدون بأنهم يستطيعون التحدي بالقيام بهذه الأمور.

ولتكون مبدعاً على المرء أن يكون حالماً وحتى لو لم يكن مالكاً لهـذه الصفات فيمكن للمرء أن ينتج الابتكار، فالشـخص يمكـن أن يـدعم ويشـجع الحـالم والفاعل النشط.

فإن المتنكر الناجح ووكيل التعبير هو:

- يحدد الفرص للتحسين أو تجاوز المشاكل الرئيسية.

- عنده الجاهزية لقبول التغيير.

- يوجد مناخاً للابتكار.

- يساند ويدعم جهود التغيير.

- يقوم بتقييم ومراجعة وتعديل النشاطات بصورة ملائمة.

- يواصل الجهود حتى يتم إنجاز الهدف المرغوب.

ويمكن أن يقود الابتكار إلى إنتاج أو خدمة جديدة وربما يدخل بـه طريقـة أو عملية جديدة، ربما تكون طريقة جديدة للإدارة يغطي كل شيء من ابتداء واستهلال فكرة جديدة إلى استخدام منتج وخدمة جديدة والتغييرات الراديكالية نـادرة نسـبياً وهناك تغييرات بسيطة يتم تحديدها بواسطة التغييرات الرئيسية التـي تحـدث مـن وقت لآخر وربما يجعل الابتكار آيلة إلى الإهمال الجهاز أو الآلة الحاليـة أو المـواد أو المكونات الحالية أو المهارات أو الخبرات الإدارية.

فهو مشابه لما حدث في صناعة العقاقير، وقد تـم تطـوير عقـاقير جديـدة مـن موقع إلى آخر استناداً إلى مفهـوم جديـد ولكـن في الغالـب فإن العقـاقير الجديدة المنتجة هي نتيجة التغيرات صغيرة في الجزيء.

ولتنفيذ الاختراع هناك حاجة إلى الآتي:

١- عرض محدد، إذا كنت ترغب بالنجاح يجب أن يكون لديك هدف وغرض محدد، وتوقع حاجة مؤسستك، وحاجة مستقبلك وحقق الأهداف العامة والمحددة. ويجب أن يكون الهدف واضحاً.

٢- المبادرة - وهي مفتاح الاختيار التي تفتح الأبواب للفرص.

٣- المعرفة بالحقائق: احصل على أكبر قدر ممكن من المعلومات بدون المعلومات الدقيقة لا يستطيع أحد تحقيق التغيير المطلوب.

٤- الثقة بالنفس: غالباً فالقيد الوحيد على محاولة الشخص إيجاد شيء جديد هو الافتقار للثقة بالنفس في شخصه أو في المؤسسة وإذا فكر شخص فإنه يستطيع فإنه سينجح معظم وقته.

٥- قد لا ينجح الإنسان بدون الجهد والمقابرة لأنه يتباعد عن المواجهة عن أقل صعوبة أو مقاومة. ولكن على المرء أن يكون مثابراً ويبذل جهوداً كبيرة عند تواجهه مقاومة، ويمكن إعطاء العديد من الأمثلة على التطبيق الناجح لهذه المبادئ، خذ مثلاً اكتشاف المصباح الكهربائي من قبل توماس أديسون كان لديه هدف محدد، إنتاج كهرباء للاستخدام الخفيف أخذ المبادرة وطور الفكرة، وحصل على الحقائق معه، فالضوء يمكن أن ينتج بتسخين سلك بالكهرباء وكان لديه ثقة بارزة بالنفس وكان يعلم أن باستطاعته فعل ذلك، وقد حاول تسخين آلاف الأسلاك من معادن مختلفة ولكن الحرارة الكثيفة أحرقت السلك، لم يتخلى عن ذلك وثابر بأن خلط فكرة أخرى معروفة يمكن أن يكون هناك احتراق بدون أو تسخين والحل للمشكلة هو إغلاق كل الأكسجين بوضع السلك داخل زجاجة كروية (أو فيها مفرغة غاز خامل ومصباح متوهج) الكهربائية قد احترقت وكان لأديسون هدف محدد وأخذ المبادرة وعرف الحقائق

ولديه ثقة بالنفس كبيرة بالنفس وواصل جهوده أوجد مثالاً على اكتشاف الأنسولين كان لدى الدكتور باسنغ هدف محدد واكتشاف المبدأ الفاعل في البنكرياس الذي يخفض مستوى سكر الدم وأخذ المبادرة وقام بإجراء التجارب على الحيوانات، وعرف الحقائق، ويحتوي البنكرياس على مبدأ فاعل، وهذا المبدأ يتحطم أنزيم البروتوليتيك المنتج من البنكرياس وإذا قمنا بربط مجرى قناة البنكرياس فإن خلايا إنتاج الأنزيم سوف تتحطم وكان لديه ثقة بارزة بالنفس ومع عدم التشجيع ثابر متوجاً جهوده بالنجاح.

العوامل التي تعود إلى تغيير:

أ- عدم القناعة بالوضع الراهن ربما تكون عدم القناعة ناتج عن الرغبة في العمل أفضل وإجراء التحسينات على الوضع القائم وأكثر من ذلك ربما يتم فرضها علينا بتأثير خارجي فمؤسسات أخرى تقوم بعمل الأفضل ولكننا لم نستطيع البقاء إذا بقينا نعمل بنفس الطريقة، فالبيئة الخارجية والداخلية للمؤسسة تتغير وربما تكون التغييرات في:

١- احتياجات العميل (للمنتج أو الخدمة).

٢- التكنولوجيا.

٣- المنافسة.

هناك تغيرات رئيسية اضطرارية على مهنة الطب ومؤسسات الرعاية الصحية تنطبق مرسوم حماية المستهلك وهناك خوف من الأضرار الكثيرة في حالة الإهمال فالأطباء والمؤسسات أخذوا يغطون أنفسهم بالتأمين.

ب- الفرص: التطورات الجديدة في العلوم والتكنولوجيا والمالية والإدارة ... الخ ربما توفر فرصاً للتحسين.

ج- رؤية مشتركة يجب أن يكون هناك جمهور ناقد من الأشخاص المتواجدين ضمن المؤسسة للتغيير، فالرؤية المشتركة تعطي دفعة للأمام والتشجيع.

د- المعرفة بالخطوة الأولى.

إن الخطوة الأولى مهمة للحصول على القبول للفكرة من قبل الآخرين في المؤسسة وهناك العديد من الأشخاص أو المجموعات من الأشخاص لا يعرفون كيفية اتخاذ الخطوط الأولى وهي تتطلب معرفة ومهارات وموقف لاتخاذ الخطوة الأولى المقبولة.

وإن للتعبير عنه سيكولوجياً ومؤسسياً من خلال عملية التغيير فإن الأنظمة القديمة ستستمر مع الجديدة، وتنتج مأزق في المؤسسة بينما تقدم الابتكار فهناك حاجة لضمان كفاءة المنتج أو الخدمة ويتعين حفظ توازن ملائم بينهما.

والتغيرات المؤسسية يمكن أن يتم مساعدتها بعوامل أخرى:

١- شعور عام مشترك بالعرض.

٢- معلومات موثوقة وذات نوعية محسنة.

٣- الالتزام والشعور بالمسئولية.

٤- أنظمة غير رسمية ومرنة وإجراءات وممارسات مرنة.

٥- تشجيع ومساندة للتجارب والمبادرات.

٦- فريق عمل وتنسيق اتصال جيد.

٧- تفويض المسئوليات والصلاحيات.

٨- نمط مفتوح من الاختلافات والصراعات الإدارية.

٩- الرغبة بمعالجة المشاكل والمثابرة.

١٠- بيئة تعليمية نشطة.

١١- تقييم الأفراد والفردية.

متطلبات هامة للاختراع يتم تعلمها من الخبرة يواجه المدير وضعاً يتحدث فيه الأشياء غير المتوقعة أو غير المرغوبة ويفكر المدير.

- ما المشكلة؟

- هل هي ناتجة عن منافسة شخصية غير ملائمة؟

- التكنولوجيا وعملياتها.

- المؤسسة والإجراءات.

- التحفيز والتحكيم.

- المراقبة والتقييم مفردة أو مختلطة مبدأ المدير بعد ذلك تحليل المشكلة أسبابها، ونتائجها جميع الأشخاص الذين يمكن أن يتأثروا (وأولئك الـذين لا يتـأثرون ولكن باستطاعتهم المساهمة حتى في إيجاد حل للمشكلة يسـمون معـاً المسـاهمون بزيادة الموارد، بعد تحليل المشكلة ووضع الأهداف ثم النظر في الوسائل والنهايات وإشراك جميع الأشخاص ثانية والحصول على قبولهم ويقوم المـدير بتوجيـه وإرشـاد وإقناع والتغاضي والمراقبة والتقييم. وكل المؤسسة تعلم بالخبرة، النجاح أو الفشل.

بينما تحاول تقديم الاختراع، فإن من الضروري أن تكون هناك خطة تغيير فاعلة:

١- حدد الأهداف وضع الإطار الزمني.

٢- اربط النشاطات بالأهداف.

٣- كن محدداً مستقيماً، فكر بالتأثير على المؤسسة كاملة.

٤- اجعل الخطة متسلسلة بحيث يتم ترتيب الخطوات منطقياً مع تسلسل المراحل.

٥- كن قابلاً للتكيف والقبول من قبل الناس.

كيف تدير التغيير؟

إن إدارة التغيير يدخل فيها عوامل عدة:

١- التكنولوجيا، تتغير التكنولوجيا بسرعة طيلة الوقت ومن الضروري اختيار التكنولوجيا الملائمة، وكل تكنولوجيا لا تحتاج أن تكون مناسبة، ومحسنة، وملائمة ويجب تبني وتتكيف ويأخذ في الاعتبار الكفاءة والتكلفة ومعدل الفائدة فالتكلفة هي ليست فقط تكلفة الآلات وتكلفة المعرفة ولكنها تكلفة الأفراد بهم والحصول على قبول التغيير وكان هناك وقت عندما كنا نعطي مضادات حيوية وبكتين وكاولين ومواد أخرى في علاج الإسهال، واليوم نعرف أن القاتل الرئيسي هو الجفاف والجواب هو في محلول الملح والسكر.

٢- سياسي، هنالك مشاكل لتخفيض الموارد من يحصل على ماذا؟ كيف تستخدم المؤسسة؟ هل يأتي التغيير المقترح بتغيير في معادلة القوة داخل المؤسسة. إن التغيير بالتشريعات يمكن أن يؤثر على وظيفة المؤسسة وإن الإدارة يجب أن تتجاوب مع هذه التغييرات بطريقة ملائمة في الوقت المناسب.

٣- ثقافياً: الناس لديهم معتقدات، وإن من الصعب تغيير العادات والتقاليد، والقيم التي تحملها مجموعات مختلفة من الناس داخل المؤسسة تؤثر على القبول

بـالتغيير. وتختلـف المؤسسـات في خصائصـها مـع أنهـا تتعلـق بجلـب الاخـتراع ومؤسسة الاختراع (المخترعة).

- تقبل المخاطرات غير المؤكدة.

- ترغب بمواجهة عدم الاستقرار المؤقت.

- تخصص الموارد الكافية للبحث والتطوير.

- تقوم بتفويض الصلاحيات والمسئوليات.

- لها بنية ديناميكية لتكون قادرة على تبني التعبير في الوظيفة وتكون مرنة.

- تستخدم التقدم العلمي والتكنولوجي على الوجه الأفضل.

- تشجع التفكير الإبداعي.

الانتقال:

عند التغييرات المؤثرة فإن من المهم طرح بعض الأسئلة:

- لماذا نريد التغيير (العدف).

- أين نحن الآن (الوضع الحالي).

- إلى أين نريد الوصول (الوضع المستقبلي).

- ما هو أفضل وضع نستطيع الوصول إليه (العملية).

- كيف سنقوم بتنفيذ التغيير؟ (الناس)

- متى نريد أن نكمل التغيير؟ (الإطار الزمني)

- كيف نراقب التقدم (مؤشرات).

الوضع الحالي:

- تحديد النظام

- رسم خريطة بيئية

- البنية رسمية وغير رسمية.

- المعايير الثقافية.

- السلوك، المهارات والمعتقدات.

- الموارد – الأشخاص والمال والمواد وطرق العمل والوقت.

- التفاعل لكل ما ورد أعلاه.

أ- المتطلبات والاحتياجات

ب- التجاوبات

الوضع المستقبلي:

أ- أي أنواع التغييرات التي تحتاجها؟

* الأهداف

* التكنولوجيا

* المواقف والسلوك

* السياسات والمحاربات

ب- أي الأنظمة تنخرط هنا؟ أي الأجزاء المؤسسية؟

ج- هل النظام جاهز للتغيير؟ وما هي القوى للتغيير وضده؟

د- هل التغييرات المقترحة واقعية؟

ه- ما هي الموارد المتوفرة للتغيير؟

و - ما هو حافزك؟

ز - لماذا على الناس الآخرين حب التغيير؟

ح – ما هي قدرة الآخرين على التأثير على التغيير؟

ط – ما هي القدرة والرغبة عند الآخرين للتأثير على التغيير.

ي- ما هي الرابط مع الأنظمة الأخرى؟ هل هناك تأثير مسيطر في إزالة العوائق للتغيير؟ في إزالة العوائق للتغيير؟

الجاهزية للتغيير:

إن بعض المؤسسات أو الأشخاص أكثر جاهزية للتأثير على التغيير من الآخرين ويعتمد ذلك على درجة الشعور بالأمن، وبالمقابل تعتمد على المعرفة والمهارة والموقف والثقة بالنفس والتسامح والتوتر والحافز للأفراد وتعتمد كذلك على الثقافة والمناخ للاختراع والتسامح والغموض والالتباس وإمكانية النجاح أو الفشل والرغبة بالتعلم، وإذا كان هناك شعور أقصى ـ بالأمن فإن الفرد أو المؤسسة يتجاوب مع التغيير وإذا كان الشعور بالأمن عالياً جداً أو منخفضاً جداً فإن التجارب مع التغيير لا يكون موجوداً.

إيجاد التغير الدائم (الثابت):

هناك ثلاث عوامل مفيدة لإيجاد التغيير الدائم

غير نفسك:

حدد ماذا تريد أن تفعل، فالقادة العظام يقررون ما الذي يريدون إنجازه، ونماذج طموحه لذلك هم غاندي وأبراهام لنكولن، يمكن أن نقتدي بطموحات القادة العظام لاتباع طريقهم.

غير معتقداتك المقيدة للرد:

غالباً ما يكون المدير مقيداً بمعتقده، علينا إزالة هذه العوائق يجب أن نعتقد بأننا نستطيع الوفاء بالمقاييس الجديدة التي وضعناها فغاندي يؤمن بالمذهب القائل بعدم إيذاء أي شخص (الأهيما) وعدم الاعتداء وقد حقق ما أراد.

غير استراتيجيتك

قرر عن الاستراتيجية التي تساعدك بإنجاز ما تريد غير المدخل حتى نصل الهدف وليكن لديك اعتقاد جازم بأننا نستطيع.

تغيير الظروف:

* الإنسان ليس صنيعة الظروف.

* ولكن الظروف هي صنيعة الإنسان.

* بنيامين ديسيرانيس.

* التغيير هام جداً، التغيير واجب التحقيق والتقدم.

المستشفى (١٤)

التنظيم - البنية - الوظيفة

حتى في العصر الحديث، فإن معظم الوظائف للمستشفى تقع ضمن نموذج البيروقراطية المؤسسية في المقترح الذي اقترحه عالم الاجتماع الألماني ماكس ويبر قبل حوالي قرن مضى.

إن البنية المؤسسية هي تنظيم بيروقراطي للمؤسسة التي يتم بموجبه تنظيم الهيئة العاملة والمرافق والموارد الأخرى بطريقة تكون أكثر فاعلية في إنجاز الغرض الذي أسست من أجله المؤسسة، وإن طبيعة المؤسسة وتنظيمها المؤسسي يعتمد بشكل أساسي على أهدافها وبينما تتشابه العديد من الأهداف بين معظم المستشفيات فإن بعضها مختلف حتى عند تشابه الأهداف فربما يكون التركيز مختلفاً وهذا الاختلاف يخلط بين الأهداف المحددة لطبيعة المستشفى والهرم التنظيمي لها من مجال وحجم النشاطات وعدد وحجم الإدارات ونماذج العاملين وغير ذلك.

ويناقش هذا الفصل أهداف المستشفى وأنواع المستشفيات وتفرد مؤسسة المستشفى والمبادئ التنظيمية العامة والبنية المؤسسية للمستشفى ودور الإدارة والتنفيذيين الرئيسيين المختلفين.

أهداف المستشفى:

في المستشفى تأتي الرعاية للمرضى أولاً وفي المستشفيات الكبرى وخاصة تلك الملحقة بكليات الطب فهناك أيضاً تركيز على التدريب فالمراكز الأكثر تخصصاً سيكون لها عناصر بحث إضافة لذلك وتنخرط الكثير من المستشفيات في برامج صحية المجتمع وبرامج جـ غير القادرين وتشتمل الأهداف المتعددة للمستشفى على:

الأهداف الرئيسية التالية:

* **الهدف المركزي: شفاء المرضى**

- إجراءات التشخيص والعلاج.

- إعطاء الأدوية.

- هدف مساند: الرعاية.

- رعاية تمريضية.

- توفير جو للراحة، هادئ ومريح، ويسهل كذلك الالتئام.

- توليد طمأنة المريض.

* **هدف ثانوي:**

* رضى العاملين، التحفيز، الإنتاجية.

* خدمات النوعية.

* الكفاءة.

* التأثير.

* الاقتصاد.

استناداً إلى رغبة الإدارة وتركيزها على تقديم ما يلزم لإنجاز بعض أو كل الأهداف/ النشاطات الواردة أعلاه، وكل مستشفى يتعين عليه وثيقة مهامه أو فلسفته ويعطي هذا أولوية كتابة قائمة بالأهداف التي يتعين فهمهما بوضوح لجميع العاملين في المستشفى ويتعين ترجمتها لخطة عمل قوية يتم السعي ورائها من قبل كل الإدارات والعاملين على سبيل المثال فإن وثيقة المهام لمستشفى الملكي في سلطنة عمان هي الآتي:

- توفير خدمة ورعاية من الدرجة الثالثة.

- أن تخدم بمثابة مركز أعلى كمرجع طبي لمعاهد وزارة الصحة.

- الكفاح من أجل تحقيق الآتي:

- العناية ذات الجودة العالية ليتم تقديمها بكفاءة قصوى وفاعلية والاقتصاد.

- مستوى عال من رضى المرضى.

- أقل فترة زمنية ينتظرها المريض.

- تفاعل ملائم وتعاون مع معاهد وزارة الصحة من أجل التجاوب بفاعلية احتياجات الرعاية الصحية للبلد.

- أخلاق عالية للعاملين ورضى وظيفي والتزام المستخدمين بأهداف المؤسسة.

- والمستشفى التعليمي القيام بالآتي.

- توفير المرافق والتسهيلات التعليمية ممتازة للطلبة العمانيين في المستوى الجامعي الأول والخريجين المتدربين في مجال الطب والتمريض ولطلاب أنظمة الرعاية الصحية المرتبطة ببعضها مع التطلع للوصول إلى جعل الوظائف عمانية والاكتفاء الذاتي المحلي في الحقل الطبي.

- الرقي بالبحث السريري والمساهمة بالتطور المستقبلي في مجال الخدمات الطبية في السلطنة.

وتعمل كوثيقة المهام وهذه كدليل إرشادي للإدارة وتساهم وكبار المسئولين التنفيذيين في تشكيل خطط طويلة الأمد للمستشفى مركزةً على نشاطاتها في مدى قصير وتعطي معنى للغرض من المستشفى وتخبر المستخدمين ما هو الوضع الذي

تتوقعه في مجال مساهمته وإن فلسفة المستشفى وفهمها يجب أن تنشرـ بشكل واسع والذاتية من قبل العاملين وأولئك الذين لهم علاقة حميمة بالمستشفى.

أنواع المستشفيات:

إن أهداف المستشفيات هي التي تحدد طبيعتها وخصائصها والتي بالمقابل لها تأثير على التركيبة المؤسسية وإن معايير بارزة تستخدم غالباً لتصنيف ووصف أنواع المستشفيات بما في ذلك.

* طبيعة الملكية:

- حكومي/ عامه (مثل المستشفى المركزي أو الحكومة ومستشفى المقاطعة أو الإقليمي، ومستشفى البلدية، ومؤسسة أي E.

- غير الحكومية/ الخاصة غير الربحية، التطوعية، الخيرية، (مثل المستشفيات التي تديرها كيفية تقديم الخدمات الخيرية فعلياً للناس والجمعيات الخيرية. مثل المجموعات الدينية ونوادي الروتاري واللـوتر والتعاونية والضمان ذات الملكيـة الخاصة، والتي يملكها المستثمرون للربح.

* طبيعة التخصص:

- عام.

- أخصائي مثل (السل، الجذام، الأمراض السارية، النفسية، الصناعية، والصدمة والرضوض ومستشفيات السرطان ومستشفيات النساء، والأطفال أو مستشفيات طب الشيخوخة.

- المتخصصة جداً (مثل مراكز القلب أو الأعصاب والعيون).

* عدد الأسرة:

- صغيرة أقل من ١٠٠ سرير.

- متوسطة من ١٠٠- ٣٠٠ سرير.

- كبيرة أكثر من ٣٠٠ سرير.

- طول الإقامة.

- عناية حادة/ مدة إقامة صغيرة (بمتوسط ٧- ٣٠ يوم).

- مدة إقامة طويلة (معدل طول فوق ٣٠ يوماً).

* تدريب طلاب الطب المستجدين أو الخريجين:

- التعليم.

- عدم التعليم.

* مستوى الخبرة:

- رعاية أساسية.

- رعاية ثانوية.

- رعاية من الدرجة الثالثة.

* تفرد مؤسسة المستشفى:

رغم أن مبادئ الإدارة الأساسية تنطبق على جميع المؤسسات مهما كان نوع نشاطها فإن لكل مؤسسة خصوصياتها والتي تؤثر بالمقابل على تنظيمها المؤسسي.

ومؤسسة المستشفى تختلف عن المؤسسات الأخرى بأمور متميزة كالآتي:

* بالتعارض مع البضاعة الإنتاجية فإن المستشفى هي مؤسسة خدمية، مثل مؤسسات الخدمات الأخرى وليس هناك وضع مفهوم واضح للمخرجات، فليس من الممكن تعداد مستوى المخرجات إلا باستخدام ما ينوب عنها (مثل عدد المرضى الخارجين، عدد المدخلين في السنة، عدد الإجراءات المختلفة المنجزة، الإشغال، معدل الوفيات .... الخ) والذي لا يعبر في الحقيقة عن الإنتاجية ونوعية الخدمة.

* يقدم المستشفى تقريباً خدمة شخصية خاصة لكل الحاجات الفردية للمريض، لذا فإن في اهتمامات المريض، المبدأ الإرشادي في المقام الأول في تقرير ما هي العناية التي يتم توسيعها في كل حالة، ويفترض أن تظهر منها القيم المهيئة والإنسانية والاجتماعية، وبذلك رغم أن البرتوكولات الخاصة بالنشاطات والمعالجة غالباً ما يتم إنشاؤها لتأكيد مقاييس مجددة للعناية، وإن هذه القوانين السارية تحتاج إلى تغيير وتعديل بمرور الزمن استناداً إلى الحالات الفريدة السائدة وبذلك فليس هناك قانون سريع وقاسي بما يتعين عمله متى وكيف باستثناء الخطوط العريضة التي يقوم بها المحترف بمستوى مشابه من المنافسة ويتوقع فيه القيام بها بطريقة معقولة وبوضع مشابه.

* تعمل المستشفيات ضمن إطار المعايير الأخلاقية المقبولة فهناك التزام أخلاقي لتوسيع الرعاية الطارئة مهما كانت التكلفة بغض النظر عن قدرة المريض على الدفع، وإن الاستخدام الأمثل للإجراءات البديلة بجانب تحسين نوعية الحياة الثابتة لاستمرار المعالجة أو إيقافها هي الاهتمام اليومي للمحترفين، لا يمكن سحب العناية من مريض يستحقها إلى مريض آخر أكثر أهمية مؤكدة أو المتوقعة.

أما الخدمات الطارئة ولا يمكن إنكارها على المريض لأن مرضه المعدي أو المنتقل مثل فيروس الكبد الإيجابي (HIV) أو التهاب الكبد الفيروسي أو داء الكلب أو حمى نزف الدم ... الخ فيه مخاطرة للعاملين المنخرطين فيه.

* إن CODE سلوك معين متوقع من كل العاملين ويجب أن يتم الحفاظ على سرية المريض طيلة الوقت والقرارات المهنية يجب أن تكون منطقية بدون عاطفة، فليس هناك متسع لعدم النظام وعدم التعاون.

وعلى الرغم من أهداف المستشفى الفردية، فقد أصبحت المستشفيات متجاوبة بشكل متزايد مع الاحتياجات الصحية للمجتمع المحيط، وهذا العامل يجب أن يؤخذ في الاعتبار في تعريف مهمة المستشفى وفي تخطيط نشاطاتها.

* إن المستشفيات عوائق العمل الخاصة بها غير منطقية على الكثير من الصناعات الأخرى فعمليات المستشفى لا يمكن إغفالها بل يتم تأكيدها على مدى ٢٤ ساعة لمدة ٣٦٥ يوماً في السنة بغض النظر عن عدم توفر الأفراد أو إضراب المستخدمين أو الكوارث البيئية، أو الافتقار إلى الميزانية لا يمكن إيقاف الإجراءات أو القيام بنصفها وحتى في حالة تغيير نوبة العمل فإن هناك الكثير من العمل هو ذو طبيعة مستعجلة ولا يمكن تأجيل الحالات الطارئة لأوقات أخرى أكثر ملائمة.

* هناك مناطق رمادية قليلة لا يمكن تصنيفها بأنها إدارية أو سريرية وحتى أن العاملين الفنيين رغم أنهم خاضعون في المؤسسة إلى العاملين الإداريين، يجب أن يكون لهم الحرية بممارسة حرية اختيار قرارهم العلمي الخاص بهم وأن الإداريون الكبار يجب أن يدركوا حدود صلاحياتهم ومقاومة الميل للتأثير على القرارات الفنية فإن التمريض والطبابنة والمهن الفنية يجب أن تواجه بمأزق أن عليهم إطاعة توجيهات الإداريين التي تتعارض مع اهتمامات المريض والعيادة.

مبادئ المستشفى المؤسسية

إن من الضروري ملاحظة أن المبادئ المؤسسية المختلفة والتي إذا لم تكن ملتصقة إلى النتيجة في المؤسسة غير الكفؤه وفي الصراعات المؤسسية.

الهرم المؤسسي/ التشكيلة الترتيبية:

يتم ترتيب المستخدمين هرمياً بمسئولين ومرؤوسين وهذه السلسلة من الأوامر العامودية أو مبدأ السلمي العددي تؤكد أن كل فرد عامل في هذا الهرم له علاقة صلاحية محددة مع المسئول الأعلى الذي يمكن تتبع صلاحياته من المستوى الأعلى التالي في السلطة صعوداً حتى تصل أعلى مستوى، وإن وحدة الأوامر كذلك تضمن بأن كل فرد سوف يرسل تقريره إلى الآخر وهناك واحد فقط مسئول أعلى وهذه البنية التقليدية لمؤسسة تؤكد بوضوح تدفق الصلاحيات والمسئوليات اللازمة للتفويض الملائم للعمل والمسئولية أمام الآخرين والنظام وبذلك فإن لدينا.

* الإدارة العليا – مجلس الإدارة.

* المدير التنفيذي – فريق الإدارة.

* الإدارة المتوسطة، كبار الإداريين التنفيذيين.

* ورؤساء الإدارات – الاستشاريون – وضباط التمريض.

* المشرفون – رؤساء الأقسام – كبار الأطباء.

* مشرفوا التمريض – مسئولوا العنابر.

* العاملون في الرتب والملفات وصغار الأطباء.

* والممرضات المسئولات عن المجموعات ورؤساء الكتاب ومسئولوا الصيانة الفنيين ... الخ.

الهرم الطويل والمسطح

وهذا الهرم يحدده عـدد مـن المسـتويات بـين الإدارة العليـا والعـاملين، مـا هـي العوامل التي تؤثر على عدد المستويات:

- حجم المؤسسة.
- تعقيدات طبيعة الوظائف والخدمات.
- نمط الإدارة والموقف من الصلاحية (السلطة).
- قيمة التفويض.
- قنطرة التحكم (SPAN OF CONTROLL)>

إن البنى المبسطة لها عدد من مسـتويات السـلطة وهـي ملائمـة للمستشـفيات الصغيرة، ولديها سلسلة قصيرة من الأوامر وقنطرة واسعة من التحكم.

والبنية الطولية لديها مسـتويات أكـثر مـن السـلطة وهـي أكـثر رسـمية وهنـاك تخصص وتصنيفاً للمقاييس وهناك قنطرة تحكم أقـل وتفـويض أقـل وينطبـق هـذا النموذج على المستشفيات الكبرى المتخصصة.

قالب البنية:

فالتعارض مع لمارتس ويبر حيث يعمل المستخدم فقط ضمن عـالم المسـئولين في النشاطات وإن بعض المستشفيات الأكثر تقـدماً يسـتخدم مـدخل أفقـي وهنـا فـرق للضبط المتعدد يتم تشـكيلها لإنجـاز مهـمات وأهـداف، ومشـاريع محـددة وهنـاك علاقات ثنائية بين الفئات المختلفة من العاملين والذين يعملون جميعهم تحت إمرة مدير المشروع ولـيس تحـت إمـرة رؤسـاء إداراتهـم (عـلى سـبيل المثـال) فالممرضـة المسئولة عن الرعاية اليومية أو عي عملية ترتيـب مراتـب الرعايـة وبمـا تتسـق بـين الأطبـاء والممرضات والفنيين والكتبة والعاملين المساندين الآخرين وأيضاً في المستشـفيات الكبـيرة ربما

يكون هناك فرق متعددة، فريق رعاية المرضى، فريق التحقيق، فريق الخدمات المساندة، لفاعلية أكثر يتم التنسيق لعناية المرضى في العنبر (١) وبذلك فإن قالب البنية أكثر كفاءة وفعالية حيث أن فيه مدخل الفريق، ومشاركة الأفراد في عملية اتخاذ القرار وفي تحفيز أكثر والتزام أكبر بالأهداف التي يتعين إنجازها.

بنية خط الإنتاج

وهذا خليط من البنية الهرمية والقوالب ويهتم تبنيها بصورة واسعة في المملكة المتحدة والتي يرجع إليها أيضاً كنظام أسنان الدولاب فالمستشفى منظم حسب خط الإنتاج الرئيسي له (مثل طبي/ جراحي/ صحة طفل/ نسائية) واختصاصات والتوليد والمواضع المرتبطة بها التخصصات العليا وشبه التخصصات والتي كل منها هو قسم مديرية سريرية فالمدير به لها درجة عادلة من الاستقلالية الإدارية وتعنى بجميع الفئات العاملين بها بما في ذلك الأطباء والممرضات والفنيين والعاملين في الخدمات المساعدة ودور إدارة المستشفى في هذا النموذج هي أكثر مراقبة للإنجاز الفردي لكل مديرية للتأكيد على العلاقات المتناغمة بين المديريات المختلفة وتوفير خدمات مساندة وخدمات المساعدة استناداً إلى الحاجة.

قنطرة التحكم:

هناك حد لعدد الأفراد الذين يمكن مرافقتهم والإشراف عليهم بفعالية من قبل مسئول واحد الهرم المؤسسي، فإن التحكم المباشر هو الأفضل إذا كان محدداً ٤- ٥، وفي المستوى الأدبي فإن من الممكن للمشرف أن يشرف على ضعف هذا العدد (فعلى سبيل المثال لمثل هذا المجال الواسع من المسئوليات فإن من الممكن للمدير التنفيذي بأن يأخذ تقارير المسئول الطبي والمسئول التمريضي ومساعد المدير، والمدير المالي ومدير شئون الأفراد شخصياً له. ولكن لو وصلت العديد من التقارير الأخرى مثل مهندس المستشفى، رئيس الصيادلة، ومدير المستودع ورؤساء العيادات الفردية لـه

مباشرة ليسبب له المتاعب، وبالمقابل فهي المستوى الأدنى فإن من الممكن لمسئولة العنبر بأن تشرف بفاعلية على حتى عشرين عاملاً في التمريض أو مساعدي التمريض وعمال التنظيف.

علاقات العاملين:

إن مدير الخط هو جزء من سلسلة القيادة وله به صلاحيات ومسئوليات مباشرة للعمل مع وحدته ومرؤوسيه وبالمقابل فإن مساعدي المساعدين يقدمون فقط النصح والمساندة الفنية لمدراء الخطوط يتعين أن يمارسوا صلاحياتهم فقط من خلال خط العاملين ذو العلاقة (مثال على الرغم من أن ضابط التمريض للتعليم في الخدمة هو مسئول رفيع مسئول عن التدريب أثناء الوظيفة لجميع الممرضين يمكنه تنظيم برامجه فقط من خلال إدارة التمريض والتنسيق مع ضباط التمريض للوحدات المتعددة، وهذا أيضاً ينطبق على أنواع وظائف العاملين الأخرى مثل ضابط الجودة وشئون الأفراد ...... الخ.

وترسم وظيفة التنفيذي في العاملين صلاحياته من خلال مدير خط والذي يرسل له التقارير ويمرر من خلال النصح والإرشاد، والتوجيهات بحسبه، ويتعين أن نتذكر رؤساء الإدارات رغم أنهم مدراس الخطوط عندما يتعاملون مع المستجدين الذين ليسوا ضمن سلطتهم فهم في وضع العاملين ولا يستطيعون تنفيذ النظام مباشرة على العاملين في الإدارات الأخرى إلا من خلال رؤساء إداراتهم.

التفويض:

إن مشاركة المرؤوس في اتخاذ القرار يضمن التزامه بالمهمة أو المهمات التي سيتم إنجازها، والتفويض أيضاً يقتصد في وقت المسئول الأعلى ويترك له مجال للقيام بوظائف هامة أخرى، ولذلك فإن من الحيوي تفويض اتخاذ القرارات وخاصة للمهام ذات الطابع الروتيني للمستخدمين الذين سينفذون المهمة والتفويض ذو أهمية

قصوى في الخدمات الصناعات الفردية مثل العناية الصحية حيث أنها إحدى أفضل الطرق للتأكد من الالتزام بالمقاييس العالية من الرعاية ويجب أن نتذكر بأنه حتى إذا تم تفويض المهمة فإن المسئولية النهائية تبقى، لذلك فإن إدارة المستشفى مسئولة عن أفعال العاملين فيها والاستشاريين مسئولون عن نوعية الرعاية التي يتم تقديمها من قبل الأطباء ذوي الرتب الصغيرة والممرضات ذوي الرتب الصغيرة.

تقسيم العمال:

حتى المستشفى وظيفته بشكل جيد يجب أن يكون هناك تقييم للعمل فالمستشفى بناء عليه يقسم إلى إدارات على أساس الوظائف التي تقوم بها، ويحقق هذا التخصص، ضمن الإدارة، وهناك مستويات عديدة من العاملين يتم تخصيص أو تفويض أداء مهام محددة لهم على أساس مؤهلاتهم وتنافسهم ويتم ذلك من خلال وصف وظيفي مكتوب للفئات المختلفة من العاملين والامتيازات للأطباء وتساعد الوصف الوظيفي على:

- اختيار الشخص المناسب للوظيفة.

- تحليل وتوضيح ما الذي يدخل ضمن وظيفة معينة.

- تخصص المسؤوليات والصلاحيات.

- مراجعة تأثير العمل المنجز.

- تحديد احتياجات التدريب للقيام بالعمل بفاعلية.

- تقسيم أداء كل شخص.

القوانين والأنظمة:

للتأكيد على نمط سلوكي مقبول بين العاملين فإن جميع المؤسسات الرسمية بما فيها المستشفيات قد وضعت قوانينها وأنظمتها بحيث يذعن لها جميع العاملين وتحدد هذه ظروف الاستخدام وساعات العمل وأيام العطل الرسمية .... الخ.

السياسات والإجراءات:

إن بقدر حجم المؤسسة بقدر حاجتها إلى إرشادات واضحة للطريقة التي سيتم بها تنفيذ العمل، وهذا يشكل في المستشفيات التي تكون فيها طريقة الأداء لا يمكن تركيبها الأفراد ولكنها تستند إلى تعليمات علمية، وممارسات مقبولة ومعايير مناسبة للتأكد من إذعان جميع العاملين وخاصة أولئك المتدربين في مدارس فكرية مختلفة فلكل مستشفى سياسته وإجراءاته المكتوبة للنشاطات العامة التي يتم إنجازها من قبل عدد كبير من العاملين ويشمل ذلك المعالجة المختلفة للبروتوكولات وكتيبات التمريض والإجراءات وسياسات وإجراءات القبول والإدخال إلى العناية المركزة، وإدارة البروتوكول والسياسات والإجراءات الخاصة بالإنعاش والقلب والشريان التاجي وخطة الكوارث وإجراءات التحكم بالعدوى وإجراءات تصريف النفايات العدية وإجراءات وسلامة ومكافحة الحريق وإجراءات المشتريات والمستودعات (التمريض .... الخ).

الوظائف المؤسسية للمستشفى:

هناك مجموعتان أساسيتان من وظائف المستشفى:

* تجهيز الرعاية الصحية أو مكوناتها الفنية.

- تشخيص الأمراض ومعالجتها.

- الرعاية التمريضية والمساندة.

- الخدمات الفنية وتوثيق (التحقيق، والطباعة، وإعادة التأهيل والسجلات الطبية وتوثيق المريض .... الخ.

* تجهيز الخدمات شبه الفندقية أو مكونات الفندق.

- مكان الاستراحة (سرير أو غرفة).

- الراحة الجسدية والفيزيائية (الطعام والماء والشراب والإنارة ودورة المياه والراحة والتلوث.

- الصحة (النظافة والتحكم).

- الأمن الشخصي والممتلكات ورسم السياسات.

- الإدارة (إدارة مكتب الكفاءة، أجور معتدلة وقيمة النقود).

إن نوع المستشفى وأهدافه ومبادئ مؤسسية أخرى والوظائف المبينة أعلاه هي التي تحدد البنية المؤسسية للمستشفى وهناك لائحة مؤسسية نموذجية يتم عرضها في الملحقات بهذا الفصل وربما يختلف هذا النموذج استناداً إلى:

- طبيعة المستشفى.

- فيما إذا كان المدير التنفيذي له خلفية طبية أو غير طبية.

- وجود وصف وظيفي للمسئولين التنفيذيين الكبار في المؤسسة.

- القناعات والمعتقدات للإدارة العليا.

- أمثلة على مستشفيات مشابهة أخرى (وخاصة الناجحة).

- النزاعات والعادات والتقاليد المحلية والإقليمية ووظيفياً وأن البنية المؤسسية للمستشفى توفر المجموعات والخدمات المتميزة التالية:

- خدمات سريرية وتشخيصية والتخدير وطب الباطنة وطب القلب وأمراض الدم السريرية وأمراض الجلد وأمراض الغدد. وعلم الأعصاب وعلم الأورام وطب النفس والجراحة العامة والقلبية وجراحة الأسنان وجراحة الأعصاب والعيون والعظام وطب الأنف والأذن والحنجرة البلاستيكية وجراحة المسالك البولية أو البولية التناسلية والطب العام والتخصصات العليا المرتبطة بذلك وعلم المواليد الجدد في الشهر الأول والنسائية والتوليد والتخصصات المرتبطة بذلك وبنك الدم والكيمياء الحيوية السريرية وعلم الأمراض الكيميائية وعلم أمراض الدم وعلم الأنسجة وعلم الأحياء الدقيقة والمناعة والأشعة والطب النووي والعلاج بالأشعة وصحة العاملين وصحة المجتمع ... الخ.

- الخدمات المساندة (العلاج الطبيعي والعلاج الوظيفي المهني، الجراحة التجميلية والجراحة الترقيمية، والعلاج التنفسي والصيدلية والمستودعات الطبية والتحكم بالعدوى والتسجيلات الطبية ونظام المعلومات السريرية المحسوبة والعمل الطبي الاجتماعي والمكتبة الطبية ... الخ) وتصنف في بعض المستشفيات المختبر كسريري والأشعة والتخدير مع الخدمات المساندة ولكن نظراً لوجود الأطباء بها فتعتبر خدمات سريرية وتشخيصية.

- مجالات الخدمات التمريضية التخصصية (الحالات الطارئة والحوادث في قسم الطوارئ، وقسم المعالجة للمرضى الزائرين لعنابر وغرفة العمليات، وحدة

العناية المركزة وحدة العناية ووحدة العناية اليومية، ووحدة الديلزه وفرز المواد الغروية وإدارة الإمدادات المعقمة المركزية (.... الخ).

- الخدمات المساندة (الاستقبال والهاتف) الطعام والتغذية والتدبير المنزلي والبيئة، المغسلة، الأمن، الهندسة والصيانة والإسعاف والنقل ... الخ).

- الخدمات المالية والتجارية (الإدارة، الأفعال، المالية، الفواتير والنقد، والموارد البشرية، وشؤون الأفراد، والعلاقات الاقتصادية، والمشتروات الطبية والعامة، والمستودعات العامة والتدقيق الداخلي والحاسوب وأنظمة معلومات المستشفى والمرضى والعلاقات العامة .... الخ.

- التعليم، الخدمات التدريبية (التعليم أثناء الخدمة، كليات الطب الملحقة، مدرسة أو كلية التمريض، معهد الدراسات والطبية المساعدة ... الخ.

المؤسسة ووظائف مجلس الإدارة باستثناء المستشفيات الحكومية والمستشفيات ذات الملكية الخاصة فإن المستشفيات التي تديرها الجمعيات الخيرية، حيث تعتبر الجمعية شخصية قانونية مسجلة تحت مرسوم تسجيل الجمعيات وأي فائض عن نشاطات لا يعود لأي من أفرادها يعود عليها لتحقيق أهدافها وهذه الحالة غير الرسمية تستثني المستشفيات من ضريبة الدخل وتمكنها من الحصول على أعضاء من الهيئة العامة.

- للتوجيه والتأثير وتشكيل صفة أو فلسفة وأهداف طويلة الأمد للجمعية.

- اختيار الأشخاص المنافسين للخدمة في مجلس الإدارة لترتيب شؤون الجمعية ومراقبتها لمجلس الإدارة.

- الحفاظ على السلطة للحد من خطورة أي إجراء لا يتطابق مع فلسفة الجمعية وأهدافها.

- ممارسة صلاحياتها من خلال مراجعة دورية للنشاطات وتقارير للجمعية.

إن مجلس الإدارة هو أعلى إدارة للمستشفى وهو جسم ضخم يجتمع بصورة غير متكررة (عادة مرة في العام) وعليه يقوم بتنفيذ وظيفته من خلال مجلس الإدارة والذي هو مخول بصلاحيات إدارة المستشفى والسيطرة عليها ومراقبة توجهها وإن القوانين الداخلية للجمعية تبين حجم مجلس الإدارة (وعادة يكون بين ٨- ١٥ عضو) ومعيار عضويته بالانتخاب أو التعيين بالاختيار أو التعيين بحكم المنصب وإن الأعضاء والمعنيين الرئيسيين للمستشفى أو من ينوب عنهم والأشخاص البارزين الذين يمكن أن يساهموا بصورة متميزة في إنشاء ونمو المستشفى، (مثل الأعضاء البارزين في المجتمع، الأشخاص ذو التأثير أو من خبراء إدارة مستشفيات الأطباء، التربويون وأشخاص بارزون من مختلف الاختصاص والقانونيون والموظفون الحكوميون ... الخ) وربما ١- ٢ من المسئولين الرئيسيين في المستشفى والأعضاء المنتخبين يمكن أن يشملوا بعض المنتخبين من الجمعية الفترة ثابتة والأعضاء بحكم المنصب يشملون بعض المدراء وأصحاب المناصب السابقين من المجتمع والمدير التنفيذي للمستشفى وعادة بعض المسئولين التنفيذيين في المستشفى (مثل عميد كلية الطب والمسئول الطبي، المدير المالي عميد كلية التمريض ... الخ). ويجتمع مجلس الإدارة من ٤- ٦ مرات في السنة ويقدم تقاريره إلى الهيئة العامة.

وإن وظائف ونشاطات يتم تنفيذها بصورة أكثر تحديداً بواسطة ذراعه التنفيذي مجلس الإدارة ويشمل مجلس الإدارة الآتي:

الممثل القانوني:

- هو الممثل القانوني للمستشفى.

- هو أعلى هيئة إدارية مسئولة عن نشاطات المستشفى.

- يؤكد بأن المستشفى تذعن لجميع القوانين والتوجيهات التي تضعها الحكومة والمحكمة والسلطات الصحية والهيئة التنظيمية أو القانونية الأخرى.

المهمة والأهداف:

- يقوم بتطوير مهمة وأهداف المستشفى ضمن المدخلات من الهيئة العامة وإدارة المستشفى، والعاملين وغيرهم.

- يؤكد آلية اتصال الفلسفة المؤسسية والأهداف إلى العاملين والمرضى والمجتمع.

- يؤكد على الخطط الاستراتيجية للخدمات والبرامج المرغوب إنشاؤها لتحقيق الأهداف.

- يؤكد أهداف القسم أو الإدارة المتوافقة مع الأهداف المؤسسية.

- يتلقى التقارير المنتظمة من الإدارة على النشاطات والأهداف المنجزة.

- يقوم بتطوير آلية لمراقبة الإنجازات والفشل.

- يقوم بمراجعة وثيقة المهام ويقوم بعمل التغييرات اللازمة بصورة دورية.

المؤسسة والتوجيهات:

- يؤكد التنظيم المؤسسي للمستشفى.

- يأخذ في الاعتبار المقترحات وللإدارات والخدمات الجديد.

- يقوم باختيار وتعيين الرئيس التنفيذي ويحدد تعويضات وتفويض الواجبات والمسئوليات له ويحدد الصلاحيات الممنوحة له.

- يساعد في اختيار ويوافق على تعين الأعضاء الرئيسيين في الإدارة والطبابة ورؤساء الإدارات والمسئولين الهامين الآخرين ويوافق على الوصف الوظيفي.

- يقوم بصورة دورية بتقييم إدارة المؤسسة وإنجازات المدير التنفيذي والمسئولين الرئيسيين الآخرين.

السياسات والقوانين والأنظمة:

- يضع السياسات الرئيسية والقوانين والأنظمة المتعلقة بأهداف المستشفى والمتطلبات القانونية والمسئوليات للعناية بالمرضى وسلامة المؤسسة والعاملين والعامة.

- يحدد السياسات الرئيسية لإجراءات الإدارة، والصفقات المالية.

- والاحتفاظ بالسجلات والاتصال للمستشفى والتعاون مع المؤسسات.

- يقوم بمراجعة السياسات بصورة دورية والقوانين والإجراءات بالتجاوب مع الظروف المتغيرة والنصح من الإدارة والتمثيل من قبل العاملين.

- يؤكد بأن هناك سياسات وإجراءات مكتوبة لاتخاذ القرارات لأي خصوصيات ظاهرة أو ممكنة وذلك من أجل الإنصاف من الظلم.

الموارد:

- يعتبر مسئول عن تجهيز الموارد البشرية والفيزيائية والمالية اللازمة للوفاء بمهمة وأهداف المؤسسة.

- يوافق على خطة تطوير طويلة الأمد لرأس المال للمستشفى وخطط للسنوات المقبلة.

- يقوم بتطوير ويوافق على المساعدة في الخطط لرفع الموارد اللازمة لأي مشروع إضافي.

- يوافق على الدمج وامتلاك وبيع الممتلكات.

- يصادق على رأس المال السنوي وميزانية التوظيف المتعلقة بالعائلات والنفقات.

- يوافق على المشتريات وتصريف الموجودات الرئيسية.

- يتصادق على العقود الرئيسية.

- يقوم بتعيين مدقق حسابات كمدقق خارجي.

يقوم بمراجعة كشوف الحسابات المدققة للسنة الماضية.

- يؤكد بأن هناك متابعة إدارية بناءً على توصيات في تقرير التدقيق السنوي ويجب عن توفير تغذية استرجاعية من الإدارة للإجراءات المتخذة.

- يؤكد بأن هناك خطة للموارد البشرية والعاملين تتفق مع الخطط الاستراتيجية للمستشفى.

مراقبة الجودة:

- تعتبر مسئولاً عن الإجراءات المتعلقة بالعناية النوعية للمرضى.

- يقوم يتبنى السياسات الخاصة بمراقبة الجودة للمؤسسة.

- يقوم بإنشاء آلية لتلقي تقارير دورية عن برامج مراقبة الجودة السارية في المستشفى.

الاستقلال والاستخدام الأمثل:

- يتلقى بدوره تقارير متعددة وتقوم بمراجعتها وعائدات العمل والإنتاجية.

- يقوم بتوجيه الثناء إلى المدير التنفيذي والمسئولين الرئيسيين الآخرين على الإدارة الفاعلة والكفؤة للموارد.

الصحة والسلامة:

- يصادق على برامج الصحة وسلامة المرضى والعاملين والزوار.

- يتأكد من أن المؤسسة قد اتخذت جميع الإجراءات لمنع الكوارث الداخلية.

- يقوم بمراجعة الإجراءات المؤسسية للتعامل مع الكوارث الداخلية والخارجية.

كبار المسئولين الإداريين التنفيذيين:

فيما يتعلق بالمستشفى فإن المدير التنفيذي هو الذراع التنفيذي الهيئة العامة وهو مسئول عن تنفيذ السياسات والقوانين والتوجيهات.

المدير التنفيذي يساعده في مهامه المدراء التنفيذيون الـذين يطلعـون ويـديرون الشئون اليومية للمستشفى في المجالات الوظيفية المختلفة وهم:

- المسئول الطبي، مدير المستشفى.

- المسئول التمريضي.

- مساعدو المدراء.

- عميد كلية الطب.

- عميد كلية التمريض.

- المدير المالي.

- مدير شئون الأفراد.

وإن دور ومسئوليات كل مـن التنفيذيين أعـلاه سـتتم مناقشـته خـلال الفصـل بالتعامل الخدمات ذات العلاقة.

وقد وجهت العديد من المستشفيات بأنـه مـن الملائـم تعيـين مـدير مستشفى مقيم أو مدراء تمريض كمدراء للدوام خلال ساعات الـدوام الرسـمي فمـدير الـدوام يكون بشكل عام مسئول عن إدارة علاقات المرضى والذي يكون باستطاعته:

- الاطلاع على شكاوي المرضى.

- مساعدة المرضى المهمين.

- مراقبة مكتب التسجيل ومكتب رسم السياسات.

- ترتيب الاصطفاف في طوابير.

- استقبال الضيوف الرسميين.

- إرسال تقارير إلى المدير التنفيذي أو لمدير الإدارة عن أن حادث تم ملاحظة أو الإبلاغ به.

وخلال نوبات العمل الليلية والمسائية وفي عطلة نهاية الأسبوع، سيقوم المدير في الكشف بحضور النشاطات المذكورة أعلاه ويكون مسئولاً إدارياً أمام المستشفى بالآتي:

- يمثل إدارة المستشفى.

- يشرف على العمل العام في المستشفى خلال ساعات ما بعد الدوام الرسمي.

- يتم إبلاغه فوراً عن أي حادث رئيسي هام ينشأ في المستشفى.

- يقوم سجلات التفتيش على الوظائف للتأكد من عدم إرباك المرافق وعدم وجود العاملين.

- التنسيق مع الشرطة والوكالات الخارجية فيما يتعلق بالمسائل الطارئة.

- توفير تغطية فورية للمدير التنفيذي أو المسئول التنفيذي أو مدير المستشفى.

- تنقية المسائل وأن يقرر حتى يمكن أن يتم الاتصال أو الاجتماع مع المدراء التنفيذيين الكبار من أجل التباحث في القضايا الهامة.

- أن يقدم تقريراً مكتوباً إلى إدارة المستشفى عن الأحداث البارزة التي تحدث خلال نوبة العمل وملاحظاته المتعلقة بالوظائف غير الملائمة للعاملين والمرافق.

رؤساء الإدارات:

مؤسسياً يقومون بإرسال التقارير إلى المدير التنفيذي والمدراء التنفيذيين الكبار وهم رؤساء الإدارات المختلفة وكل رئيس إدارة مسئول عن جميع النشاطات التي تقع ضمن نطاق مسئوليته تلك الإدارة ويتعين عليه تأكيد أن أهداف ونشاطات الإدارات هي ضمن خط مهام وأهداف المستشفى وبشكل عام فإن الوصف الوظيفي لرئيس الإدارة هي:

يعتبر مسئولاً عن كمية ونوعية العمل المنجز من قبل الإدارة والاستخدام الملائم للمرافق والالتزام بإجراءات وبروتوكولات العمل.

- يعتبر مسئولاً عن العاملين المعنيين تحت مرته ويتعين عليه مراجعة عملهم وحضورهم والنظام والإنجاز ودقة المواعيد.

- يعبر السلطة الأساسية للتوجيه متطلبات الإجازات للعاملين الذين يعملون تحت إمرته وعليه أن يحتفظ بـ إجازات والتأكد من عدم وجود عدد كبير من العاملين في الإدارة في إجازة. أو بعيدين عن المستشفى بطريقة يمكن أن يتعارض غيابهم مع الوظيفة أو يسبب عدم ملائمة للعناية بالمرضى. وهو السلطة التي تؤكد حضور العاملين تحت إمرته ففي الإجازة بعد عودتكم وعليه أن يبلغ الإدارة بأي غياب غير مصرح به لأي من عامليه.

- يعتبر مسئولاً عن توفير الموارد والأجهزة استخدامها في إدارته وكذلك توفر العاملين تحت إمرته في تصرفه وهو مسئول عن وضع تحسين الطلب شراء للعقاقير والمواد المستهلكة والمعدات المرتبطة مباشرة بإدارته ونشاطاتها.

- يعتبر مسئولاً عن عمل السجلات المتعلقة بالمرضى الذين تحت معالجتهم في الإدارة والنشاطات التي تم تنفيذها من قبل العاملين في إدارته وعليه أن يتأكد

بأن مثل هذه التسجيلات حديثة حتى تاريخه وهي موثوقة وحقيقية وتحمل الدخولات وأسماء العاملين ذوي العلاقة وعليه أن يتأكد من الاحتفاظ الملائم وأمن العهدة بهذه السجلات طبقاً لسياسات المستشفى في الاحتفاظ بالسجلات.

- يتعين عليه توفير قيادات في نشاطات التدريب والبحث وأن يحث العاملين في إدارته للقيام بنشاطات مشابهة.

- عليه أن يقوم بعمل اجتماعات دورية لإدارته مع العاملين فيها لمراجعة الإنجاز والقيام بالتدقيق وطرح المشاكل الموجودة والتأكد من الاحتراف لدى العاملين والرقي بالإنتاجية والكفاءة للإدارة، على أن تقدم محاضر بهذه الاجتماعات إلى المدراء التنفيذيين المعنيين.

- يقدم تقاريره للمسئول المباشر عنه لذا يتعين عليه التقدم بطلباته المتعلقة بالعاملين والمواد والمعدات من خلال قنواتها وأي مراسلات قدمت إلى سلطات عليا، وعليه أن يتابع إبلاغ مسئوليه عن المسائل الرئيسية المتعلقة بالإدارة.

- عليه الرقي باهتمامات المستشفى بشكل عام وإدارته بشكل خاص وبنفس الوقت التأكد بأن إدارته والعاملين فيها يعملون عن كثب مع الإدارات الأخرى.

- يتعين عليه تنفيذ المهام والوظائف الأخرى كما تم تفويضها له من قبل السلطة الملائمة في المستشفى.

لجان المستشفى (١٥)

إن تشكيل لجنة مشابهة لتشكيل خزانة ذات أدراج فإنك تسبب ضجيجاً كبيراً ثم تنسى المسألة كاملة.

ونستون تشرتشل

مجموعة من الرجال الذين لا يستطيعون القيام بشيء بصورة فردية ولكنهم كمجموعة قرروا أن لا يضيعوا شيئاً.

فريد آلن

مجموعة من الأشخاص غير الملائمين تم تعيينهم من قبل غير الراغبين للقيام بعمل كل ما هو غير ضروري.

ستيوارت هارول

تظهر الاقتباسات أعلاه وتعبر عن إحباط الناس من اللجان نظراً للافتقار إلى التوجيهات والمناقشات المطولة غير الحاسمة والتوصيات الضعيفة العقيمة وفيها عذر للمسئولين التنفيذيين للهروب من اتخاذ القرارات السريعة وإشعار للوضع الراهن وهي نادي لشرب القهوة، وشعار للوضع الراهن، ومنتدى للانتقام ... الخ.

ولكن على الرغم من طروحات الاستياء هذه، فإن اللجان ضرورية لتقديم الطريقة اليومية للوظائف التي أصبحت مؤسسية في بنية معظم المؤسسات، حيث يتمتع اللجان بالميزات التالية:-

* تنمية المشاركة في اتخاذ القرار ونمط تشاركي في الإدارة التي هي حيوية لتحفيز المستخدم وإنجاز الأهداف.

* تقوم اللجان بتسهيل الاتصال، وبناء الفريق والتعاون داخل الإدارات.

* تجلب اللجان الحكمة المختلطة من أولئك الذين يملكون المعرفة وبذلك يتم الاطلاع على المشكلة من زوايا مختلفة وأخيراً يظهر الاتفاق الجماعي والتي نأمل أن تكون البديل الأفضل، فالقرار النهائي بذلك يكون أكثر منطقية وموضوعية.

* تعتبر اللجان التي تتكون من أعضاء ذوي خبرات مختلفة مفيدة في حل المشاكل وإدارة المشروع.

* إن الكثير من الفرع للمسئول التنفيذي قرار حساس جداً والذي لا تقوم اللجنة بتجبيره، حيث أن اللجنة هي كينونة مسماه أو غير ذي شخصية محيرة نسبياً فإن من السهل أن يعزو المسئولية في قرار غير سار لها أكثر من أن يتولى مسئول تنفيذي التعامل مع المسائل الساخنة وهذا حقيقي إذا تم الحفاظ على السرية وإن آراء أعضاء لجنة معنية لا يتم إفشاء أسرارها.

* بعض اللجان (مثل لجنة المشتروات، ولجنة التعيينات ... الخ) تم تشكيلها كهيئات قانونية للحد من مركزية القوة والأوتوقراطية وهي حكم الفرد والفئة.

* اللجان السارية ولجنة مراجعة الاستخدام (الاستقلال ولجنة استغلال ولجنة التحكم بالعدوى ... الخ) ووضع فترة زمنية واضحة الدم الراجعة بعض المواضيع والإلزام مراقبة التقدم على أسس دورية.

ومن تقويم المستشفى الكبير هناك العديد من اللجان التي يمكن أن تفيد إذا وضعت في الاستخدام الملائم، وإن المدير التنفيذي والمسئولون التنفيذيون الكبار (مدير المستشفى المسئول الطبي والمسئول التمريضي وضابط الجودة والنوعية) هم أعضاء المستشفى بحكم المنصب لجميع لجان المستشفى ويجب أن يتم إشعارهم

بالاجتماعات والحضور عندما أمكن ذلك/ وظهـرت الحاجـة ويتعـين إرسـال محـاضر الاجتماعات لهم من أجل المعلومات واتخاذ الإجراء اللازم.

وإن اللجـان القائمـة المختلفـة التـي هـي موجـودة في المستشـفيات الكبـرى، وعضويتهم وطبيعة عملها المراجع كالآتي:

اللجنة الإدارية/ ومقاييس العمل:

المسئول التنفيذي يسعى لاتخاذ قرارات فقط ضمن حدود صـلاحياته في مجالـه رأي مسألة متعلقة بأكثر من مجال يبرر استشارة مشتركة مشبعة بـين التنفيـذ وهـذا حقيقي على مستوى عام لا تقع في حجرات مانعة للماء ولكن هناك مناطق رماديـة مع مضامين على الخدمات الطبيـة والتمريضـية والماليـة والإداريـة، وإن أفضـل شيء لمناقشة هذه المسائل هو الاهتمام المشترك لجنة الإدارة والتدبير.

وتشمل هذه اللجنة المدراء التنفيـذيون الكبـار الـذين يعملـون عـن كثـب مـع المدير التنفيذي للاطلاع عن كثب على الشئون اليومية للمستشفى وإدارتها.

- مدير المستشفى.

- المسئول الطبي.

- المسئول التمريضي.

- المدراء المساعدون.

- عميد كلية الطب.

- عميد كلية التمريض.

- المدير المالي.

- مدير شئون الأفراد.

إن لجنة الإدارة يفضل أن تجتمع على أسس أسبوعية ويكون ذلك في يوم محدد ووقت محدد من الأسبوع وحيث هناك شبه رسمية، فيمكن أن يتم عمل محاضر لهذه الاجتماعات أولاً، لذا فهناك حاجة لأن يتبلور فهم واضح عمن يستخدموا هذا الإجراء.

وإن الواجبات المناطة بهذه اللجنة الإدارية هو:

- مساعدة المدير التنفيذي بتسيير أمور المستشفى بصورة ميسرة وكفؤة.

- تنمية فريق متماسك من المدراء التنفيذيين الرئيسيين الذين سيعملون عن كثب ويقدمون جهة قيادة موحدة للمستشفى.

- توفير منتدى للمسئولين التنفيذيين لاستشارة كل للآخر في مسائل يمكن أن يكون لها توريطات فورية أو طويلة الأمد في مجالات وظيفية أخرى.

- إبلاغ المسئولين التنفيذيين الآخرين للقضايا الرئيسة والحوالات الفريدة في كل المجالات.

- لمراجعة الاستخدام الأمثل للموارد وأخذ التغييرات الرئيسية في إجراءات المستشفى في الاعتبار ورعاية العاملين والمرضى بشكل عام.

- تقديم النصح للمدير التنفيذي عن السياسات التي تتطلب الموافقة عليها من قبل مجلس الإدارة.

- المساعدة في التحضير عن التقرير السنوي للمستشفى والميزانية الرأسمالية وميزانية التوظيف والخطط الطويلة والقصيرة الأمد للمستشفى.

اللجنة الطبية

إن اللجنة الطبية هي أعلى هيئة فنية في المستشفى مسئولة عـن وضـع ترميـز خاص بها للممارسة الطبية الطبية وهي المنتدى الرئيسي للمصادفة علـى السياسـات العامة والإجراءات المتعلقة بالسلامة والكفاءات في تقديم الخدمات للمرضى.

وتتكون اللجنة الطبية من الآتي:

المدير الطبي/ أو المسئول التمريضي/ أو رئيس الخدمات الطبية.

- مدير المستشفى (سكرتير اللجنة).

- عميد كلية الطب.

- عميد كلية التمريض.

- المسئول التمريضي.

- ضابط مراقبة الجودة.

- رؤساء أقسام الطب، الجراحة، والأطفال والنسائية والتوليد والمختبر.

- رؤساء الإدارات الأشعة، والتخدير والعناية المركزة والطوارئ والحوادث.

وعلى اللجنة الطبية الاجتماع مرة كل شهر في وقت محدد ليوم في الشهر بأجندا جاهزة ثابتة وإن دور ومسئوليات اللجنة هو:

- الرقي بالاهتمامات السريرية للمستشفى والتأكد من مستوى عالي في الرعاية.

- لأخذ طرف ووسائل تؤثر على التحسين بعين الاعتبار لتحقيق درجة عالية مـن الكفاءة والفاعلية والاقتصاد في تسيير المستشفى وإدارته وأقسامه.

- صياغة الخطط لتنميـة وتطـوير المستشـفى ومراجعـة المقترحـات للنهـوض بالخدمات وإعطاء أولويات في سياق عوائق الميزانية.

- التوصية بالتغييرات الرئيسية في البنية المؤسسية والقوانين والأنظمة للمستشفى حيث أنها تؤثر فيما بعد على حمل خدمات رعاية المرضى وأبحاث التدريس والأبحاث البشرية.

- الموافقة على السياسات المستقبلية داخل الإدارة والمتعلقة بالإدخال والعناية بالمرضى والاستخدام الأمثل للمرافق.

- تقديم امتيازات سريرية للأطباء بناءً على نصيحة من رئيس الإدارة المعنى.

- تلقي التقارير من اللجان الفنية المختلفة المشكلة في المستشفى للاطلاع على نشاطات محددة.

تقديم النصح لإدارة المستشفى عن القرارات الهامة المتعلقة بالمستشفى وراحة المرضى والمجتمع والعاملين.

مجلس الجودة/ مراقبة الجودة/ التدقيق الطبي/ لجنة مراجعة النظراء.

إنشاء مجلس جودة مركزي أو لجنة مراقبة الجودة للتنسيق والمراقبة والمراجعة لنشاطات مراقبة الجودة في المستشفى وتتضمن اللجنة الأعضاء كالآتي:

-CEO/ أو مدير المستشفى (رئيساً).

- ضابط مراقبة الجودة (سكرتيراً).

- عمداء كليتي الطب والتمريض.

- مدير المستشفى.

- المسئول الطبي.

- المسئول التمريضي.

- رؤساء ممثلين الأقسام الطبية، والجراحة، والأطفال النسائية وتنظير النسائية والتوليد والمختبر.

- رؤساء/ ممثلين أقسام الأشعة والتخدير A و E.

- الصيدلي المسئول (رئيس الصيادلة).

- ضابط السجلات الطبية.

- وإن دور مثل هذا المجلس هو:

- تجديد أهداف ووضع أولويات والمصادقة على خطط لنشاطات مراقبة الجودة في المستشفى.

- تلقي تقارير دورية من ضابط مراقبة الجودة عن النشاطات التي تم تنفيذها، مبادرات إدارة المخاطرة، تدقيق الوفيات والتحكم بالعدوى وطول الإقامة ومراجعة الاستغلال والاستخدام الأمثل، مسموحات رضى المرضى ... الخ.

- تقديم النصح بالسياسات والقوانين التي تؤثر على نوعية رعاية المرض وسلامة العاملين.

إن لجنة التدقيق الطبي المركزي/ ولجنة مراجعة النظراء هي شيء من الماضي ولكنها حالياً لا تجد التأييد نظراً لأن فنيات الرعاية بين نظام وآخر مختلفة تماماً ويمكن بذلك أن يكون من غير الملائم للأطباء السريريين من تخصص إلى آخر على نوعية العناية المقدمة من قبل تخصصي غير ذي علاقة (مثل أن من الصعب أخصائي المسالك البولية أو أخصائي الباطنية التحدث إلى السلطات عن النواقص المرتبطة بموت المواليد الجدد، وبدلاً من ذلك فإنه أكثر ملائمة أن يتم مناقشات إحصائيات وفيات المواليد الجدد ومراجعة الحالة لها في اجتماعات مجدولة ينخرط فيها أخصائيون في النسائية والتوليد وأطباء الأطفال والجراحون والممرضون المتخصصون في هذا

المجال لهذا السبب ولأن التدقيق يجب أن يتم بطريقة علمية محررة من الإجراءات الإدارية فقد أصبح من العرف تقييم نوعية الرعاية وجودتها (من خلال تدقيق الوفيات للمواليد الجدد والموت للأمومة ومراجعة النظراء ومراجعة الاستخدام الأمثل ومراجعة السجلات الطبية ... الخ وعلى أسس الأقسام والإدارات أكثر منها لجنة مركزية فالأطباء السريريون والممرضات والعاملين في التشخيص الذين ينخرطون مع اهتمامات الرعاية للمرضى ذوي الاهتمام يتعين أن يجتمعوا على أسس دورية لمراجعته الوفاء الكامل بالمراد والمنافسة في الرعاية المقدمة والموافقة على الإجراءات التي يتعين اتخاذها لتحسينها وإن دور إدارة المستشفى ليس في الواقع لإنجاز التدقيق ولكن من خلال مكتب مراجعة الجودة للتأكد من أن مثل هذه التدقيقات يتم تنفيذها على أسس مستمرة منتظمة.

لجنة السجلات الطبية:

تتكون اللجنة من الأعضاء حسب التالي:

- المسئول الطبي (رئيساً).

- ضابط السجلات الطبية (سكرتيراً).

- ضابط مراقبة الجودة.

- المسئول التمريضي.

- أطباء سريرين كبار ممثلين من أقسام:

  - الطب

  - الجراحة

  - الأطفال

* النسائية والتوليد

* أخصائي/ ضابط المعلومات الصحية:

- تجتمع اللجنة مرة كل ٢- ٣ أشهر.

- والمهام المنوطة باللجنة كالآتي:

- لمراجعة السجلات الطبية للتأكد من إتمامها في أوقاتها وحفظها والوفاء الشامل برعاية المرضى والبحث والتعليم والأغراض القانونية والإدارية.

- مراجعة السجلات الطبية للتأكد من أنها تعكس ظروف وتقدم المرضى للتبرير التشخيصي وتبرر التحقيقات وللعلاج والنتائج النهائية.

- للمصادقة على نماذج السجل الطبي الكامل، النماذج التي يحتفظ بها أو يتم إهمالها وطريقة ترتيب النماذج في ملف المريض.

- اعتماده النماذج المختلفة والمتطلبات الأساسية والتقرير وتسجل البيانات السريرية والشهادات ... الخ وبعد ذلك تطوير مقاييس حجم النموذج ومحتوياته وتصميمها والبيانات الديمغرافية عن المريض والترميز باللون الملائم والتخفيض في عدد النماذج وأنواعها.

- تحديد سياسة حفظ ملفات المرض وسجلاتهم المختلفة الأخرى.

- تقديم النصح لإدارة السجلات الطبية عن السياسات المتعلقة بالمتطلبات السريرية.

- مراجعة خطط وبرامج لإدارة السجلات الطبية فيما يتعلق بالعاملين والمكان والوسائل والتدريب أثناء الخدمة.

لجنة مستخدمي مسرح العمليات

وأعضاء هذه اللجنة هم:

- رئيس قسم الجراحة/ رئيس الجراحين (رئيساً).
- مدير غرفة العمليات (سكرتيراً).
- المسئول الطبي.
- ضابط مراقبة الجودة.
- ٥- ٦ أطباء سريرين كبار ممثلين عن إدارات القلب وجراح الفم والأسنان والجراحة العامة وجراحة البولية - التناسلية والنسائية والتوليد. وجراحة العيون وجراحة العظام والأنف والأذن والحنجرة وجراحة الأطفال والجراحة البلاستيكية وجراحة الأعصاب.
- ١- ٢.
- رئيسة التمريض عنبر الجراحة.
- مدير التعقيم المركزي.

على أن تجتمع لجنة مستخدمي مسارح العمليات مرة في الشهر وتستعمل مهام اللجنة على الآتي:

- صياغة السياسات لاستخدام غرف العمليات من قبل الإدارات المختلفة، وإعداد جدول جاهز للحاجة على أساس الأقسام وجدول دوام لاستخدام غرف العمليات للحالات الطارئة والتأكد من الاستخدام الفاعل والعاملين ووقت غرفة العمليات.
- تقديم النصح لنماذج التزويد العام بالكادر وبرامج التدريب المحددة للعاملين في غرف العمليات.

- تقـديم النصـح عـن متطلبـات المعـدات والأدوات للاسـتخدام العـام في غرفـة العمليات.

- مراقبة وحدات الجراحة التي تظهر في غرفة العمليات.

- إدارة المخاطرة بالمعهد للتقليل في تكرارها وجديتها ومحاضرتها.

- استخدام خيوط الجراحة ومواد الغيار والوظائف الكتابية وأدوات الجراحة والمواد المستهلكة وغرفة العمليات وذلك لتحقيقها مسـتوى قيـاس والخـد مـن مـدى الاختلافات والحجم المستخدم من قبل الإدارات السريرية المختلفة.

- أخذ ملاحظات عن العدوى بعد العملية، وأي عودة المريضة غير مجدول إلى غرفة العمليات والجراحات الملغية، والمعدات غير العاملة، وعوامل أخرى غـير ملائمـة لرعاية المريض.

- مراقبة مقاييس الممارسات لغرفة العمليات كما هي مطبقة عـلى الصـحة والسـمة للعاملين ضمن بيئة غرفة العمليات.

- التأكد بأن السجلات المتعلقة باستخدام غرفة العمليات والمواد المستخدمة قد تم حفظها بطريقة ملائمة.

لجنة الاستخدام الأمثل للدم:

وتتكون لجنة الاستخدام الأمثل للدم من:

- رئيس بنك الدم (سكرتيراً).

- المسئول الطبي.

- المسئول التمريضي.

- ضباط مراقبة الجودة.

- ممثل سريري كبير من كل من أقسام الطب، وصحة الطفل، والجراحة والنسائية والتوليد.

- طبيب علم أمراض الدم والأورام للأطفال.

- طبيب علم أمراض الدم والأورام للكبار.

- كبير التفتيش في بنك الدم.

- وتجتمع اللجنة عادة مرة كل ثلاثة أشهر وتقوم اللجنة بالآتي

- إنشاء السياسات الواسعة لنقل الدم في المستشفى الرقي بالكفاية والمعالجة وسلامة وفاعلية استخدام الدم مشتقاته.

- تدقيق الاستخدام الأمثل للدم، مع إعطاء انتباه هام لطلب الدم ومقارنتها ونقلها المعنى إحصائيات عن والأحداث العكسية الأخرى.

عدد جدول بأقصى طلب الدم بحيث يتم التأكد من توفير الدم لإجراءات الجدولة التداخلية ولكن دون تخصيص محدد لها.

توفير سريري لبنك الدم والنصح عن التحسينات المرغوبة من قبل العاملين في المجال السريري والتمريضي وغيرهم.

لجنة التحكم بالعدوى

وتتكون لجنة التحكم بالعدوى من التالية:

- رئيس قسم علم الجراثيم السريري (رئيساً).

- ضابط/ أو طبيب للتحكم بالعدوى (سكرتيراً).

- ضابط التمريض للتحكم بالعدوى.

- المسئول الطبي.

- المسئول التمريضي.

- ضابط مراقبة الجودة.

- ممثل طبي كبير سريري عن كل من أقسام الطب والجراحـة، والأطفـال والنسـائية والتوليد.

- وطبيب صحة المجتمع.

- وتجتمع لجنة التحكم بالعدوى مرة في الشهر ويمكن أن تجتمع اجتماعات عاجلـة في وقت ظهور في المستشفى.

- وتقوم اللجنة بالأعمال التالية:

- تضع إجراءات تحكم ملائمة للتقليل من العدوى غير المتماثلة في المستشفى.

- مراقبة عمل فريق التحكم بالعدوى ونشاطاته وفاعليته.

- كتابة ومراجعة وتحديث سياسات المختلفة للـتحكم بالعـدوى دوريـاً بما في ذلك تلك المتعلقة بالمراقبة والإشراف على العدوى ذات العلاقة بالمستشفى، والتطهير والتصميم وأدوات المستشفى وأجهـزة الجراحة والإجـراءات العالميـة لسـلامة العـاملين والعـزل للمـرضى، والتلقـيح والتطعـيم وإدارة النفايـات، والمصـبغة والبطائن الكتانية.

- مراجعة إحصـائيات العـدوى ذات العلاقـة بالمستشـفى يـتم إعـدادها شـهرياً والتوصية باتخاذ الإجراءات المحددة التي يتعين أن يقـوم بها فريـق التحكم بالعدوى، والإدارات والعنابر المختلفة وبعض العاملين.

- التعليم من خلال المحاضرات، والندوات وورش العمل والندوات العاملين في مجال الطب، والتمريض والعاملين والخدمات المساندة ومن يسهر على راحة المريض بخصوص العدوى غير المتماثلة والتحكم بها.

- التأكد من أن الأمراض اللازم الإبلاغ عنها يتم تقريرها بصورة ملائمة إلى السلطات المعنية.

- التأكد من التوريد المنتظم للمعدات الملائمة، والمواد المستهلكة والعقاقير اللازمة للتحكم الفاعل بالعدوى غير المتماثلة.

- مراقبة صحة العاملين والتوصية بإجراءات الحماية للعاملين من العدوى والتأكد من تطعيمهم وبفقدان دورية وتطبيق إجراءات احترازية عالمية.

- التأكد من أن جميع مقاولي المستشفى (قبل التغذية والنظافة، والتحكم بالفضلات والمصبغة ... الخ) والالتزام بشروط العقود المبرمة معهم فيما يتعلق بالتحكم بالعدوى واستخدام المنظفات الكيماوية والمواد المطهرة والنظافة الصحية العامة للمستشفى.

لجنة إنعاش القلب والرئتين

وتتكون هذه اللجنة كل من:

− رئيس إدارة التخدير (رئيساً).

− وضابط التمريض في التعليم (سكرتيراً).

− المسئول الطبي.

− ضابط مراقبة الجودة.

- ممثل طبي سريري عن كل من أقسام الأطفال والطب والجراحة والنسائية، والتوليد.

- ممثل طبيب سريري كبير عن وحدة العناية المركزة للكبار.

- هذه العناية المركزة للأطفال ووحدة العناية المركزة للمواليد الجدد وإدارة الحوادث والطوارئ.

وتجتمع اللجنة مرة كل ٢- ٣ أشهر.

ومسئوليات ودورها كالآتي:

- لتطوير ومراجعة السياسات بصورة منتظمة والإجراءات المتبعة لإنعاش القلب والرئتين.

- لتطوير مقاييس ومؤشرات لمراقبة فاعلية إجراءات إنعاش القلب والرئتين في المستشفى.

- إنشاء نظام التسجيل وتقييم كل حدث إنعاش وإعداد تقارير دورية عن الملائمة، والكفاءة والنتائج وإصدار التوصيلات اللازمة للتحسين.

- التخطيط والتنسيق والاطلاع على تدريب إسنادي متقدم لحياة القلب من قبل مدربين معتمدين للمرضين والأطباء والعاملين في الخدمات الطبية المساعدة.

مجلس الأورام:

إن المستشفيات التي توفر العلاج والمتابعة طويلة الأمد عن تحتاج إلى بروتوكول واضح لإدارة المريض بالسرطان وعلى المستشفى أن يكون له أو أم لمناقشة الحالات التي تم تشخيصها حديثاً.

النصـح مـن تخصصـات متعـددة لصياغـة خطـة للمعالجـة، والجراحـة والعـلاج الكيميائي/ أو العلاج بالأشعة.

ويتشكل مجلس الأورام هذا من:

- رئيس إدارة على الأورام (رئيساً).

- طبيب جراحة الأورام (سكرتيراً).

- طبيب مختص بأورام الأطفال والكبار.

- طبيب أشعة.

- طبيب معالج بالأشعة.

وربما نبين الأعضاء أعلاه ممثلين من إداراتهم لحضور الاجتماعات التي تعتقد في غيابهم.

ــ وبالإضافة إلى ذلك فإن الاستشاري المسئول مـن المريـض (جـراح أو طبيـب أطفال أو يتعين دعوته للاجتماع لطرح حالة محددة ويعتبر العضو لسكرتير مسئول عن جدولة الحالات التي سيتم مناقشتها وتسجيل قرارات ويجتمـع المجلس بشـكل عام مرة في الأسبوع وبالإضافة إلى اجتماعه وقت الضرورة.

ويقوم بالأعمال التالية:

- وضع خطوط إرشادية وبروتوكولات لإدارة الحالات الروتينية.

- النصح للأطباء المعالجين عن العلاقات المطبقة في الحالات غير الروتينية لمثل هذا المرض وخاصة عندما يكون العلاج المتعدد داخلاً في الحالة.

- مراجعة المعايير المتعلقة بالمراحل والإدارة.

لجنة الصيدلة والمعالجة للشفاء:

إن دور لجنة الصيدلة والمعالجة للشفاء الاطلاع الممارسات في المستشفى والتأكد من العلاج المقنن للشفاء وتتكون اللجنة من كل من:

- المسئول الطبي.

- الصيدلي المسئول (سكرتيراً).

- المسئول التمريضي.

- ضابط مراقبة الجودة.

- طبيب سريري من كل من أقسام الطب – والجراحة والأطفال والنسائية والتوليد.

- ممثل عن العلاج في الحالات الحرجة/ التخدير.

- أخصائي علم الجراثيم.

- الصيدلاني السريري/ وصيدلاني معلومات العقاقير.

- الصيدلاني المسئول عن المستودعات الطبية.

وتقوم هذه اللجنة بالأعمال التالية:

الخدمة التقييمية والتعليمية والاستشارية إلى الفريق الطبي، والصيدلة والإدارة في جميع المسائل المتعلقة بالمشتروات، والتكديس والتوزيع والوصفات الطبية واستخدام العقاقير.

- تطوير كتب الوصفات الطبية للمستشفى والتوصية بصيغ العقاقير التي ستضاف أو تحذف على أسس دورية وعلى أساس علاقتها وجدارة سلامتها.

- التأكيد على نظام ملائم للوصفات وتصريف المخدرات والعقاقير المراقبة.

- تطوير إرشادات لسياسة المستشفى للمضادات الحيوية والمراجعة. على أسس دورية لاستخدام وسوء استخدام العقاقير.

- إنشاء برامج وإجراءات للرقي بالوصفات الطبية المقننة والأسعار التي تؤثر على العلاج بالعقاقير.

- المبادرة وتوجيه برامج تعقيم استخدام العقاقير والدراسات ومراجعة لنتائج مثل هذه النشاطات.

- مراقبة وتقييم ردود الفعل العكسية للعقاقير وعمل التوصيات اللازمة.

- التوصية بالإجراءات والسياسات لتقييم العقاقير والمحاولات الطبية السريرية لاعتبار الطلبات لمثل هذه العقاقير لمرضى المستشفى.

- التخطيط لبرامج تعليمية مناسبة للمحترفين في المستشفى على مسائل متعلقة باستخدام العقاقير.

لجنة التعليم الاحترافي المستمر:

تطرح للعاملين في المستشفيات التعليمية في المجال الطبي ومجال التمريض برامج تعليمية وأبحاث سريرية وبذلك تكون لديهم الفرصة للبقاء على اتصال بالمتغيرات (النزعات المتغيرة) المتغيرة في تقنيات الرعاية الصحية، وفي المستشفيات غير التعليمية ولتجنب الاضمحلال الاحترافي فهناك حاجة لمجموعة من الأفراد المتنورين والمهتمين لتوفير مثل هذه الحوافز العلمية وتتم صياغة ذلك من خلال لجنة والتي لا تزود الطعام والرفاهية للأطباء فقط ولكن لجميع الفئات من العاملين في المستشفى.

وتتكون هذه اللجنة من كل من:

- طبيب سريري بارز عصري (رئيساً).

- ضابط التمريض للتعليم في الخدمة (سكرتيراً).

- ممثل عن كل من أقسام الطب، والجراحة، والأطفال والنسائية.

- المسئول الطبي.

- المسئول التمريضي.

- ضابط مراقبة الجودة.

- مدير الموارد البشرية/ شئون الأفراد.

وتجتمع لجنة التعليم الاحترافي المستمر بشكل عام مرة في الشهر ويشمل مجال نشاطاتها الآتي:

- تقديم النصح والتخطيط والتنسيق والمراقبة لتقييم برامج التعليم المستمر الاحترافي للعاملين في المستشفى من جميع الفئات.

- مراجعة تطبيق برامج التدريب أثناء الخدمة وعمل التوصيات اللازمة ومراقبة الإجراءات المتخذة.

- إنشاء وتنفيذ السياسات والإجراءات المتعلقة بالبحث ونشاطات النشر في المستشفى والمسائل الأخلاقية ذات العلاقة.

- إنشاء وتنفيذ السياسات والإجراءات المتعلقة بالإجازة.

الدراسة الأكاديمية:

- التأكد من توفر صيانة التعليم والمؤتمرات بما في ذلك الوسائل التعليمية السمعية والنظرية وغرف المحاضرات/ والندوات.

لجنة المشتريات:

يتعين أخذ أقصى درجات الحذر في موضوع المشتريات لحماية المؤسسة، بحيث لا يسمح رأي مورد أو أحد العاملين بأن يتحصل على أرباح على حساب

المستشفى وإن قرارات الشراء وخاصة تلك التي تتعلق بخروج التدفق النقدي الكبير يتعين أن يكون لا مركزياً حتى يصعب التواطؤ ما بين البائعين والمشترين أكثر صعوبة وتؤكد لجنة المشتريات عند الحاجة يتم استشارة كل المعنيين ويتم اختيار الأفضل ربما يكون هناك لجنة مشتريات منفصلة في المستشفى للعقاقير وتزويدات مواد المختبر، وللمعدات الطبية وللتوريدات العامة، وللتغذية التدبير المنزلي والمصبغة وعقود الصيانة ... الخ استناداً إلى جرد والقيام بالمشتريات وسد النقص حسب النظام المتبع في المستشفى وربما يتم اجتماع هذه اللجنة حسب الضرورة غير متكررة وربما دورياً بفواصل (مثل كل أسبوعين أو شهرياً).

وتتكون هذه اللجنة من:

- مدير المستشفى (رئيساً).

- رئيس قسم المشتريات (سكرتيراً).

- المسئول الطبي.

- ورؤساء الأقسام الفنية المعنيين الصيدلي المسئول ورئيس فني المختبر، والأطباء السريريين الذين يستخدمون المعدات ... الخ.

- المهندس المختص: المهندس الكهربائي ومهندس الطب الحيوي.

الواجبات والمسئوليات التي تضطلع بها لجنة المشتريات:

- التأكد من أن جميع الصفقات التي هي علانية جهاراً نهاراً وهي في صالح المستشفى.

- الاطلاع على العطاء بما في ذلك المواصفات وفتح العروض.

- مراجعة المقاييس مقارنة بالعروض المقدمة، والإنجازات الحاصلة باختصار وتقديم النصح في المفاوضات.

- الحفاظ على السرية.

لجنة التعيينات:

إن اختيار العاملين للتعيين يجب أن يكون نزيهاً وعلى أساس الجدارة، وتؤكد لجنة التعيينات على الإيضاح، وغياب المصلحة وإشراك المسئولين المعيين ومراجعة مقدم الطلب من عدة جوانب وسيكون هناك لجان تعيينات منفصلة في المستشفى ثابتة لتعيين الأطباء والممرضين والفنيين والإداريين والعاملون المساعدون.

وتتألف هذه اللجنة من كل من:

- المدير التنفيذي/ مدير المستشفى (لكبار العاملين).

- مدير المستشفى.

- المسئول الطبي.

- المسئول التمريضي.

- ضابط شئون الأفراد.

- رئيس الإدارة المعنية.

- خبير فني/ أو خبراء حسب الحاجة.

الخدمات السريرية (١٦)

تنظيم العاملين في مجال الطب

في ديسمبر ١٩٣٩ تبنت الكلية الأمريكية للجراحين/ السلف اللجنة المشتركة لاعتماد المستشفيات المعايير الخمسة التالية التي أصبحت تعرف بالمقياس الأدنى:

١- أن الأطباء والجراحون ذوي الامتيازات الممارسة في المستشفى يتم تنظيمهم لمجموعة من العاملين بما في ذلك العاملين بصورة منتظمة والعاملين الزائرين والعاملين المشاركين.

٢- إن عضوية هؤلاء العاملين مقتصرة على الأطباء والجراحين الذين هم أ) خريجي شهادة الطب بتقدير جيد ومرخصين قانونياً، ، ب) المنافسين في مجالاتهم ج) يكون جديراً من حيث الصفات الشخصية وفي مسائل أخلاقيات المهنة والتي هي في الارتباط الأخير تتعلق بممارسة تقسيم الرسوم تحت أي طريقة مخادعة.

٣- يقوم هؤلاء العاملون بالمبادرة بوضع القوانين والأنظمة والسياسات التي تحكم العمل المهني في المستشفى بعد موافقة مجلس إدارة المستشفى على ذلك. بحيث توافر هذه القوانين والأنظمة بشكل خاص الآتي:

أ) يعقد اجتماع هؤلاء العاملين مرة في الشهر على الأقل.

ب) يقوم هؤلاء العاملون بمراجعة وتحليل منتظمة خبرتهم السريرية في الإدارات المختلفة للمستشفى على فواصل زمنية منتظمة وكذلك السجلات السريرية للمرضى الذين يدفعون التكاليف أو الذين يشملهم الإعفاء لتكون أساساً لهذه المراجعة والتحليل.

٤- عمل التقارير الدقيقة والكاملة التي ستتم كتابتها لجميع المرضى وتعبئتها بطريقة عرضية في المستشفى.

- يتم توفير التسهيلات الشخصية والمعالجة للشفاء تحت إشراف منافس ومؤهل لدراسة وتشخيص ومعالجة المرضى على أن تتضمن على الأقل:

أ) مختبر سريري.

ب) قسم أشعة، وإن المبادئ أعلاه قد تمت المناداة بها قبل حوالي قرن مضى. وتشكل الأسس لتنظيم العاملين في مجال الطب في المستشفيات عبر العالم.

العاملون في مجال الطب - ما هو المختلف أو الفريد:

- إن الأطباء هم صانعوا القرار الرئيسيون في المستشفى وهم الذين يقررون فيما إذا كان المريض بحاجة إلى الإدخال أم لا، وما هي الفحوصات والعلاجات التي سيتم تنفيذها ومتى سيتم تخريج المريض وإن قراراتهم ذات العلاقة برعاية المرض لها تضمينات واسعة النطاق من حيث التكنولوجيا وطريقة عمل المستشفى والتكاليف وإن إنجازهم والمراجعة في العمل يمكن أن تقضي على سمعة المستشفى وتوفير المناخ الملائم، وهذا هو الدور الأساسي للإدارة فباستطاعة الأطباء عمل معجزات طبية وإنقاذ الإنسان من الألم والوصول بالمستشفى إلى مستوى عال جداً لم يحلم به من قبل وبالمقابل إذا لم يقم الأطباء بعملهم بمستوى جيد فإنهم سيحطون من مكانتهم الوظيفية إلى مجرد موظفين عاديين يسعون لوظيفة دائمة ووضع الذات والأنا والتعويضات المالية وأن القرارات التي يتخذها إدارة المستشفى تؤثر على الأطباء فالتحفيز والموقف تجاه العمل والذي يؤثر بالمقابل على نوعية الرعاية المقدمة للمرضى هامة لجعل

الأطبـاء منخـرطين في اتخـاذ القـرار عنـدما يكـون ذلـك ممكنـاً، وإن التخطيط لتسهيلات جديدة والتقيد بالقوانين والأنظمة وامتلاك معـدات جديـدة وتقديم مفاهيم جديدة للإدارة والتحكم باستخدام المـواد المستهلكة والعقـاقير وتوليـد العائدات ومراقبة الكلفة.

- ويجب أن لا ننسى بأن الطب هو علم يفضل تركه للمحترفيـن في مجال الطب ولا يحق لأي عامل غير مهنـي ممارسـة مهنة الطب، وفي الحقيقـة فـإن مـن أكـبر الأهـداف أهمية للعاملين في مجال الطب هو أنك سيد نفسك وكبار الأطبـاء هـم الذين يتعين أن ينخطروا في وضع طـرق ورمـوز الممارسـة والسياسـات المتعلقـة بالطب والإجراءات وبروتوكولات المعالجة وغيرهـا، وهـم الـذين يتعين عليهم تنظيم تنفيذها وأن دور إدارة المستشفى فيها يتعلق بالعاملين في مجال الطب هو دور عالمي وليس مقيد بالمرضى فقط والمساندة في تنظيـم العامليـن في مجال الطب وتوفير البيئة المثلى الخاصة فيما يتعلق بالخـدمات المسـاندة والخـدمات المساعدة للتأكد من سير العمل في المستشفى بطريقة ميسرة وكفؤة.

- وهناك وراء مهنة الطب وسيلة أخرى تفي بحاجـات الإنسـان الـذي اختار مهنـة الطب كوظيفة فإن الأطباء واعون لمدى النصيحة المتوقعة منهم، ويعرف الأطبـاء بأنه ليس هناك ٩ إلى ٥ عمليات يمكن أن يتم الإغلاق عليها بينما هم في إجازة أو في عطلة نهاية الأسبوع وهم يعون بأن الحـالات الطارئة لا يمكن تأجيلهـا حتى تلاؤمهم، وأن هذه الخدمة الطارئة يجب تقديمها للمريض بغض النظر عن قدرته الماليـة وبالمقابـل فـإن عـلى إدارة المستشفى تمييـز خـدمات الطبيب إسـاءة استخدامها من خلال المدخل الإنساني المعلـن وحتى المستشفيات غـير الرسمية عليهـا إنصـاف الأطبـاء في تعويضـاتهم وخاصـة باستقطاب أفضل المبـدعين والاحتفاظ بهم وهناك تحرك لتخفيض عدد ساعات العمل الأسبوعي للأطباء.

المستخدمين (والذي يعملون تقليدياً لمدة ٣٦ ساعة أسبوعياً في نوبات عمل متواصلة)، وتعويض الأطباء عن العمل الإضافي وكذلك للوظائف الأخرى.

في ممارسات المستشفى لا يعمل الطبيب منفرداً ولكنه يعمل كعضو في فريق وحيث أن الأطباء الآخرين عليهم تدبر أمر المريض خلال فترة دخوله المستشفى أو من خلال موجهته كمريض زائر، فإن استمرارية الرعاية يجب أن يعم تأثيرها من خلال التوثيق الملائم في السجلات الطبية والتمسك القوي بالإجراءات وبروتوكولات المعالجة والتعليمات المكلف بها والتي يتعين على الأطباء الآخرين الإذعان لها وكذلك الممرضين والعاملين في خدمات المساندة والخدمات الطبية المساعدة.

- حيث أنهم يكشفون عن الأسرار الداخلية للمرضى وعليهم التزام خلقي هام للحفاظ على السرية ويجب أن يتم إسناد ذلك من قبل العاملين الآخرين للمستشفى والذين لهم اتصال بالمعلومات الطبية.

- الأطباء مقيدون بقوانين السلوك وقد نشر ـ المجلس الطبي الهندي أسس ورموز الأخلاقيات الطبية والتي تشتمل على مبادئ ومسئوليات عامة وواجبات الطبيب نحو مهنته وواجباته نحو المرضى والخدمات الإجرائية التي يقدمها الأطباء لبعضهم البعض وواجبات الأطباء في الاستشارة وواجباتهم في حالات التدخل وواجبات الأطباء نحو العامة وإجراء قائمة الاعتداءات والمجلس الطبي العام في المملكة المتحدة ١٩٨٨م وثيقة الحفاظ على الممارسة الطبية الجيدة وقد وضح بطريقة أكثر تحديداً مسئوليات الأطباء وأعضاء الفرق الطبية في المستشفيات.

أهداف تنظيم العاملين في مهنة الطب:

- التأكد بأن كل المرضى المدخلين إلى المستشفى تتم معالجتهم في قسم العمليات/ أ و ب أو من خلال الخدمات الموسعة للمجتمع التي تتلقى عناية بأفضل ما يمكن.

- المبادرة دورياً بمراجعة تنفيذ القوانين والأنظمة التي تحكم العاملين في مجال الطب.

- توفير الوسائل التي تمكن من مناقشة فيها المسائل الإدارية الطبية مع إدارة المستشفى ومجلس الإدارة.

- إنشاء مقاييس حرفية وأخلاقية عالية المستوى والحفاظ عليها لمراجعة وتحليل وتقييم نوعية الرعاية الصحية.

- توفير الفرص لتعليم عالي المستوى أثناء الخدمة.

- تنمية بيئة للدراسة والبحث السريري خاضعة لفلسفة المستشفى والقيود المادية والقدرات الوظيفية.

- تطوير خدمات صحة المجتمع المساندة للتطوير الإجمالي للمجتمع.

طبيعة التنظيم:

- قد يكون تنظيم العاملين في مجال الطب رسمياً/ شديد أو غير رسمي أقل شدة استناداً إلى طبيعة المستشفى والعلاقة بين المستشفى والطبيب.

- إن البنية الطبية الرسمية الشديدة تظهر في حالة المستشفيات الكبيرة ذات السمعة العالية والمتخصصة والمستشفيات التعليمية والتي بها أطباء براتب بدوام كامل في معظمهم والذي ينتظمون في إدارات ووحدات.

- وإن تنظيم الفريق الطبي بصورة غير رسمية مرتبط بالمستشفيات الصغيرة والربحية وغير التعليمية حيث يكون كبار الأطباء عادة يعملون بشكل رئيسي-بدوام جزئي أو زائرين وفي هذه السيناريو الأخير ربما يكون لهم ترتيبهم الخاص بهم مع المستشفى وتنظيم العاملين في مجال الطب وهو أشبه بارتباط الأطباء وتقيدهم بأسس موضوعة من السلوكيات الأخلاقية.

وعلى أية حال فإنه حتى في هذه البنية الهشة قد يكون هناك بعض العناصر التي هي من نموذج رسمي أكثر وتشتمل خصائص تنظيم العاملين الفنيين الآتي:

اللجان السريرية:

تلعب بنية ووظيفة وعلاقات اللجان دوراً في تنظيم العاملين في مجال الطب وإن الهيئة الرئيسية التي تحكم الممارسة لمهنة الطب في المستشفيات هي اللجنة الطبية وتقوم عدة لجان بتقديم التقارير لها لتنظيم ومراقبة نوعية الرعاية المقدمة:

- لجنة القوانين الداخلية.
- لجنة مراقبة الجودة.
- لجنة التحكم بالعدوى.
- لجنة الصيدلة والمعالجة.
- لجنة مراجعة الاستخدام.
- لجنة الاستخدام الأمثل للدم.
- لجنة الاعتمادات.
- لجنة مراجعة الأنسجة.
- التنسيق والربط بين المستخدمين المختلفين للخدمة.

- لجنة السجلات الطبية.

- لجنة مستخدمي غرف العمليات.

- لجنة إنعاش الرئة والقلب.

- لجنة العناية المركزة.

- لجنة خدمات التشخيص.

* القيام بتنفيذ مهام محددة.

- لجنة التعليم الطبي المستمر.

- لجنة إدارة الكوارث.

- لجنة التخطيط الطبي.

- لجنة الأخلاقيات والأبحاث.

إن بنية ووظائف اللجان الأكثر تكراراً من حيث تشكيلها وبنيتها قد تم تفصيلها في الفصل الخاص بلجان المستشفى في مكان ما من هذا الكتاب.

رئيس الكادر الطبي:

ربما يحمل هذا اللقب أو اللقب الأكثر شيوعاً المدير الطبي أو المسئول الطبي ربما يكون مديراً طبياً بدوام كامل أو مدير طبيب سريري متميز ففي الحالة الأولى قد يكون أيضاً مدير تنفيذي للمستشفى وربما يكون مسئولاً فقط عن الإدارة الطبية، وهو يأخذ دور الطبيب الأكثر احتراماً ويرأس المؤسسة الطبية ربما لفترة محددة مع انخراط أقل في المسائل الإدارية اليومية والتي تعود لمدير المستشفى.

وإن المتطلبات الوظيفية وواجباتها للمدير الطبي/ المسئول الطبي قد تم تفصيلها في الفصل (عن مدير المستشفى دوره ومسؤولياته) في مكان ما من هذا الكتاب وباختصار فعليه أن يقوم بالآتي.

- يجب أن تكون لديه المعرفة في الإدارة والقوانين والأنظمة.

- يجب أن يكون لديه مستوى عالي من الخدمات الوظيفية الكفؤة في المجال السريري، والخدمات المساندة ونوعية الرعاية.

- يكون مسئولا إدارياً عن العاملين في المجال الطبي ومجال الخدمات الطبية المساعدة.

- يعتبر مسئولا عن جميع المسائل التي لها تضمينات (أو توريطات) طبية قانونية.

المديريات السريرية:

- تميل بعض المستشفيات الكبرى المتخصصة بأن تكون منظمة عن أساس خطوط الخدمات الرئيسية لها لأسباب عديدة.

- للحفاظ على مفهوم ونظرة التحكم أكثر من أن يكون لدى المدير الطبي التعامل المباشر مع ١٥- ٢٠ إدارة طبية ويتم التأكيد على إشراف أكثر فاعلية إذا ما تم تنظيم هذه الخدمات في مجموعات من ٤- ٥ تخصصات.

- إن من الأجدى اقتصادياً المشاركة في المصادر (مثل الأطباء المقيمين، والممرضين، والسكرتير يا الطبية .... الخ) للنشاطات العامة كمجموعة من الأخصائيين المتحدين وبعض الأخصائيين ذوي الاختصاصات العليا وشبه الاختصاص.

- وخاصة فيما يتعلق بالأقسام السريرية الصغيرة فإن هناك نشاطات محددة (مثل مراقبة الجودة، والاجتماعات السريرية وتدريب الأطباء المستجدين والمؤتمرات ... الخ) ويتم تنفيذها بطريقة أكثر فاعلية في مجموعة صغيرة.

- تقسيم المستشفى إلى هذه المراكز للعائلات / والتكلفة فإن من الممكن أن يتم إشراك الأطباء في الإدارة وجعلهم مسئولين مالياً عن قرارات عياداتهم،

والتحكم بالاستخدام الزائد للموارد وتوليد العائدات وضبط التكلفة وإن من الممكن ومن خلال الميزانية السريرية أن يتم إنشاء نظام مالي تحصل فيه كل دائرة تحصل على عائدات للخدمات بحيث تقوم بالدفع للإدارات والمستشفى مقابل الخدمات التي تستخدمها، وبذلك يصبح الأطباء واعين للتكلفة ويأخذون قرارات أكثر منطقية متعلقة بالعناية بالمرض، وانخراطها في اتخاذ القرار والإدارة لشؤونها الخاصة بما في ذلك التدقيق السريري هو أيضاً أكثر تحفيزاً للطبيب ومتوافق وأساليب الإدارة الموصى بها حالياً في التنازل عن السلطات ففي مستشفى N H S في المملكة المتحدة فإن القسم/ الإدارة السريرية يمكن أن تضم ٥- ٨ إدارات سريرية متحالفة (مثل قسم الطب الذي يشمل الباطنية - القلب والجهاز الهضمي، والغدد والأعصاب وعلم الكلية وطب أمراض التنفس) وفي الولايات المتحدة فإن الإدارة السريرية المشابهة أو المناظرة تنقل إلى مديرية أو اختصاصات فرعية.

وغالباً ما ترأس الإدارة السريرية طبيب ربما يتم انتخابه لمدة ٣ سنوات يساعده مدير ومدير تمريضي ويسانده مكتب ينشأ لذلك وقبل هذا الرئيس / المدير / رئيس القسم/ المسئول سيكون مسئولا بشكل عام عن الآتي:

- إدارة جميع العاملين في مجال الطب والتمريض والخدمات الطبية المساعدة في المديرية بما في ذلك تعيينهم وأدائهم والنظام والانضباط.
- العمل الملائم للأخصائيين المعنيين ومستوى الدعاية المقدمة من قبل العاملين في المديرين ومراقبة الجودة ومراجعة الاستخدام.
- رفع العائدات من خلال الاستخدام الاقتصادي للموارد.

- القرارات المتعلقة بشراء المعدات والعقاقير والخبرة الجراحية والمواد الطبية المستهلكة، ويعمل من خلال المديريات السريرية بدرجة عالية من الاستقلالية، يجب أن يقوموا بالعمل ضمن إطار السياسة العامة الموضوعة من قبل إدارة المستشفى وإلا فإن الأمور يمكن أن تظهر في مستشفيات أصغر داخل المستشفى ويكون المدير التنفيذي غير قادر على إدارة المستشفى وغير قادر على ممارسة الضبط والتنسيق في المستشفى ككل.

الإدارات التخصصية وشبه التخصصية:

إن كل تخصص/ نظام رئيسي (مثل الطب والجراحة والأطفال والنسائية والتوليد والمختبرات الطبية والتخدير والعناية المركزة وغيرها). هي كينونات طبية متميزة وتعمل كقسم أو كإدارة مستقلة استناداً إلى التخصصات العليا وشبه التخصصات التي يتم تطويرها داخل المستشفى وربما يتم تنظيمها في أقسام سريرية مستقلة يمكن أن تعمل ضمن مظلة التخصص الرئيسي ـ المعنى كمجالات في الاهتمامات السريرية ويعتمد حجم وعدد الأقسام أو الإدارات السريرية على:

- حجم المستشفى / وعدد الأسرة.

- كمية العمل للعمل (معدل الأشغال للمرضى المدخلين وزيارات المرضى الزائرين وعدد الجراحات الكبيرة والصغرى وساعات العمل الأسبوعي، وتكرار جدول الدوام الواجب والالتزامات التعليمية والبحثية ... الخ.

- عدد التخصصات والعليا / وشبه التخصصات التي تعمل بصورة مستقلة في المستشفى.

- عدد الأطباء السريريين اللازمين في كل تخصص أو شبه تخصص بحصص طبقاً لكمية العمل.

- المتطلبات القانونية أو المعايير الموصوفة للمستشفيات التعليمية (مثل المجلس الطبي الهندي – الجامعة).

- خطط الإدارة للتطوير وإعطاء أهمية للخدمات العملية.

* تتم إدارة كل قسم أو إدارة سريرية من قبل طبيب يحمل نفس التخصص أو شبه التخصص والذي يمكن تعيينه لفترة محددة على أسس دائمة ويتم تفصيل الوصف الوظيفي ومسؤوليات رئيس القسم في فصل تنظيم المستشفى ببينتها ووظائفها في مكان ما من هذا الكتاب.

الوحدات السريرية:

آخذين بعين الاعتبار كمية الحمل للعمل ولتماسك أكثر بين الفريق فيمكن للقسم السريري أن يتم تقسيمه إلى وحدتين أو أكثر وإن اكتمال عدد العاملين لكل وحدة سريرية يعتمد على:

— عدد جلسات المرضى الزائرين كل أسبوع، مع عدد الزيارات للمرضى الزائرين كل جلسة.

— عدد الأسرة وأشغال الأسرة، وإدخال المرضى المقيمين والفواصل الزمنية وإجمالي الحركة للسرير.

— نوع وعدد الإجراءات التشخيصية والمعالجة للشفاء.

— والقوى العاملة اللازمة لتشغيل جدول الخدمة للواجبات عند الطلب والتي يمكن أن تكون من ١- ٣ أيام (١ في ٤ أو ١ في ٥).

— التعليم والالتزامات الأخرى. وبصورة مثالية وللتأكد من النسبة العليا للأطباء/ الأسرة وإنتاج الكادر الرفيع المستوى. فإن الوحدة يتعين تخصيص ٣٠ سريراً لها ويكون بها استشاري واحد وتسجل SR واحد ومسجلين عدد

اثنين واثنين من كبار الأطباء المقيمين والطبيب الاستشاري هـو رئيس الوحـدة ويقوم بتقديم التقارير إلى رؤسـاء الأقسـام وهو مسـئول عـن الوظيفـة الميسرة والكفؤة للوحدة.

هرمية الكادر الطبي:

من أجل قيام تنظيم الكادر الطبي بوظيفته بصورة فاعلـة وتنفيـذ إجراءات العمل يتم تنظيم الأطبـاء في كل قسـم وحـده هرمياً كاستشاري وكبير مسجلين ومسجل وضابط كبير (والطبيب المقيم في المستشفى التعليمي) ورغم أن الوضع الوظيفي لهذا الكادر الطبي ربما يختلف قليلاً من مستشفى إلى آخر ومـن تخصـص إلى آخر فإن مسؤولياته بشكل عام كالآتي:

- الاستشاري (طبيب سريري مع خبرة من ٧- ١٠ سنوات، بعد التخرج، ويسمى أيضاً بروفسور/ أو بروفسور مشارك في المستشفى التعليمي.

- ويقدم تقاريره إلى رئيس الإدارة ويتبع المراسلات الرسمية من خلالـه ويبقى معـه على اتصال لإبلاغه بالمواضيع المتعلقة بالأمور الإدارية والسريرية.

- يدير ويقوم بتدريب كادر الوحدات ويشرف على أدائهم ويتأكد من أنهم يبلغوه بالمسائل ذات العلاقة ويقوم بتفويضهم بالنشاطات التي هم مؤهلون ومنافسون للقيام بها طبعاً الامتيازات السريرية الخاصة بهم.

- حتى يتم منح امتيازات مستقلة للإدخال/ والمعالجة للطبيب المرؤوس في الوحـدة فإن الاستشاري هـو الـذي يتحمـل المسـئوليات النهائيـة للعنايـة بجميع المرضى المعالجين في هذه الوحدة وهم المرضى الزائرين أو المرضى المدخلين.

- إن المسؤولية السريرية النهائية تعطي دقة تشخيص وتفسير النتائج، وإدارة العقاقير والانتباه السريع والحاجة والحاجة للأداء الملائم لكل الإجراءات التشخيصية. والمعالجة فيما إذا تم القيام بها بصورة شخصية من قبل الاستشاري أم لا.

- وعلاوة على تواجده في المستشفى أثناء ساعات الدوام الرسمي يجب أن تكون هناك إمكانية للوصول إليه طيلة الوقت والتجاوب بسرعة مع الدعوى في الطوارئ وخاصة عندما يطلب إليه ذلك.

- الاستشارة مع رئيس القسم يتأكد بأن الاستشارات الملائمة تغطي غيابه بما في ذلك أيام العطل والراحة وأثناء الإجازة.

- يقوم بتوفير الاستشارة للمرضى الزائرين والميل إلى مرجعية الإدارة الداخلية والقيام بفحص المرضى المدخلين بفحص المرضى المدخلين بصورة مبررة.

- يتأكد من أن سجلات المرضى المعالجين من قبل وحدته صحيحه وحديثه حتى تاريخه وتعكس بصورة صحيحة وضع المريض وتجاوب العلاج.

- التأكد من إعطاء المريض تقريراً خطياً في وقت الإدخال أو التخريج كمريض خارجي من المستشفى أو الإرسال للطبيب الأساسي كمرجع.

- يجتمع بأعضاء فريقه والعاملين الأخرى ذوي العلاقة وذلك للتحقيق الدوري على نوعية الرعاية المقدمة من قبل الوحدة.

- يتأكد من أن العاملين تحت مسؤوليته يذعنون لأنظمة الخدمة وإجراءات المستشفى وسياستها وبروتوكولات المعالجة.

- يقوم بنقل التدريب أثناء العمل لمرؤوسيه.

- يشارك في اللجان الطبية السريرية ويتحمل مسؤوليات إدارية أخرى تم تفويضها له.

- كبير المسجلين (وهو طبيب بخبرة من ٥- ٧ سنوات بعد التخرج يسمى استشاري مستجد قاريء أو بروفسور مساعد ويقوم بالآتي:

- يقدم التقارير لرئيس الوحدة السريرية من خلاله إلى رئيس الإدارة أو القسم.

- يعمل تحت إشراف الاستشارة.

- يشرف على المسجلين وكبار الأطباء المقيمين وضباط والأطباء الذين أنهوا تدريبهم حديثاً وأصبحوا أطباء مقيمين خاضعين لإشرافه.

- حتى يتم تعيين استشاري جديد للتغطية فإنه يرأس الوحدة السريرية في غياب الاستشاري.

- يساعد الاستشاري رئيس الوحدة في إدارة الوحدة ويشرف على أداء مرؤوسيه ويتأكد من أن يتم إبلاغه بالمسائل ذات العلاقة ويقوم بتفويض النشاطات للمؤهلين والأكفاء منهم لتقديمها طبقاً للامتيازات السريرية الخاصة بهم.

- ويقوم بتقديم الاستشارة للمرضى الزائرين.

- السهر على العمل بين الأقسام ويقوم بفحص المرضى الزائرين مرة واحدة على الأقل يومياً (وبصورة متكررة أكثر إذا كان مبرراً).

- ويقوم بعمل التشخيص بصورة مستقلة وكذلك إجراءات المعالجة للشفاء طبقاً للامتيازات السريرية الممنوحة له.

- يتأكد من أن تقارير المرضى المعالجين في وحدته صحيحه ويتم تحديثها حتى تاريخه وتعكس حالة المرضى بصورة حقيقية ومدى تجاوبه للعلاج.

- يقوم بإعداد تقارير طبية والتوثيق وتقارير الوفيات والتقارير الطبية القانونية الصادرة عن وحدته.

- عندما يطلب منه يكون جاهزاً لتقديم النصح على الهاتف أو الدعوة له للتوجه إلى المستشفى عند الضرورة.

- عند الطلب يقوم بتنفيذ حوالات مسائية على جميع الإدخالات الجديدة والمرضى ذوي الوضع الحرج.

- ويقوم بالتنسيق في مجال التدقيق الطبي، والتعليم ونشاطات البحث للقسم/ الوحدة.

- يقوم بتنفيذ جميع الواجبات الأخرى التي سيتم تخصيصها له من قبل الاستشاري.

- المسجل (طبيب سريري يختار مدربين ما بعد التخرج وبخبرة من ١- ٣ سنوات بعد التخرج ويسمى أيضاً أخصائي أو محاضر أو مدرس خصوصي أو كبير مقيمين المسجل ويقوم بالآتي:

- تقديم تقارير لرئيس الوحدة الطبية ومن خلاله إلى رئيس القسم.

- يعمل تحت إشراف الاستشاري وكبير المسجلين.

- يشرف على كبار الأطباء المقيمين وأطباء مقيمين أنهوا تدريبهم حديثاً الخاضعين له.

- وهو يشكل عام كبير معظم الأطباء في الواجب في المستشفى بعد ساعات الدوام الرسمي وبذلك يقوم بالتغطية الفورية للقرارات نيابة عن الوحدة على أن يبلغ مسؤولية هاتفياً عن ذلك ويطلب الدعوة للاجتماع عند الحاجة.

- يقوم بفحص جميع المرض مرة واحدة في اليوم على الأقل يكون الوضع حرجاً للمريض... الخ.
- يقوم بإدخال المرضى من المرضى للزائرين لوحدات أ، ب أو طبقاً لبروتوكول الوحدة.
- يقوم بتوفير الاستشارة الروتينية للمرضى الزائرين بصورة مستقلة يقوم بالأعمال الروتينية بين الأقسام على أن يبلغ مسؤولية عن جميع الحالات التي تستدعي انتباههم.
- المبادرة بالإرسال إلى مراجع بين الأقسام بالاستشارة مع مسؤولية.
- طلب التحقيق والمتابعة للنتائج والوصفات الطبية ويساعد مسؤولية في الإجراءات الشخصية والعلاجية.
- يقوم بأداء إجراءات التشخيص والمعالجة التي هو مفوض القيام بها بصورة مستقلة طبقاً لامتيازاته الطبية.
- يقوم بتوثيق والتوقيع على شهادات التخريج التي يعدها المستجدون.
- يقوم بإعداد التقارير الطبية والشهادات الطبية اللازمة لتصديقها من قبل مسؤولية.
- يشارك في نشاطات التعليم والبحث للوحدة.

*** كبير الأطباء المقيمين:**

وهو طبيب بشهادة طب ويسمى طبيب مقيم، ويقوم بالآتي:

- تقديم تقارير لرئيس وحدته الطبية ومن خلاله إلى رئيس القسم.
- يعمل تحت إشرافه الاستشاري وكبير المسجلين والمسجل.

- يشرف على الأطباء المقيمين الذين أنهوا التدريب حديثاً والخاضعين له.

- كاتب المرضى وهو مسئول عن المبادرة وتحديث سجل الإدخال وملاحظات التقدم، وملاحظات العمليات وملخص التخريج وشهادات الوفاة والإجازات.

- متابعة نتائج التحقيق المطلوبة.

- متابعة التعليمات من مسؤولية فيما يتعلق وتحضير المرضى لإجراءات التشخيص والمعالجة للشفاء.

- مساعدة مسؤولة في إجراءات التشخيص والعلاج.

- يقوم بعمل الوصفات الطبية للمرضى المدخلين والمرضى الخارجيين طبقاً لبروتوكولات القسم وتعليمات من مسؤولية.

- يشارك في البحث والتدريب في الوحدة.

- الطبيب المقيم (طالب طب أنهى امتحانات السنة الأخرى وهو يخضع للاختبار وأمامه سنة امتياز.

- يعمل شهر من ٢- ٣ أشهر في أقسام مختلفة طبقاً لبرنامج الامتياز الخاص به.

- وحيث أنه تحت التدريب فلا يحق له الممارسة بصورة مستقلة.

- ليس مصرحاً له ممارسة المعالجة وإصدار الشهادات الطبية وشهادات الوفاة.

- يقوم بفحص وكاتب المرضى المقيمين والمرضى الزائرين ويكتب ملاحظات الإدخال والتقدم والإجراءات وملخص التخريج.

- نسحب عينات الدم للتحقيق.

- يتابع نتائج التحقيق اللازم من قبل الوحدة.

- يساعد مسؤولية بإجراءات التشخيص والمعالجة.

- يشارك في نشاطات التدريب والبحث في القسم.

فئات الاستخدام للكادر الطبي:

إن كبير الأطباء المقيمين والمسجلين وكبار المسجلين هم بشكل عام مستخدمين بدوام كامل براتب في المستشفى بينما يختلف استخدام الاستشاري من مستشفى إلى مستشفى آخر.

- بدوام كامل براتب بدون ممارسة خاصة وهذا شائع في المستشفيات التعليمية المتميزة وبعض المستشفيات.

الحكومة والإرساليات والمستشفيات الصناعية يتم تقيم مخصصات عدم مشاركة أخرى فعلى أية حال فإن من الصعب تطبيق هذه السياسة من قبل الشرطة وحتى الممارسات السرية موجودة عندما يكون الراتب غير ملائم ويعلق الإدارة عنها.

- بدوام كامل مع راتب مع ممارسة طبية محدودة جغرافياً في المستشفى (في الماء) أو البيت أو العيادة وخارج ساعات الدوام الرسمي للمستشفى وهذا شائع في المستشفيات الحكومية والمستشفيات التطوعية.

- بدوام كامل وراتب جزائي وجزائياً السماح له بنسبة مئوية من المبالغ المحصلة من المرضى في العنابر الخاصة وفي بعض الأحيان غير مفيدة للمرضى الخاضعين للاستشارة بأن يتم إدخالهم للمستشفى فقط.

- بدوام جزئي وراتب جزئي والسماح بممارسة غير مقيدة بالإضافة إلى راتب ضئيل يتم دفعه من قبل المستشفى وربما يحصل الاستشاري على نسبة يقتطع من الاستشارات والزيارات اليومية والإجراء على المرضى الخصوصين وبعض

المستشفيات هي تدفع عمولة على بعض التحقيقات المطلوبة من قبل الاستشاريين المعني في وحدته الطبية.

- الموظفين الفخريين وهذا كان دارجاً في بعض المستشفيات الحكومية في الولايات ولكنه لم يتواصل تقدمه وكذلك فإنه في بعض المستشفيات في القطاع التطوعي ومثل هؤلاء الاستشاريين لهم نفس الامتيازات مثل الاستشاريين براتب ولكن لا يتلقون من عائدات شهرية وربما يتلقون عائدات بنسبة من الداخل الناتج عن عملهم ولكن أكثر من ذلك يجمعون رسومهم من المرضى من ممارساتهم الخاصة.
- رسوم خدمة يحصل الاستشاري في هيئة المستشاريين في المستشفى فقط على الطلب عند الحاجة وهذا موجود بكثير من المستشفيات الرسمية وإن النسبة الكاملة جزءً منها يؤخذ من المريض للاستشاريوا في بعض الحالات يمكن أن يقوم الاستشاري الرسوم مباشرة من المريض.

ولكن هناك القليل من الترتيبات الموجودة للاستشاريين والاتفاق الحقيقي فإن الكمية من التعويضات التي يمكن أن تكون محدودة فقط يتصور الطبيب والاستشاريين الإداريين والماليين.

القوانين الداخلية والقوانين والأنظمة المطبقة على الكادر الطبي:

إن من أهم وظائف تنظيم الكادر الطبي هو تطور وتبني قوانين داخلية وقوانين وأنظمة لإنشاء إطار للسيادة الذاتية لنشاطات الكادر الطبي ومسؤولياته نحو الإدارة الداخلية وتشتمل العناصر الأساسية لهذه القوانين الداخلية الآتي:

تعيين الكادر الطبي:

يجب أن يكون هناك إجراءات لتحديد المراجعة السنوية لوظائف الكادر الطبي وإن طريقة ملء الشواغر يجب أن تكون محددة مترقبة داخلية من خلال القنوات الملائمة ومراجعة الإعلان من الطلبات في الملف والدعوة الخاصة والكادر الزائر والكادر الذي يحل مقام غيره على أن يتم التوضيح من عملية التعيين طريقة توثيق المؤهلات والمنافسة السريرية ومقابلة الاختيار ودور لجنة الاعتماد ومدة التعيين والملائمة الطبية وإعادة التعيين تستند إلى الإنجاز الماضي وإلى احتياجات المستشفى.

الامتيازات الطبية:

لضمان مستوى عال من الرعاية يجب أن تكون هناك آليه بأن يقوم كل طبيب سريري بالعمل فقط ضمن حدود المنافسة حسب مؤهلاته والتدريب حسب التوثيق من الاستشاري رئيس القسم لذا يجب أن تكون هناك آلية من المستشفى للفحص الدوري للاعتمادات لكل عضو في الكادر من أكبر موظف وحتى أصغر موظف مستجد في كل تخصص وهذه الامتيازات تضع القيود أو الحدود للممارسة وتؤكد ما هو مفوض به كل طبيب للعمل بصورة مستقلة تحت الإشراف وتعطى الامتيازات الطبية والاستشارات للمرضى الزائرين حسب العمل بين الأقسام وإدخال المرضى الخارجين وقائمة بالإجراءات العامة وذات المستوى العالي للتشخيص لإجراءات التشخيص والعلاج وقائمة بالعمليات الجراحية والإجراءات الأخرى ووصفات لمضادات حيوية منتقاه والعقاقير المراقبة.

مراجعة الأداء:

إن القوانين الداخلية للمستشفى يجب أن تحدد تكرار وطريقة البناء على أداء الكادر ويكون الثناء بشكل عام من قبل رئيس الوحدة وخاضع لمراجعة رئيس القسم ومثل هذا التقييم يجب أن يفصل الأداء والتكريم وسلوكيات الطبيب ومنافسته...

الخ وإنه ليمكن أن تكون إدارة مراقبة الجودة قـادرة عـلى الأداء لرؤسـاء الوحدات الطبية وحمل العمل ومؤشرات الاستخدام والنتائج المستقبلية وطـول مـدة الإقامـة ومؤشرات إدارة المخاطرة وممارسات الوصفة الطبية، وتوليد العائدات .... الخ.

قوانين الخدمة:

على المستشفى أن تجعل مستخدمها فاهمـاً للأوامر أو قوانين الخدمـة، ويحتاج ذلك لمراجعتها وبالتحديد الأكثر تطبيقاً مـع الكـادر الطبي ويجب أن يـتم تفعيل القوانين والظروف العامة للاستخدام وسن التقاعد وساعات العمل والحضور العاجـل للطوارئ وطريقة السلوك والواجبات العامة والمسؤوليات والأعـمال التي تعتبر مـن سـوء السـلوك، والإجـراءات التنافسية وعملية المناشـدة والمتطلبـات للمشـاركة في الاجتماعات للأقسام والمنتديات الرسمية الأخرى. والتفويض بالإجازات وإجراءاتها ومميزات الخدمـة وطبيعة الموافقة قبـل التعهد بالالتزامات الخارجيـة والأنظمـة السابقة قبل طرح ذلك أمام الإعلام العام.

الإجراءات والسياسات الطبية الإدارية:

يجب أن توافق اللجنة الطبية وإدارة المستشفى على سياسات وإجراءات إدارية طبية بارزة تحتاج إلى إذعان الكـادر الطبي لهـا، وهنـاك إصدارات بهذا الخصـوص تتعلق بالآتي:

- نظام حجز المرضى الزائـرين وتعيـين المواعيد لاستقبال وإرسـال المرضى مـن وإلى مستشفيات أخرى كمرجع وإجراءات المرضى الخارجيين.

- سياسات الرعاية اليومية للوحدة والإجراءات الخاصة بالرعاية.

- المعالجة للحالات الطارئة بغض النظر عن القدرة المالية للمريض على الدفع.

- الرسميات القانونية الطبية.

- سياسات الإدخال في العناية المركزة ووحدة الرعاية القلبية (العناية بالقلب).

- سياسات إنعاش القلب والرئتين فموت الدماغ أو عدم مواصلة الإسناد والتهوية.

- السياسات المتعلقة بالرضوض المتعددة الأعضاء.

- العمل بين الأقسام للاستشارة أو تولي ذلك.

- سياسات عمل الفاتورة للمريض.

- رضى المريض وحقوقه.

- توثيق السجلات الطبية أو التقارير الطبية ومخلصات التخريج وسياسة الاحتفاظ.

- استخدام الغرف الفردية مجاناً بدون مقابل للمرضى المعزولين.

وعلى خلفيات طبية أخرى:

- تقديم تقارير عن الأحداث الحرجة ومسائل إدارة المخاطرة.

- تقديم تقارير عن الأمراض التي يلزم الإبلاغ عنها.

- سياسات الوصفة الطبية للعقاقير بالالتزام، كتب الوصفات الطبية العقاقير واستخدام العقاقير المراقبة والمخدرات.

- المعدات ومحاولات العقاقير القائمة في المستشفى.

- المبادئ الأخلاقية الطبية والبيولوجية الطبية التي تحكم البحث السريري والإجهاض بالحث عليه والتخصيب في الأنبوب وتحديد الجنس، ونقل وزراعة الأعضاء من شخص حي متبرعون من الحثث ... الخ.

البروتوكولات السريرية الطبية:

كما هو مبين سابقاً فإن مراكز الرعاية في المستشفيات عن مـدخل الفريـق، فـإن مواصلة العناية يجب التأكيد عليه بغض النظر عن الطبيب الذي يقوم حالياً بـإدارة شؤون المريض.

- ومن أجل التأكيد على مثل هذا المرض الموحدة وإدارة العناية بـالمريض فعلـى كـل إدارة أن تقوم بكتابة بروتوكولات لما يلي:

- العمل الروتيني للمريض.

- التشخيص العام والإجراءات العملية التي يتم القيام بها.

- إدارة الاعتداء الجسدي حيث يكون أنظمة المعالجـة بمقاييس عادلـة: مثل الربـو والسل والملاريا وتصنيفاتها والتهاب الكبد   HIV   ومـرض الإيـدز نقص المناعـة المكتسبة، والصرع غـير المعقـد، والذبحـة القلبيـة والجذام وقرحـة الاثنـي عشر ـ وعضة الأفعى ... الخ.

إن الأساليب في إدارة العناية قـد قطعـت خطـوة إلى الأمـام مـن خـلال الاتفـاق الجماعـي في الـرأي فـإن الطريقـة السـريرية الأكـثر إقناعاً وكفـاءةً لإدارة الظـروف السريرية العامة قد تمـت الموافقـة عليها وتم تطوير لوحات والتـدفق مـع معالـم وأحداث محددة ثم تطويرها فيما بعد للتأكد من المطابقة ومراقبة التقدم واكتشاف الاختلاف والتشعب وبهذه الطريقة يمكن إنجاز أهداف المعالجة يمكـن دون تـأخير طول الإقامة وزيادة التكاليف.

خدمات التمريض (١٧)

تعتبر خدمات التمريض شديدة الأهمية لمصلحة المريض وكذلك في تنظيم المستشفى بينما يخطط الأطباء للمعالجة ويقومون بالتشخيص فالممرضون هم الذين يقضون وقت أكبر للعناية بالمرضى وتلبية حاجاتهم خلال إقامتهم في المستشفى وإن نجاح العناية بالمريض فيه سمعة طبية للمستشفى ويستند ذلك إلى مجال واسع من الكفاءة والرعاية الرعاية العاطفية اللطيفة التي يقوم بها الكادر التمريضي والتأكيد على مستوى عالٍ من التمريض وتحدياً كبيراً لمدير المستشفى.

ويشكل الممرضون القسم الأكبر من إجمالي عدد المستخدمين في أي مستشفى وقسم التمريض هو أكبر قسم فردي في المستشفى وأيضاً بسبب علاقات العمل عن كثب مع كادر الإسناد للتعبير، فإن خدمات التمريض تدير أيضاً كيفية المنابر والفريق التابع الطبي والبواب أو حامل الأوراق وفي بعض الأحيان حتى عمال النظافة والعاملين الآخرين في مجال التدبير المنزلي وإن كبير الحجم والسمعة للخدمات التي يقدمها قسم التمريض يبين ضرورة الإذعان الشديد للمبادئ التقليدية لبنية المستشفى ووظيفتها ولحسن الحظ هذه ليست مشكلة في معظم المستشفيات.

أهداف خدمات التمريض

- تنظيم الممرضات بطريقة يتم معها تقديم توعية جيدة في الرعاية التمريضية المتوافقة مع فلسفة وأهداف المستشفى.
- إسناد ومساعدة الأطباء في الرعاية الطبية وتنفيذ الإجراءات الموصوفة من قبل الكادر الطبي بالتوافق مع تدريب الممرضين وخبراتهم.

- إنشـاء وتنفيـذ الفلسـفة والسياسـات والمقـاييس والإجـراءات والأنظمـة للقيـام بالوظائف بكفاءة ويسر في مجال خدمات التمريض في المستشفى.

- رسم ووضع المسؤوليات والواجبات لموظفي التمريض من مختلف الفئات.

- تقدير متطلبات الأفراد الممرضين، وتقديم النصح لتعيين الممرض الملائمة والمنافس وإنشاء السياسات والبرامج لتوجيههم ووضعهم في التدريب الوظيفي والإشراف.

- تقدير الحاجـة للتسـهيلات والمعـدات والتوريـدات وبتقيـد نظـام تقسـيم وتحكم ضمن إطار المالية والإدارة للمستشفى.

- تطوير نظام تسجيل الرعاية الطبية وبيانات التمريض الإدارية والاحتفاظ بذلك.

- تنظيم والاطلاع على وظائف العنابر والخدمات الأخرى المتخصصة (مثل قسـم المرضى الخارجيين وغرفة العمليات ووحدة العناية اليومية ... الـخ) والتـي يـتم إدارتها بشكل عام من قبل الممرضين.

- التأكيد على بيئة صحية للعمل وتعـاون عـن كثب وعلاقـات إسنادية وبـين إدارة التمريض والإدارات الأخرى والخدمات في المستشفى.

- إنشاء علاقة وئام جيد بين المرضى والممرضين والذين يسهرون لمرضى والزائرين.

- تكريم أداء الممرضين بصورة دورية والقيـام بتـدقيق منـتظم للتمـريض الـذي هـو ضروري للحفاظ وعلى مقاييس الرعاية التمريضية وتحسينها.

- القيام بالتدقيق على التدريب أثناء العمل وكذلك زيادة وتحديد المعرفة والمهارات للكادر التمريضي.

- تـدريب طلبـة التمـريض وتـوفير التسـهيلات للتـدريب المتقـدم للأفـراد الممرضـين وغيرهم.

إدارة التمريض

مكتب التمريض

ويعمل فيه كبار الممرضين وعـاملون في السـكرتاريا/ الأعـمال الكتابيـة ومكتـب تمريض مركزي مسئول عن إدارة وتنسيق خدمة التمـريض للمستشـفى بالإضـافة إلى تحقيـق الأهـداف العامـة للخدمـة التمريضـية الـواردة أعـلاه، وتشـمل النشـاطات الكتابية والمؤسسة لمكتب التمريض الآتي:

- صـياغة القـوانين والأنظمـة المنطقيـة عـلى الممرضـين بمـا في ذلـك سـاعات العمـل السلوك، والنظام وانتظام التقرير والتكريم.
- تطوير سياسات مراجعة تمريضية دورية والإجراءات المتعلقة برعاية المريض بشكل عام والرعاية التمريضية بشكل خاص.
- تلقي التقارير الدورية من وحدات التمريض.
- حفظ السجلات لنشاطات خدمات التمريض وجميع التقارير والخطط والميزانيـات عندما يلزم ذلك وكما هو مطلوب.
- اختيار وتخصيص وإعادة تخصـيص الممرضـين للعنـابر المختلفـة ومنـاطق الخدمـة المتخصصة الأخرى استناداً إلى الشواغر والحاجة والقدرات والاهتمامات للعـاملين المعنيين.
- مراقبة جدول الوظائف للنوبة/ الدوام وحضور وغياب الكادر التمريضي.
- الاحتفاظ بالسجلات الفردية للمرضى.

- التعامل مع المشاكل الوظيفية والفردية للمريضين الأفراد والسهر على راحتهم وصالحهم.
- التحقيق في الحوادث، والشكاوي، والمدعي لسوء السلوك المتعلق بالكادر التمريضي.
- إخلاء الطلبات والأقسام.
- نقل المعلومات والتعليمات والتنسيق مع الأقسام الأخرى ومع إدارة المستشفى.

المسئول التمريضي:

ويمت أيضاً مدير التمريض أو ضابط التمريض الرئيسيـ أو رئيسة مجموعة الممرضات أو يقوم بشكل عام بتقديم التقارير إلى الضابط التنفيذي الذي هو رئيس التمريض.

- أن يكون ممرضاً جيد التأهيل مع شهادة دراسات عليا في إدارة خدمات التمريض أو أحد شخصيات التمريض.

- أن تكون لديه خبرة سابقة من ٦- ١٥ سنة في وظيفة تمريض رئيسية في المستشفيات المتوسطة أو الكبرى.

- يتمتع بشخصية مرموقة وصفات قيادية كبيرة.

- يكون قادراً على الاتصال بفاعلية.

- لديه القيادة لتوليد الأفكار والخطط ومتابعتها للتطبيق الكامل لها.

- العمل بتناغم كامل مع المسئول الطبي وعميد كلية التمريض وكبار الموظفين الآخرين في المستشفى ويشمل دورها ومسؤولياتها الآتي:

- تنظيم وإدارة خدمات التمريض.

- التخطيط لتقديم الرعاية التمريضية طبقاً لفلسفة المستشفى ومتطلبات الكادر الطبي وتنفيذ الخطط المعتمد.

- تطوير ومراقبة القوانين والإجراءات والسياسات ذات العلاقة بخدمات التمريض.

- تنسيق النشاطات لمختلف وحدات التمريض.

- تفويض بعض المهام والصلاحيات لمساعد مسؤولة التمريض وضباط تمريض محددين.

- المساعدة في اختيار الأفراد الممرضين الأكفاء والمنافسين والملائمين.

- تزويد الخدمات بصورة ملائمة استناداً إلى حمل العمل وإجراء تعديلات دورية في انتشار العاملين.

- مراقبة الكادر التمريضي بشكل عام وكبار موظفي التمريض بشكل خاص.

- التقييم المستمر وكفاءة الرعاية التمريضية المقدمة للمريض.

- اعتماد جدول الوظائف للنوبة/ أو الدوام والإجازات وخاصة لكبار موظفي التمريض.

- إقامة علاقات متناغمة وفاعلة مع الأقسام الأخرى في المستشفى ومع كلية التمريض.

- مراجعة وصيانة المرافق واستخدام الإمدادات.

- جميع التقارير والخطط والميزانيات لخدمات التمريض.

نائب المسئول التمريضي/ المساعد:

يعمل في وظيفية نائب/ أو مساعد لضابط التمريض الرئيسي- ويتم تفويض الصلاحيات له عادة لبعض النشاطات تحت التي ربما تكون شاملة إلى المسئول التمريضي وفي المستشفيات الكبيرة وهناك نائبان يكون كل منهم مسئولا عن مجموعة

من وحدات التمريض التي يعملون بها في مجال الخط الذي يعملـون بـه وبالإضـافة إلى ذلك فكل منهما يمكن أن يعين مسئولا عن بعض نشاطات مكتب التمريض.

ضباط الدوام التمريضي:

ويسمون أيضـاً بالمشرفين الليليـين وكبـار الممرضـين التنفيـذيين هـؤلاء بواسـطة التناوب في الدوام يوفرون تغطية فورية لمسئولة التمريض، وضباط وحـدة التمـريض خارج ساعات العمل الطبيعية وضابط الدوام التمريضي مسؤولة عن الآتي:

- تعمل من ٨- ١٢ ساعة يومياً في نوبة واجب - في الليل وفي نهاية الأسبوع.
- وعنـد بدايـة نوبتهـا فإنهـا تسـتلم مـن المسـئول التمريضي ـ مـن ضـابطات وحـدة التمريض أي مسألة محددة يلزم متابعتها.
- تخدم تقارير إنهاء النوبة من كل عنبر.
- وتقوم بتنفيذ الجـولات لـلإشراف عـلى وظـائف جميـع العنـابر مـع تركيزهـا عـلى الرعاية المقدمة للمرضى ذوي الوضع الخطر والإدخالات الجديدة.
- تبقى على علم بجميع الأحداث الحرجة الظاهرة في المستشفى خلال نوبتها.
- بأن تكون معلناً لأي مشـكلة تواجههـا الممرضـون فـيما يتعلـق بالخـدمات الطبيـة وخـدمات الإسـناد والخـدمات المسـاعدة وتقـوم باتخـاذ الإجـراءات لحـل هـذه المشاكل.
- تقوم بإبلاغ مسؤولة التمريض أو المدير التنفيذي التمريضي أو المسئول الطبي عـن أية مشكلة رئيسية تستدعي انتباههم الفوري.
- وتذعن لتقارير النوبات والاستلام من ضابطة التمريض للدوام عند إكمال نوبتها.

ضابط التمريض للوحدة:

يتم تقسيم العنابر ومناطق الخدمات المتخصصة في المستشفى إلى وحدات تمريضي للإدارة وللإشراف بفاعلية أكثر في الشؤون اليومية استناداً إلى التخصصات الرئيسية السريرية وربما يكون هناك ضابطان تمريضي ـ للوحدة يسمون أيضاً مساعدات التمريض أو ممرضات الأقسام لأقسام الطب والجراحة والأمومة والأطفال والنفسية ... الخ) ويتم أيضاً تعيين ضابطات تمريض للوحدات للمناطق التمريض المتخصصة مثل غرف العمليات والرعاية الضرورية والحوادث والطوارئ والمرضى الزائرين والتحكم بالعدوى والتعليم أثناء الخدمة ... الخ ويجب أن يكون الذي ممرضة الوحدة تدريب متقدم وشهادة عليا في المجالات ذات العلاقة ومسؤولياتها كالآتي:

- بالتوافق مع فلسفة المستشفى وأهداف التمريض وبالتشاور مع المسئولة التمريضية تقوم بالتخطيط والتنظيم وتقديم خدمات التمريض للعنابر المعنية/ مناطق الخدمات المتخصصة.

- تتفاعل مع كبار الأطباء المعنيين لتطوير التقديم الفاعل لرعاية المرضى في المناطق المحددة.

- تقوم بتخصيص وإعادة تخصيص كادر الإسناد والتمريض إلى العنابر والخدمات ضمن وحدة التمريض واعتماد جدول لوظائف الدوام الشهري، وجدول الموظفين والإجازة السنوية وطلبات المغادرة.

- تقوم أداء العاملين تحت إمرتها بصورة دورية والتوصية بهم للتدريب والترفيه والإجراءات النظامية ... الخ.

- تقوم باعتماد نموذج من تحسين في العنبر ولأدوات المريض، وموارد التمريض والمواد الجراحية المستهلكة البطانين الكتانية، المستشفى والقرطاسية ... الخ.

- تتأكد مـن أن الممرضـين العامليـن تحـت إمرتها والمسـاندون يـذعنون للسياسـات والإجراءات الإدارية والسريرية.

- تقوم بالجولات اليومية للتفتيش على عمل وحداتها والإشراف على العامليـن وأخـذ ملاحظات أو حل الشؤون اليومية.

- تقـوم بالتنسـيق مـع التمـريض ومـع إدارة المستشـفيات للسـير الكفـوء والميسرـ لوحدتها وتحافظ على إبلاغها بالمسائل ذات العلاقة.

- تشارك في الإدارة والتعليم والبحث ونشاطات مراقبة الجودة لقسم التمريض.

الكادر التمريضي والكادر المساند على مستوى العنابر:

ممرضة العنبر:

تعتبر حلقة وصل هامـة في التسلسـل الإداري وتسـمى الممرضـة الرئيسـية وممرضـة العنبر، وهي مسؤولة عن العمل الوظيفي الفاعل للعنبر وبشكل عام هي ممرضة خريجة مـع ٥- ٧ سنوات خبرة إن وظيفة مسؤولة ممرضة عن مجموعتها ولـديها شـهادة أعـلى مـن الشـهادة السياسـية في التخصـص ذات العلاقـة ودورة في إدارة التمـريض تكون مفضلة وتقوم بإبلاغ ضابط وحـدة التمـريض وتشـمل واجباتهـا الآتي:

- التأكيد على الإذعان بالسياسات الإدارية والتمريضية والطبية والإجراءات المتعلقة بإدارة العنبر (مثل إدخال وإخراج تبيـان الصيـغ والقوانين المطبقـة عـلى المرضى المقيمـين وتنظيـم المـريض والـزوار وبروتوكـولات التمـريض والـتحكم بالعـدوى وسياسة العزل، وتوثيق الدفع قبل تخـريج المـريض وسياسـته والبطـائن الكتانيـة والمصبغة وتصريف النفايات والصيانة وغيرها.

- علاقات جيدة بالمرضى وعلاقات عامة جيدة.

- حماية نظافة العنبر.

- الاحتفاظ الملائم بمواد العنبر (والبنية التحتية والأثاث الأشياء المكتبية والمعدات وكتيبات السياسة والسجلات والملفات ولوحات الإشعارات.
- العهدة والتحكم بالاستخدام وحفظ السجلات والتعقد الدوري للجرد (والمعدات والمخدرات والعقاقير الخطرة والمواد الجراحية المستهلكة والبطائن الكتانية والإمدادات العامة وسجلات المرض).
- الإشراف على خطة الرعاية التمريضية للمرضى المقيمين.
- مرافقة كبار الأطباء في جولات العنابر والمتابعة لتعليمات رعاية المرضى المتعلقة بالتمريض، وخدمات المساندة والخدمات المساندة.
- إقرار حمية المريض:
- وأداء النشاطات كممرضة مسؤولة عن مجموعتها عندما يلزم ذلك.
- توجيه العاملين الجدد.
- تخصيص ممرضات مسئولات عن مجوعاتها لمجموعات حجرات المرضى المقيمين.
- الإشراف على ممرضات مسئولات عن مجموعاتهن وكتبة العنابر والتابعين الطبي وعمال التنظيف المخصصين للعنبر.
- إعداد جدول الواجبات الشهرية للعاملين في العنبر والتوجيه بطلبات الإجازة وتسجيل الحضور والإبلاغ بتقرير عن الغياب عن العمل.
- التنسيق وتسهيل العمل مع العاملين الآخرين (مثل الأطباء العاملين في السجل الطبي وفنيي المختبر/ والأشعة وموظفوا الحمية والعمال الاجتماعيين والعلاج الطبيعي .. الخ.

- التعاون مع مدرسي خصوصي التمريض الخصوصي في تخصيص النشاطات للطلاب وترتيب إبراز الإجراءات والإشراف على الطلاب والممرضين المقيمين الـذين أنهـوا التدريب حديثاً.

- الإبلاغ عن الحوادث الحرجة وشكاوي العاملين والمرضى والتحقيق فيها.

- مرافقة الممرض التنفيذي والمسئولون التنفيذيون للمستشفى في زيارتهم للعنابر.

- المشاركة في النشاطات الوظيفية ونشاطات المستشفى.

الممرضات المسئولات عن المجموعات والقابلات:

في تنظيم المستشفيات تقوم الممرضة المسئولة عن مجموعاتها بوظائف مختلفة:

– تجانب الرعاية التمريضية وحسب أوامر الطبيب وخطة الرعاية التمريضية.

– الاتصال والتفاعل بفاعلية مع المرض وبما تلائم والزوار للرقي براحـة المـريض والشفاء العاجل له ولحل أية مشاكل للمرضى في المستشفى.

– مساعدة الأطباء خلال فحص المرضى. والجراحة والتخدير والإجراءات.

– السهر على روتين العنابر والاحتفاظ للسـجلات المـرضى والعنابر وتخـزين وسـد النقص في العقاقير والإمدادات الأخرى والمساعدة في النشاطات الإدارية الأخـرى للعنبر.

– القيام بمسح المـرضى القـادرين عـلى المشي ـ وعيـادات الرعايـة بصحته الأطفـال وتحصين المناعة ولوحات مراقبة النمو وعيادات الأجنة ما بعد الولادة.

– تطوير الصحة ومنع الأمراض، والتثقيف الصـحي والمسح لـداء البـول السـكري والتعليم ومتابعة المرضى والأمراض المعديـة ومراقبـة صحة العـاملين والـتحكم بالعدوى غير المتماثلة.

- إجراءات الأداء – الإسعافات ولية، وتضميد الجروح وإزالة خيوط الجراحة والقسطرة وقص الوريد والغسيل من المواد الغروية والولادة العسكرية والطبيعية إنعاش القلب والرئتين وإجراء العلاج الكيماوي.

- والتعليم أثناء الخدمة – وتوجيه العاملين الجدد والمساعدة في تدريب طالبات التمريض.

- صحة المجتمع.

كاتب العنابر:

تعمل على الأقل بنوبة عمل روتينية واحدة ومفيدة وبشكل كبير لها أن يكون هناك كاتب سجلات طبية مدرب في العنابر لإنقاذ الممرضات من العمل الكتابي والإداري الروتيني مثل:

- استقبال المكالمات الهاتفية وتحرير الرسائل.

- تحديث أشغال السرير وتفعيل تعاملات إخراج وإدخال المرضى، وتحديث بيانات المرض على الحاسوب ومتابعتها لنتائج الفحوصات، وأرشفة المعلومات المحوسبة.

- المرور بالنتائج في حياة المرضى، تجميع النماذج مع سجلات المريض وتفقد التقصير والتزوير والتنسيق مع قسم السجلات الطبية.

- طباعة تخريجات المرضى.

- صيانة سجلات العنبر والحفاظ عليها ونموذج الجمعية من نسختين والإمدادات العامة والعقاقير والمواد الجراحية المستهلكة ومعدات العنابر العاملين في مجال الإسناد والعاملين في الخدمات المساندة والإشراف على نظافة العنابر.

المرضين المساعدين التابعين والمساندين:

إن الممرضين التابعين يقدمون مساعدة مهمة جداً للممرضات فيما يتعلق بالمهمات الدنيوية الروتينية مثل:

- تنظيف وتربيط أسرة المرضى وتغيير البطائن الكتانية والأسرة.
- رفع وقلب ونقل وحمل المرضى.
- مساعدة المرضى في الاستحمام والحلاقة.
- نقل عينات المختبر وجمع صور الأشعة.
- العمل كمراسل في داخل القسم.
- جمع عينات العنبر.

الواجبات غير التمريضية:

كما ورد سابقاً فإن الممرضات كثيرات شكوى ولكنهن لا يشكون كثيراً في الحقيقة إنه لمساعدة المريض يرغب أكثرهن بتحمل واجبات متعددة بما في ذلك المشاطرة كسكرتيرة للطبيب وكاتبة عنبر والممرض الطبي التابع وحافظة سجلات والتدبير المنزلي أو مشرف مصبغة وكاتبة مشتريات في المستودع الطبي وصيدلانية ... الخ. وبذلك تقوم الممرضات بعمل كل هذه المهام بكفاءة عالية وبذلك بحث الأطباء ومدراء المستشفى لمكافئة موثوقيتهما بواجبات أخرى كثيرة ويجب أن لا ننسى- بأن الوظائف الكتابية وغير الفنية فصل الممرضات عن الدور الرئيسي- لهن تاركة لهن وقتاً قليلاً للرعاية التمريضية وبذلك فإن من المهم بأن تكون إدارة التمريض ومقاومة للمحاولات بتحميل الممرضات أعباء عمل غير تمريضية مع التأكيد على مخاطر القيام بتسوية وسط لرعاية المريض.

تحديد شكوى الممرضات في المستشفى:

تشكو من نقص العاملين في بعض الخدمات لمجالات مختلفة سواءً كانت هذه الشكاوي مبررة أو غير مبررة آخذين في الاعتبار الطبيعة الشخصية للرعاية التمريضية وأهميتها للمريض والتفاهه وأكثر هذه من الأهمية هو إعطاء مكان أو عذر وكم من الممرضات على المستشفى أن يستخدم.

ليس هناك صيغة جاهزة لتحديد شكاوي التمريض المتعلقة بحجم المستشفى ويعتمد عدد الممرضات على بعض العوامل:

- طبيعة المستشفى.

- حالة المريض مختلطة / مرتفعة / متوسطة، وكثافة الممرضات المطلوبات، وعدد وتعقيد الإجراءات السريرية.

- عائدات المرضى، استقبال العنبر، الكادر المتغير والدائم.

- تصميم المستشفى مخططه، الرؤية، عدد الغرفة المنفردة.

- العمل الآلي في أدوات المريض.

- توفر الأفراد المساندين للتمريض.

- سياسات شؤون الأفراد، من ساعات العمل وأيام الإجازات العامة والإجازات المرضية والطارئة والأمومة ولا سنوية ومعدل الغياب، والتعويض عن العمل الإضافي والمسائي ووعد التجهيزات للدوام الجزئي، والوقت المنطقي لتطوير العاملين.

- نظام تحقيق الاتصال طريقة حالة التمريض الوظيفي ؟؟؟؟ والفريق والتمريض الأساسية.

- ساعات الرعاية التمريضية لكل يوم مرض، وساعات التمريض غير الإنتاجية.

- جدول النوبات المتواصلة أو المنفصلة للعمل ومدة النوبة، والجدولة للدورة أو للمجموعة ودورة تدوير النوبة أقصى عدد متواصل من الأيام، الليالي في الواجب التي يرغبون في تجنبها لتلافي التعب، وأيام الاستراحة التي تتبع النوبة الليلية... الخ.

* معايير تخصيص الكادر المطلوب:

- العناية الحرجة (وهذا العناية المركز، ووحدة العناية بالقلب ومسرح العمليات.

- ممرضة لكل سرير.

- مستوى الاعتماد العالي – ممرضة لكل سريرين.

- مستوى الاعتماد المنخفض ممرضة لكل ٣- ٥ أسرة على مدة الرعاية.

- مسرح العمليات – ممرضة لتوظيف غرفة العمليات عدد أو ممرضة متنقلة واحدة وممرضة تخدير واحدة لكل طاولة.

- جناح الولادة – ممرضة واحدة لكل غرفة ولادة.

المراجعة الموضوعية من قبل إدارة التمريض للعوامل أعلاه:

بالمقارنة مع المستشفيات الأخرى/ والعنابر ذات الحجم المشابه والتكنولوجيا ودراسات حرية الوقت الممكنة في الوصول إلى العدد الملائم بدوام كامل (FTE) من ممرضات المسئولات عن الدوام يلزم لكل نوبة في كل عنبر من مجالات النشاط وفور الموافقة على هذا النموذج لتخصيص الكادر المتفق عليه فمن الممكن حساب عدد ممرضات العنبر المسموح للاستراحة الليلية. ونهايات الأسبوع والعطل والغياب وتطوير العاملين ... الخ.

ولذلك يصل إلى اكتمال عدد إجمالي الممرضات المطلوبات للمستشفى ككل، وهناك طريقة واحدة وجد بأنها تعمل بفاعلية، كما هو موضح أدناه.

(مثال لتقدير اللازمات لعنبر مـن ٣٠ سرير إذا كانت هنـاك رغبـة بـأن تعمـل الممرضة ٦ أيام بجدول تدوير، تعمل ٦ أيام نوبة صباحية لمـدة أسبوعين و ٦ أيام نوبة مسائية لمدة أسبوعين و ٧ أيام نوبة ليلية متواصلة، و ٧ أيام استراحة نهاراً نـوم ليلاً و ٤ نهايات أسبوع (استراحة) فإن إجمالي ساعات التمريض التي تعملها الممرضة في العنبر هي:

٧ ساعات نوبة صباحية ٧،٣٠ بعد الظهر، ٦ أيام في الأسبوع / ٥

٧ ساعات نوبة صباحية (٧،٣٠ – ٢،٣٠ مساءً) لا يوم واحد نهاية الأسبوع لا ٣

٧ ساعات نوبة مسائية (٢٠٠ بعد الظهر – ٩،١٠ مساءً) × ٧ أيام × ٣ FTE

١٠ ساعات نوبة ليلية (٨،٣٠ مساءً – ٨ صباحاً) استراحة أقل من ١،٥ ساعة

٧ ليالي FTE × (العدد الملائم بدوام كامل)

- ٥٨٨ شخص عمل في الأسبوع أو ٣٥٢٨ ساعة لكل دورة من ٦ أسابيع حيث أن كـل نوبة مجموعة يبدأ في يوم ثابت من الأسبوع لنقل الاثنين مثلاً.

فإن ساعات العمل للممرضة بالمقارنة مع العاملين الآخرين في المكتب تساوي ٨ ساعات في اليوم × ٦ أيام في الأسبوع × ٦ أسابيع للدورة – ٢٨٨ ساعة ومن هنا فـإن عدد الممرضات اللازمات لتغطية جميع النوبات المعطاه نمـوذج FTE أعـلاه – ٣٥٢٨ على ٢٨٨ – ١٣ ممرضى وأضف إلى ذلك المخصص للعطل الرسمية والمرض والاستبدال عن المجازين – ٣ فيصبح عـدد الممرضات المطلوبـات بكل عنبر – ١٦ ممرضة.

القـوانين الداخليـة للتمـريض والقـوانين والسياسـات والإجراءات إن القـوانين الفرعية تنظم بصفة ذاتية خدمة الممرضات ضمن إطار أكبر من التنظيم للمستشفى وهذه القوانين الداخلية توضح الآتي:

- أهداف خدمات التمريض: بما لا يتعارض مع أهداف المستشفى.

- لوحة تنظيم الهرمية والعلاقة بين الفئات المختلفة من الممرضات.

- إن المعيار للحصول وظيفة ممرضة في المستشفى باستخدام كامل أو جزء أو زائر الممرضات الخاصة والقوانين الأساسية والالتزامات التي تحكم كل فئة.

- المسؤوليات والصلاحيات للممرضات التنفيذيات الرئيسيات.

- اللجان القانونية المتعددة والاجتماعات المنعقدة من قبل مؤسسة التمريض.

- اتخاذ أعمال التقسيم.

- مراقبة الجودة وعملية تدقيق التمريض.

- القوانين والأنظمة التي تحكم خدمات التمريض بما في ذلك:

- قوانين خدمات العاملين المتعلقة بساعات العمل والعطل والإجازات والأنظمة والإجراءات ترميز السلوك وعملية الضبط.

- جدول الدوام، ونموذج النوبة ووقت الحضور لكل نوبة، والعمل الإضافي والراحة التعويض، والدفع عن العمل الإضافي.

- التفاعلات العامة للمريض، الإدخالات والتخريج وإجراءات النقل والتوصية للمرضى والتعامل/ وولي أمر المريض والمرض والعلاقات العامة والتعامل مع المرضى، السهر على راحة المريض والزوار وعزل المرضى وأخلاقيات المريض والسرية والرضى بما فيه الكفاية وعهدة الممتلكات القيمة للمريض والإبلاغ عن حالات الهروب سراً والاختفاء.

- توثيق التمريض: إن خطة الرعاية التمريضية، وملاحظات التمريض الطبية القانونية.

- وتقارير عن الأحداث والتفاعلات العكسية للعقاقير.

- المعالجة وتوثيق العلاج للمرضى المقيمين وخلط الدواء من القوارير وإدارة الأنسولين وفحص الجلد والقوانين المتعلقة بتخزين وإدارة المواد المخدرة والعقاقير DDA، وإبلاغ أحداث الكتبة/ والفقدان (والمواد المخدرة غير المستعملة وأخطاء في إعطاء العلاجات.

- طلبات الشراء من نسختين، التكديس، والاستخدام ومراقبة المواد الجراحية المسهلة والإمدادات العامة.

- المسؤولية عن المعدات والجرد والأدوات.

- العلاقات البيتية مع الإدارات الأخرى – الأطباء، والمختبر والأشعة والتعقيم المركزي والسجلات الطبية والحمية والمصبغة والتدبير المنزلي، والصيانة والأمن والصندوق.

- وحيث أن الممرضات العاملات في المستشفى قادمات من خلفيات ومدارس تدريب مختلفة فهناك حاجة لكتابة كتيب خطي لتوثيق طريقة أداء إجراءات التمريض السريرية العامة والإجراءات والسياسات العامة المتعلقة بالآتي:

- أساسيات التمريض والحمام السريري – العناية بالفم – حقنة شرجية – وضع الكمادات الباردة.

- استنشاق البخار ورعاية المريض، فاقد الوعي وتعتبر أوضاع المريض وتحريك المريض ورفع المريض وثقله والجسد بعد الموت.

- إجراءات التمريض العامة، العناية بالجروح والسقطرة اليومية، إزالة خيوط الجراحة واستخراج السوائل بسحبها والعلاج بالأوكسجين وغسيل المثانة وغسل المعدة وعمل أنابيب ضمن الأوردة والمعالجة ونقل الدم والتعامل مع

ردود الفعل. وتصريف ذات الجنب والعناية بالرغام والعناية بـالفم والتضـميد وتطبيق الضمادات والجبائر. معالجة بالمحول إلى رذاذ.

- إعداد المرضى للعمليات الجراحية والإجراءات العدوانية الأخرى والرعاية لمـا بعـد العملية وتحضير الجلد.

- الفحوصات وجمع البول بالإضافي إلى الفحوصات وقراءات مقياس الجلوكوز وجمـع البول وقصد الوريد جميـع وتصريـف المـواد وعينـات المـواد المختلفـة وقراءات عينات المختبر الأخرى.

- الاحتفاظ بسجلات التمريض ومراقبة العلامات الحيوية ومراقبة الأعصاب ومقيـاس والغيبوبة بسبب المرض وملاحظات التمريض وسجلات الـداخل والخـارج وخطة رعاية التمريض.

- والتحكم بالعدوى – غسل اليدين وأسلوب عدم اللمس للغيار للمرضى – والتطهير والتعميم والاحترازات العالمية في التلقيح والتطعيم وتصريف النفايات والتعامـل مع النفايات المعدية والمصبغة.

- سلامة المرض والعاملين والزوار – وسـلامة الكهربـاء في المستشـفى وعـدم التـدخين وخاصة في البيئة غير الآمنة وإدارة الكوارث والإخلاء أثناء الحريق.

- تفعيل إنعاش القلب والرئتين والإسناد الأساسي لحياة القلب.

- المساعدة في إجراءات متعددة مثل سـحب مـخ العظم وثقب العضلات القطنيـة ذات الجنب واستئصال من الكبد والتنظير وغسيل الكبد ونسيج المواد الغروية.

- التثقيف الصحي للمريض وعائلته.

اجتماعات التمريض:

إن من الشائع أن تجتمع مسئولة التمريض ومساعده وضابط الدوام التمريضي- وضابط التمريض اجتماعاً صباحياً كل يوم لمراجعة الإحصائيات للمرضى ونقل المسائل الهامة والمستعجلة.

ويتعين أن تجتمع إدارة التمريض وعميد كلية التمريض وضباط وحدة التمريض والدوام والمدربون السريريون ومسئولات العنابر ٢- ٣ كل شهر للقيام بالآتي:

- مراجعة السياسات والإجراءات المتعلقة بالممارسة الآمنة والكفؤه.
- التأكد من التطابق في الممارسات الإدارية والتمريضية عبر المستشفى.
- تحديد المشاكل المتعلقة بإدارة العنبر.
- مناقشة الأحداث الطارئة المتكررة والمشاكل المتعلقة بالمرضى والعاملين والعامة.
- الحصول على تغذية استرجاعية على العلاقات البينية للتمريض مع الخدمات السريرية والتشخيصية، الخدمات المساندة والمساعدة.
- ربما تتم دعوة المدير التنفيذي والمسئول الطبي، ومدير المستشفى وضابط السجلات الطبية، والصيدلي المسئول ومسئول المستودعات ومسئول التعقيم المركزي ومسئول الحمية ورئيس التدبير المنزلي ربما تتم دعوتهم للمشاركة في الاجتماعات عند الضرورة.

تدقيق التمريض:

تتم مناقشة مفاهيم وأساليب مراقبة الجودة بالتفصيل من فصل مستقل من هذا الكتاب، هنا لتذكر بأن الكفاح من أجل الرعاية التمريضية النوعية، ومـن خـلال نشاطات التدقيق الدوري المستمر هو وظيفة ضرورية لإدارية وهو لذلك هام لإدارة التمريض للقيام بالآتي:

- تنظيم مقاييس واضحة للأداء ومراقبته.

- تنفيذ تدقيق حسابي لمراجعة المدخلات وعوامل عملية الرعاية التمريضية.

- أداء مراجعة تأملية للأحداث الماضية لرعاية المريض من خلال تـدقيق لوحـة تركـز على نتائج رعاية المريض.

- التعاون الوثيق مع قسم مراقبة الجودة في المستشفى ككل وبرامج مراقبة الجـودة التي تهدف إلى مراقبة وتحسين النوعية الشاملة لرعاية المريض.

الجزء الخامس
(٥)

مناطق الخدمات المتخصصة

خدمات الطوارئ (١٨)

ما هي منطقة الخدمة في المستشفى؟ والتي غالباً ما يتم إهمالها ولكنها تحتاج إلى تحسينات معتبرة؟ ومما لا شك فيه إنها منطقة الطوارئ والتي غالباً ما هي غير متماثلة وقد أعطي الاهتمام بالتعبير عن عدم ملائمة منطقة الخدمات عبر البلاد، في القطاعين الحكومي والخاص، وهي غالباً جزء من قسم المرض الزائرين، لذا فالمتطلبات مختلفة.

وتجلب خدمة الطوارئ تداخلاً بين المستشفى والمجتمع، والتي هي عبء ثقيل عاطفياً ويوفر قسم الطوارئ الانطباع الأول عن المريض وأقاربه وأصدقائه الذين يأتون معه، والانطباع الأول يجب أن يكون إيجابياً سريعاً ومنافساً في الرعاية التي يمكن أن تنقذ الأرواح وتقلل من حدة المرض ومدته، وبذلك فإن لا تعطى الانتباه والكافي كمنطقة خدمات.

وفي معظم المستشفيات فإن تنظيم الطوارئ يترك الكثير مما هو مرغوب والاستيعاب ضعيف بشكل عام وليس هناك الكثير من الأثناء للعدوى المتماثلة وتعفن الدم وخبرة المحترفين (الطبي والتمريضي) محدودة جداً، وحتى غالباً ما يكون الأطباء المستجدون هم المسئولون والخدمات المساندة غير ملائمة والمعدات المتوفرة من نوعية ضعيفة وعلاقات الطوارئ مع الأقسام الأخرى والعنابر غير وثيقة بما فيه الكفاية والمعالجة للمريض الذي يعاني من:

١- إصابات الحوادث.

٢- أو الهجوم المباغت للمرض عليهم أو استفحال المرض.

ويلزم هؤلاء المرضى رعاية فورية ومعالجة: على أن تكون المعالجة المقدمة فورية ومنافسة إذا كان الوضع خطراً فيمكن أن تضع الاختلاف بين الحياة والموت فالشخص الذي يعاني من إصابة خفيفة إذا تمت معالجته بسرعة وبصورة ملائمة فإنه يقود للعمل بسرعة أما إذا كانت المعالجة متأخرة أو غير منافسة فإن الشخص يبقى عاطلاً عن العمل لفترة طويلة وربما يحتاج إلى فترة إعادة تأهيل مطول ومكلف لإعادته قادراً على العمل حيث يجب أن تتجنب خدمات الطوارئ أي تأخير في السهر على المرضى الترتيبات الخاصة بذلك.

أهداف ومجال الخدمات:

١- إجراء الاستعدادات اللازمة لأي خدمة إغاثة فورية وإدارة للمريض الذي وصل إلى المستشفى بحالة طبية أو جراحية طارئة (مثل الذبحة الصدرية والصدمة وحالة الربو الراهنة، آلام المعدة الحاجة ولدغة الأفعى ... الخ.

٢- إدارة ضحايا الحوادث والقيام بالإسعافات الأولية ومعالجة الإصابات الخفيفة والرجوع إلى التخصص أو المستشفى الملائم في حالة حتمية الرعاية المتخصصة وعدم القدرة على توفير هذا للمستشفى.

٣- السهر على متابعة التشكيلات والرسميات الطبية القانونية بما في ذلك توثيق الظروف السرـيرية الطبية والأمور الختامية الأخرى وإعلانها والتنسيق مع الشرطة.

٤- السهر على المرضى القادمين خارج وقت خدمة المرضى الزائرين:

١- إجراء المسح لهم للإدخال.

٢- مراقبتهم لفترة قصيرة لتحديد فيما إذا كانوا بحاجة إلى الإدخال.

٣- توفير الرعاية للمرضى الزائرين.

المنطقة الإقليم

تمتد إجراءات خدمات الطوارئ بناءً على خلفية الإقليم أو المنطقة وسوف تختلف متطلبات الخدمات بين مناطق المدن والأرياف (المناطق الحضرية وغير الحضرية) وبين المناطق الصناعية والمناطق الزراعية وفي مراكز المدن والمراكز الصناعية فتحتاج حالات الحوادث إلى انتباه أكثر في كل المجالات الأخرى والمرض المؤثر في الأوعية الدموية والرئتين والجهاز المعد بمعوي ونظام آخر يحتاج إلى الانتباه.

خصائص المستشفى:

الخدمات الجيدة للطوارئ لإسناد جميع الخدمات الأخرى وهذا يمكن في المستشفى الذي يتكون فيها هذه الخدمات متطورة، وفي المستشفيات الصغيرة ومراكز الرعاية الصحية الأخرى يجب تقديم خدمات الطوارئ ولكنها تكون محدودة وستكون الخدمات أكثر في طبيعتها إسعافاً أولياً حيث يلزم إرسال المريض إلى المؤسسات ذات المرافق الأفضل.

المفهوم:

يعتمد تجهيز المرافق أيضاً على إدراك المستشفى لوظيفة قسم الطوارئ ويحتاج مفهومنا لتغيير مميز ويجب أن تأخذ في الاعتبار الطوارئ تواجد من المجالات الأكثر أهمية للرعاية وأولوية التوافق.

تحاليل المرضى:

لغرض تنظيم خدمات طوارئ مرضية يجب تحليل حمل المرضى ففي المستشفى M مع حمل مرض الزائرين بمقدار ٢,٢١,٨٣٣ كان هناك ١٨,٩٤٧ حالة طوارئ ويمثل ذلك حوالي ٩ من جميع المرضى القادمين إلى المستشفى.

ولدى من الضروري تحليل الحمل أكثر، فكم مريض إصابات جراء الحوادث؟ وكم منهم مكسور (إصابات الهيكل العظمي) وكم مريض بعمليات

جراحية عامة وكم منهم بهجوم حاد ناتج عن ربـو في الشـعب القصـبية وكـم مـنهم بمرض معدة حاد؟ والحرارة العالية نتيجة أسباب عـدة المعـدة والأمعـاء ومـا شـابهها وكم منهم كانوا في صدمة؟ وكم منهم كـانوا في صـدمة وكـم مـنهم بمتاعـب في الأذن والأنـف والحنجـرة أو العينـين؟ وفـيما إذا كـانوا بإصـابات مـرض أو بسـبب أجسـام غريبة؟ وكم منهم بحالات تسمم؟ وما التحليل العميق يساعد بتنظيم رعايـة طارئـة أفضل.

العلاقات:

لا يوجد هنـاك أي قسـم طـوارئ يشـكل جزيـرة بنفسـه، ويجـب أن يكـون لـه علاقات وثيقة مع الأقسام والوحدات الأخرى في المستشفى، وغالبـاً مـا تكـون الحالـة عكس غير ذلك، وننظر إلى قسم الطوارئ على أنه مـزعج غـير مـنظم للعمـل الآخـر، بطبيعته الطارئة، فجميع الوحدات والأقسام يجب أن تساعد في هذا العمـل الطـارئ وغالباً ما يكون الأطباء العاملون في قسم الطـوارئ مسـتخدمون ولا يعرفـون بصـورة ملائمة الأجزاء المختلفة من المستشفى أو الكادر العامل فيها.

ويجب أن تبنى خـدمات الطـوارئ في المستشـفى علاقـات جيـدة مـع خـدمات طارئـة في المجـال مـع الاحـترام للمراكـز والمستشـفيات المتخصصـة في الرضـوض والصدمات وجراحة الأعصاب والحروق والأمراض المعدية وما شابهها، وتوثيق الصـلة معهم يجعل من الإرسال للمرضى إلى المراجع الطبية الأخرى أكثر سهولة.

السياسة:

يجب أن تقوم المستشفى بصياغة السياسة المتعلقـة بـالطوارئ ويجـب أن يـتم تعريف جميع العاملين في المستشفى بهذه السياسة، ويمكن مراجعتهـا دوريـاً (لنقـل مرة كل ستة أشهر) وإذا كان هناك حاجة للتغييرات يجب أن تتأثر التعـديلات ويـتم تعريف جميع المستخدمين لها بها.

ويجب أن يأخذ المستشفى في اعتباره استخدام الروب والقناع من قبل كل من يسعر على المريض.

التخطيط:

لا يعطي الانتباه (الكافي للتخطيط لقسم الطوارئ، وهذا واضح عندما ننظر إلى المستشفيات الحالية بينما تتم إعطاء الرعاية المتقنة للمرض المقيمين وغير المرضى الزائرين ويبقى خدمة الطوارئ هي الأمثل وغالباً ما يتم نسيانها، وبعضهم يضع نظام ترتيبات النوبة وبعد ذلك الترتيبات وتسبب الترتيبات غير المنظمة عدم الكفاءة وعدم الرضى، وتقود إلى الاحتضار والوفيات غير الضرورية.

الموقع:

يجب أن يكون موقعها في الأمام، بحيث يكون من السهل تحديدها ووصول المرضى إليها والعربات بسهولة، فتجنيب الازدحام.

ويحتاج هذا إلى خدمات تشخيص وخدمات فحوصات مثل الأشعة والمختبر السريري وخدمات نقل الدم ويجب أن يكون الأقرب من حيث أولوية استخدام هذه المرافق التي يجب إعطاؤها للمرضى من الطوارئ وموقع قسم الطوارئ واستيعابه يكون لقسم الطوارئ مدخلاً للحالات الطارئة ويجب أن يكون عريضاً وأن لا يستخدم من قبل أي شخص باستثناء أولئك الذين تسهر على الحالة الطارئة وسيكون جيداً أن يكون هناك مداخل ويفصله للمرض القادمين بالإسعاف والآخرين وتوفير مكان ملائم للخدمات وتشمل ذلك.

الاستقبال والانتظار:

فهناك حاجة لاستقبال المرضى الذين يمكن أن يأتوا في سيارة الإسعاف والسيارات الأخرى أو سيراً على الأقدام ويجب أن يكون هناك مكان النقالات والعربات وكراسي العجلات ويجب أن يتم تصميمه ليسمح باستقدام هذه البنود

حسب الحاجة، وبسهولة، وبدون ازدحام وتداخل أو يجب أن يكون التفريغ كبيراً ومصمم شخاماً مصمم لحرية الحركة للعربات والنقالات.

ويجب أن تكون منطقة الانتظار ضخمة وواضحة وساتره وهناك حاجة لخدمة المراحيض وسيكون هناك مقعد الموظف استقبال بالإضافة إلى مقاعد للمرض والأشخاص المرافقين وسيكون الأفضل أن يقوم بالتقديم لتسجيل المرض والحالات الطارئة بنفسه.

ويجب أن يكون هناك الحجرات للفحص والمعالجة ويجب أن يؤكد ذلك على الخصوصية والنظافة ويجب أن تتم فصل حقائق الأوساخ، ويجب أن تكون الحجرات كبيرة بما فيه الكفاية لتسيير الحركة وسيكون مثالياً أن تكون هناك غرف منفصلة لعزل المرضى.

ويجب أن توفر غرف المعالجة معالجة الصدمات وعدد الحجرات يعتمد على عدد المستخدمين وفي المستشفى متوسط الحجم ٢- ٣ غرف فحص وعدد متساوي من غرف المعالجة ويجب أن يتم تزويدها بما يكفي من الأرائك والطاولات والكراسي للفحص والمعالجة.

ويجب أن يكون لغرف الفحص المعالجة، وبالوعات ومغاسل لغسل الأيدي، ومناشف أو مناهل (مغطاه) لتصريف المواد المستخدمة.

ويجب أن يكون هناك غرف لضابط الطوارئ الطبي ومحطة التمريض، ويجب أن يتم توفير غرف عمليات اعتماداً على سياسة المستشفى ويمكن أن يكون هناك غرفة عمليات (الحد الأدنى من المتطلبات) ولكن إذا كانت سياسة المستشفى ستبحث مع جميع الحالات الطارئة التي تحتاج إلى عمليات (خارج وقت العمليات المألوف أثناء العمليات المنتظمة في الغرف، وفي الحالات الطارئة يجب أيضاً، أن يتم توفير غرف

عمليات كبيرة ويجب أن يكون فيها غرفة الخدمات المساندة وحجرة انتظار وغرفة غيار ومنطقة تنظيف.

وهناك حاجة لأسرة المراقبة ويعتمد العدد على نوع وعدد المرض، المحتاجين للمراقبة وستكون من السياسة الحكيمة تقييد فترة الإقامة في عنبر المراقبة لمدة ٢٤ ساعة كحد أقصى ويجب إرسال المريض إلى البيت أو إدخاله إلى العنابر لتنظيمه ضمن تلك الفترة ويجب أن لا يستخدم عنبر المراقبة الطارئة كعتبر للتدقيق الزائد، لاستيعاب العدد الزائد من المرضى ويجب توفير خدمات مراحيض ملائمة للعاملين والمرضى وتوفير أماكن للغسل.

وهناك حاجة إلى مستودع:

إن مفهوم تجنب تعفن الدم والتلوث والعدوى المتداخلة يجب أن يكون متوفراً دائماً وهناك إمكانية انتشار العدوى، ويجب اتخاذ كافة الإجراءات في المتطلب الهام بمنع العدوى المتداخلة ويجب غسل الغرف بصورة متكررة وتعقيم الأدوات من الأفضل التزود بها من مورد معقم ونظيف واستخدام البطائن الكتانية معقمه ويجب تنفيذ مراقبة منتظمة للبكتيريا والبيئة والأدوات والعاملين ويجب أن يتم القيام بعمل عينات المختصة بصورة منتظمة واتخاذ الإجراءات بصورة عاجلة كما هو محدد بالنتائج لفحص البكتيريا.

وسيكون من المفضل أن يكون له أبواب منزلقة بقدر الإمكان ويجب أن تكون الأبواب عريضة وتسمح بالمرور السهل للعربات.

على أن يتوفر هاتف عمومي في منطقة قريبة، وتكون البيئة كاملة التي توفر السرور ويدخلها الهواء وتوفيره وضوء وتوبة كافيين.

ويجب تثبيت أنوار طوارئ في جميع المناطق الهامة بحيث يهتم تعديل الفشل الكهربائي وسيكون جيداً لتوصيل جميع التركيبات الكهربائية للمولد الجاهز للاستعمال ويجب أن يتم الاحتفاظ بلوحات إرشادية لطبقة تتمتع بجمال فني في جميع المناطق للمعلومات وتوجيه الناس.

وأن تكون جميع الأسطح داخل وخارج العناية قابلة للغسل، وأن تكون الأرضية من مبلطة من أرضيات أو حجارة الوادي وأن يكون على الجدران بلاط قابل للغسل ويفصل أن يكون لامع، وظل مريح وبارتفاع لا يقل عن خمسة أقدام عن الأرضية.

تخصيص الكادر:

يجب توفير الكادر المؤهل ذو الخبرة ويعتمد الرقم على جمل حمل الحالات الواردة ويجب توفير التدريب لجميع العاملين في التعامل مع مرض الطوارئ.

الطب:

بحيث أن تكون هناك تغطية لضباط الطوارئ (أطباء الطوارئ) ويكونون من الأطباء العامين بخبرة لا تقل عن سنة طبيب كبير أطباء مقيم ويفضل في نفس المستشفى، وربما تكون التعيين لفترة ٣ سنوات في المرة الأولى ثم تستمر، إذا كانت الخدمات مرضية ويجب أن يكون طبيب الطوارئ تحت توجيه كبير الأطباء ويفضل أن يكون الطبيب الذي سيكون تحت الطلب في أي وقت من الليل أو النهار ويكون كبير الأطباء مسئولا عن ترتيب جدول الدوام ومراقبة العمل والقيام بواجبات طبيب الطوارئ والتأكد من التوثيق الصحيح والكامل.

ويجب أن يتم توفير خدمات الأخصائيين حسب المطلوب ويجب أن يتبع المستشفى سياسة يكون منها الأخصائيون أولوية للمكالمات من الطوارئ.

التمريض:

تكون الطوارئ تحت الإشراف الشامل لممرضة العنبر التي تكون من كبار الممرضين وذات خبرة وسوف تقوم بمتابعة الحالة الطارئة بما في ذلك توفير المعدات والأدوات البطائن الكتابية ... الخ ويجب حفظ جميع المعدات في حالة عمل جيدة.

وتؤكد ممرضة العنبر أن الإجراءات القياسية يتم اتباعها من قبل الجميع. ويتم التأكد من النظافة والتركيز على المفاهيم واتخاذ الخطوات التي تؤكد أن هذا التلوث العدوى غير المتماثلة قد تم تجنبه.

وسيكون من واجب ممرضة العنبر التأكد من أجميع أدوية الطوارئ متوفرة وباستمرار.

ويكون هناك ممرضة مسؤولة المجموعة حيث يكون هناك مدرسة للتمريض تكون طالبة تمريض، والحالة الطارئة التي يتم الاحتفاظ بها بصورة جيدة هي التي هي من أفضل أماكن التدريب ويمكن للطالبة اكتساب مستوى عالي من المعرفة المهارات والموقف.

المساعدون:

هناك حاجة إلى أشخاص لنقل المرضى والمساعدة في صيانة المكان والحفاظ على النظافة.

المعدات:

يجب توفير جميع أنواع المعدات الضرورية لإدارة حالات الطوارئ دون تأخير عند ظهورها ويجب أن تكون هناك معدات الإنعاش ومعالجة الصدمة ومواد مثل أجهزة لتسجيل ضغط الدم، استخراج السوائل لسحبها ومنصب للنقاد الدم ... الخ، ويجب العقد البنود القياسية، حقائب متنقلة، ومنظار الحجرة والمواد

المشابهة من أجل التشغيل ملائم لها، ويجب أن تكون هناك صادق عرض صور الأشعة أو ردهه انتظار في غرفة طبيب الطوارئ.

ويجب توفير الأدوات (الملائمة في العدد والنوع) ويفضل أن يتم توفير يعقم من التوريد المركزية لتعقيم ربما يكون التعقيم في حالة الطوارئ ضرورياً، ولكن في الدرجة الثابتة من الأفضلية.

الأثاث:

يجب أن يكون الأثاث ملائماً على أن لا نزدكم المكلف بالفوضى والتراكم ويجب توفير مكان لحرية الحركة للمريض والعاملين وحامل غيار من معدن لا يصدأ والعربات عبارة وكراسي الغيار وأثاث مشابهة يساعد الحفاظ على النظافة.

العلاجات الطبية:

يجب توفير جميع أدوية الحالات الطارئة وإنقاذ الحياة ويجب أن تكون في عربة طوارئ مصممة بعناية ويجب أن تكون إما تمديد أنابيب بتوريدات والأوكسجين أو العدد الكافي من اسطوانات الأوكسجين (الحجم الصغير) على عربات.

وأن يتوفر في غرفة العمليات جميع المعدات والأدوات والأدوية الضرورية للإدارة والتخدير وإجراءات العملية والرعاية لما بعد العملية.

السجلات:

إن التسجيل الملائم ضروري في كل الحالات، وهذا ضروري عندما يطرح السؤال المتعلق بإدارة المريض ومتابعته حيث يكون العلاج معطى مجاناً ويجب أن يتم تسجيله، وستكون هذا مفيداً وخاصة طلب توفير العائدات المتعلقة بالمعالجة المجانية من قبل الحكومة، وتساعد السجلات أيضاً في مراقبة الجودة.

وتشمل السجلات الآتي:

١- سجل المرض.

٢- سجل تسجيل الحالة.

٣- السجل الطبي القانوني.

٤- سجل إبلاغ الشرطة.

٥- سجل شهادة الجرح.

٦- سجل الموتة المحضرين.

٧- سجل الأمراض.

٨- سجل الممتلكات الثمينة للمريض.

٩- سجل طلب الأطباء المناوبين.

١٠- سجل تقارير الأحداث الطارئة.

١١- السجلات العامة الأخرى وطلبات الشراء من نسختين .... الخ.

الناحية القانونية الطبية:

إن حصة من المرض وخاصة المصابين جسدياً بسبب الحوادث ستكون طبية قانونية وعندما يتم الشك فيها فمن الأفضل معاملتها معاملة طبية قانونية ويجب أن تكون جميع السجلات كاملة ومحفوظة في عهدة آمنة، ويجب أن تتم الإدخالات في السجلات الملائمة وإبلاغ الشرطة، ولا تؤخر البدء بالمعالجة فقط لأن الشرطة لم تصل.

إن إحدى المشاكل المربكة هي أن تعطي دليلاً في المحكمة على الحالة القانونية، وإذا كان الشخص المعين مثل الطبيب المقيم وهو مخصص له هذا الواجب فسيكون أسهل وسيقوم بتطوير خبرة كافية بمرور الوقت للتعامل مع الوضع.

التعليم الصحي:

توفر الطوارئ فرصة ذهبية لتوفير التعليم الصحي، وغالباً ما يكون هناك وقت انتظار ووقت متوفر مع الأطباء والممرضين.

ويجب وضع لوحات تشير إلى منع التدخين وهناك العديد من اللوحات للصحة وتثقيف المرضى.

وعندما يكون المريض في إصابة بسبب المشروب من قبل أو إحضار سائق سيارة فهناك فرصة لإظهار الفاعلية نحو الذين أحضروا وهي تأثير المرض الناتج عن المشروب.

وإذا كان المرضى الذين يعانون من المعدة والأمعاء قد تم جلبهم فإن التثقيف الصحي للحاجة إلى شرب الماء المناسب ويمكن توفير تقرير الصحة العامة.

وهناك العديد من الفرص ويجب استخدامها بفاعلية المشاكل العامة للإدارة.

١- نوعية خدمات ضعيفة.

٢- أطباء غير منافسين و/ أو ممرضات غير منافسات.

٣- كادر غير متدرب للتعامل مع الطوارئ.

٤- عدم وجود سياسات وتعليمات مكتوبة.

٥- طول وقت الانتظار.

- عدم قدرة العاملين على التعامل مع الحالات الطارئة المتعددة أو لظهور وقت متزامن.

- تأخير الاتصال عند الأطباء الآخرين.

٦- تصوير عام خاطئ.

- الافتقار إلى المجاملة.

- الراحة والنظافة غير ملائمة.

٧- توثيق غير ملائم وخاصة في الحالات القانونية الطبية.

التقييم:

يجب القيام وتقييم دوري لتأثير الخدمات، ويمكن القيام به بالمراجعة من قبل العاملين أو بالحصول على رأي العامة ويمكن القيام بالمسموحات بالاستبيان بصورة ملائمة وبالاطلاع على الشكاوي وفور التقييم يجب اتخاذ إجراء تصحيحي فوري إلى المدى الممكن، وإن الضعف في توفير الرعاية النوعية السريعة يجب تجنبها وأن يبنى على رعاية قوية مستقبلية.

التعليمات إلى أطباء الطوارئ:

١- يعمل قسم الطوارئ طيلة اليوم والليل في جميع الأيام بما في ذلك أيام الآحاد والعطل الرسمية.

٢- سيعجل طبيب الطوارئ تحت إشراف الطبيب المقيم أو كبير الأطباء الآخر المخولة له تلك المسؤولية ويتم تنظيم ساعات العمل للتغطية التامة وأن لا يغادر أي طبيب مناوب موقعه حتى يأتي الذي يليه أو بطريقه من الطوارئ دون أن يكون قد قام بترتيبات خاصة للاتصال معه في العنبر الذي يزوره ويتعين تغطية

الوظيفة بطيب آخر خلال غيابه الذي لا يمكن تجنبه، ويجب عليه إبلاغ المرضة المناوبة عند مغادرته.

٣- وفي حالة عدم تمكين طبيب الطوارئ من الحضور بسبب المرض أو حادث يجب عليه الاتصال (بأسرع وقت ممكن) بالطبيب المقيم أو كبير الأطباء بالهاتف.

٤- جميع المرضى القادمين إلى الطوارئ يتم فحصهم وأولئك الذين يلزمهم علاج عاجل يعطى لهم الاهتمام بسرعة والإدخال إذا لزم أن المرضى الآخرون سيتم وصف العلاج لهم والنصح بالحضور إلى عيادات المرضى الزائرين في اليوم التالي، ويتم إدخال جميع الفحوصات والعلاجات في الطاقة الملائمة. بينما يتم الإدخال إلى سجل الطوارئ بخط اليد لطبيب الطوارئ ويجب أن تكون الإدخالات ويتم تسجيلها بعناية حيث أن هذه الوثائق يرجع إليها في الحالات القانونية الطبية.

٥- الحالات الطارئة الخطرة سيتم التعامل معها بدون تأخير وبوصة فورية إلزامية، وربما يتم طلب خدمة كبار الأطباء كبير الأطباء المقيمين بحضور الحالات الطارئة والإنعاش والإنقاذ للمرض المنهارين، وجميع المرض سيتم التعامل معهم حسب مواعيد وصولهم ويجب تقديم التفسير للمرضى الآخرين الذين يمكن أن يتأثر وبالتغيير في نظام الفحص.

٦- جميع الحوادث (الطرق الصناعية) والحالات للاعتداءات المشتبه بها وحالات التسمم يجب أن يكون لها تفاصيلها في سجل الحوادث الذي يتم توقيعه، ويتم تسجيل اسم وعنوان الذي أحضر المريض معه مع رقم السيارة المعنية، إذا وجدت وملاحظة ذلك بعناية، ويجب الاهتمام والحذر بتسجيل هذه الأسماء والعناوين وأرقام تسجيل السيارات في حالة وجود الأشخاص يدعون بأنهم كانوا من المارة وقد:

- المريض ويجب أن ينبه المريض إلى الحذر من إعطاء النقود أو الأشياء الثمينة لمثل هؤلاء الأشخاص وسيتم إبلاغ كبير الأطباء أو الطبيب المقيم بجميع الحالات الخطرة الناتجة عن حوادث وخاصة في:

أ- الناحية القانونية الطبية.

ب- الملامح المتعددة.

ج- حالات التسمم إلا إذا كانت الإصابة خفيفة يجب تقديم جميع الحالات القانونية الطبية وخاصة إصابات الرأس وحالات التسمم.

٧- سيتم تقديم الحالات التالية أولاً للإسعاف الأولى والمعالجة الطارئة أو المألوفة إلى المستشفيات الأخرى.

أ- حالات الهجوم.

ب- حالات الحروق الكبرى.

ج- حالات عضة الكلب معالجة والحالات المعدية.

د- إصابات الرأس.

هـ- إصابات الرأس الحادة.

و- حالات الكسر وتمزق الحبل الشوكي مع عجز بالأعصاب - إذا لم تتوفر التسهيلات في المستشفى وفي الحالات الخطرة يجب عدم تأخير العلاج أو رفضه ويتم طلب خدمات قسم الجراحة بصورة عاجلة ولن تتحرك أي حالة من حالات إصابات الرأس وإذا كان قد تم مثل ذلك فإن المريض سيموت فوراً في الطريق - وفي حالات الجروح STAB والإصابات الخطيرة

الأخرى حيث الشعور بأن الرعاية الملائمة يتعذر توفرها في مكان آخر يتم إدخال الحالات وإبلاغ كبير الأطباء أو الطبيب المقيم.

١٧- يتم الاتصال مع الشرطة بالهاتف في حالة أي إعلان للوفاة يمكن اتخاذه. لا تنتظر حتى يأتي الشرطة لبدء المعالجة.

٧ ب- يقوم طبيب الطوارئ بإبلاغ الطبيب المقيم أو كبير الأطباء فيما يتعلق بحالات حوالات عولجت في الطوارئ ولم يتم إدخالها أو رفض إدخالها وينطبق هذا على الحالات المحولة إلى المؤسسات الأخرى.

٧ج- جميع حالات التسمم يتم إدخالها ولا مشكلة في كيف تبدو هذه الحالات:

٨- يجب أن لا يتم الاحتفاظ بمريض طويلاً على نحو غير ملائم في الطوارئ.

٩- يتم فوراً جميع النقود والأشياء الثمينة الأخرى الموجودة لدى المريض الفاقد للوعي وبحضور الذين يسهرون على راحة المريض أو الأشخاص الذين أحضروا المريض ويتم بعد ذلك تسليمها إلى أقرباء المريض وأحد إيصال بها أو كبديل لذلك الاحتفاظ بها من قبل الممرضة التي ستدونها كملاحظات في السجل.

١٠- عندما يتم إحضار أطفال بسبب الحوادث يبدأ العلاج والقائم بمحاولة للاتصال مع والديهم وربما يستفاد من الشرطة والإسعاف لهذا الغرض.

١١- يجب معاملة الشرطة الذين يأتون للتحقيق في الحوادث باحترام ويقوم طبيب الطوارئ بمنح الإذن للشرطة لأخذ الأقوال الخاصة بصحبة الحادث إذا اقتنعوا بأن المصاب في حالة ملائمة للقيام بذلك، وجميع التحقيقات من قبل الأعضاء المعتمدين من الصحفيين يتم الرجوع بها إلى كبائر الأطباء/ أو الطبيب المقيم.

١٢- يتم تسليم ملابس أصحاب الحالات الطارئة الذين تم إدخالهم إلى الممرضة المسئولة عن مجموعتها لحفظها بعناية.

١٣- غسيل المعدة (البطن) في حالة التسمم سيتم حفظها في قارورة يتم وضع ملصق عليها شهرين.

١٤- يقوم الطبيب الطوارئ بإقناع نفسه بأنه إذا كان هناك علاجات ملائمة في حالات الطوارئ وتنبيه الطوارئ عن أي حضور لانتباه الممرضة المسئولة في حسم.

١٥- العقاقير الموصوفة لجميع المرض تكون لمدة يوماً حيث يمكن مراجعة العلاج في قسم عيادات المرض الزائرين.

١٦- في حالة المصائب مثل النيران الكبرى أو الحوادث التي ينتج عنها عدد من المصابين سيتم حسب الأسرة الفارغة وأي فائق يتم توجيهه إلى مكان آخر ويقوم طبيب الطوارئ بإبلاغ الطبيب المقيم وبطلب كبير الأطباء المقيمين والأطباء الآخرين للمساعدة في الطوارئ.

المصائب (الكوارث) (١٩)

من مستعدا

مهما كانت المصيبة صغيرة أو كبيرة أو عامة فإن انتباهنا يتم رسمه في أذهاننا نتيجة الكارثة التي أصابت الأمة، في لاتور ومقاطعة عثمان إياد من إقليم مارثوادا في مهاراشترا، والذي قدر بحوالي ١٢٠٠٠ وفاة في الزلزال المدمر هناك، وقد جرح الكثيرون جسدياً وعقلياً.

الكوارث:

إن الكارثة عبارة عن سوء خط مفاجئ وهي وضع ينجم عن حدث يظهر فيه إرباك في السمعة في:

- الحياة (الإنسانية والحيوانية والنباتية).

- الأنظمة المساندة للحياة (مثل الماء والهواء والغذاء).

وقد تم تصنيف الكارثة على أنها حدث طبيعي أو من صنع الإنسان وهناك تعقيدات في العلاقة فيهما الكوارث الطبيعية هي الزلازل، والفيضانات والأعاصير والانزلاقات أعمال الشغب والاعتداءات والإرهاب والحوادث الكيميائية والنووية والنقل) وانهيار الجسور وانهيار المباني والتسمم الغذائي والحريق وغيرها.

ويتسبب فشل الإنسان أو الحوادث أو الاعتداء فربما يصعب في بعض الأحيان التمييز بين الكوارث التي من صنع الإنسان والكوارث الطبيعية بصورة واضحة. ففي الزلازل يمكن أن يتسبب الإنشاءات الضعيفة من صنع الإنسان بخسائر كبيرة في الأرواح والممتلكات هم فشل الحكومات من تحذير الناس بصورة ملائمة وفشل الناس في التجاوب السريع يؤدي في بعض الأحيان إلى زيادة الخسائر في

الأرواح والممتلكـات فالنـار قـد يشـعلها الإنسان أو لا يشـعلها ويجـب عـلى كـل مؤسسات الرعاية الصحية أن تكون مهيأة لاستقبال الأوضاع المتطورة والناجمـة عـن الكوارث في منطقتها ويمكن أن تنقذ الأرواح وتزيل البؤس ويجـب الوفـاء بمتطلبـات زيادة الخدمات الطارئة الصحية والمرافق.

خطة العمل:

يتعين رسم خطة عمل لإدارة أية كارثة بفاعلية:

الحدس: وإن غيـاب الخطـة يضعف إلى اضطراب وانزعاج الاضطراب الـذي سيؤثر على أعداد كبيرة من الناس وسيؤدي ذلك إلى شلل الخدمات التـي ستقدمها المؤسسة والذي كان ممكناً عمله حسب المألوف سيصبح تقريباً غير ممكن وجميـع النـاس المقيمين ومدير المستشفى والكـادر الطبـي والتمـريض والأفـراد الآخرين والضحايا وأقربـائهم والجمهـور يصابون بالإحباط وربمـا يتم فقدان الأرواح بغير ضرورة نظراً للافتقار إلى الأعداد ويجب أن يكون مدير المستشفى مستعداً إلى المـدى الممكن ضـمن المـوارد المتـوفرة لإدارة الكارثة وعنـدما تظهـر ويتعين عـلى مـدير المستشفى دائماً أن يقوم بضبط الأوضاع وللتنبـؤ مـا الـذي قـد يحـدث وأن يكـون مستعداً لمجابهة الوضع.

أنواع مختلفة من الكوارث

هناك مناطق هي أكبر عرضة من غيرها لبعض أنواع الكوارث فعلى سبيل المثال الأعاصير والـزلازل والنار فالشاطئ الشرقي للهند معرض للأعاصير ونطـاق زلازل الهيمالايا والحاجة للمجابهة تعتمد على حجـم المدينة أو البلـدة أو القريـة وعـدد سكانها ووجود مؤسسات رعاية صحية أخرى في المنطقـة وتسـاعد الخبرة السـابقة ويمكن رسم خطة لإجراء معين كجزء من الاستعداد العام.

الخطوة اللازم اتخاذها:

يجب أن تطرح الخطة خطوات مختلفة في التعامل مع الكوارث، ولهذا قد يضع الأفراد والنشاطات في تسلسل ملائم، حيث تعالج المؤسسات الصحية المشاكل وتساعد الخبرة في مراجعة الخطة لجعلها أكثر فاعلية.

فريق الكوارث:

يجب على مدير المستشفى تطوير فريق كوارث ويكون أعضاؤه من الأطباء والممرضين والعاملين في مجال الأستاذ الخدمات الطبية المساعدة والآخرين ويجب أن يتم اختيارهم بعناية وتدريبهم وكل منهم يجب أن يكون واعياً لمسؤولياته وما الذي يقوم بعمله ومن الذي سيتصل به في حالة احتياجه للمساعدة ويجب أن يكون هذا الفريق قادراً على الاجتماع بسرعة في أي وقت نهاراً أو ليلاً حيث يعطي الأولوية في الاختيار أولئك الذين يسهل توفرهم ويسكنون بالقرب من المستشفى في الجوار ولديهم رقم اتصال ووسيلة النقل الخاصة بهم.

على أن يكون فريق الكوارث قادراً على مساعدة الآخرين في المنطقة ويشمل ذلك ممارسين ومتطوعين آخرين مهرة وشبه مهرة وأن يتم تجهيز قائمة بالمتبرعين الذين يرغبون بالتبرع بالدم مع عناوينهم الصحيحة وأرقام هواتفهم.

الربط:

ربما تضم إدارة الأزمات في الكوارث عدداً كبيراً من المتخصصين اللازمين علاوة على المتوفرين في مؤسسة محدودة حيث يتم الربط بين سحب تشكيل الربط وفي مكان النظام الإرسال إلى مرجع طبي ملائم.

التدريب والتنفيذ:

يحتاج فريق الكوارث إلى تدريب وإعادة تدريب ويمكن لبعض أعضاء الفريق والأشخاص الجدد أن يتم حثهم ويجب أن يتم تدريبهم وتخصيص المسؤوليات لهم حيث عليهم أن يعملوا كفريق وعليهم التدريب كفريق.

خدمات المرضى الزائرين (٢٠)

توفر خدمات المرضى الخارجيين حلقة الاتصال الرئيسية للمستشفى مع المجتمع ويتفاعل قسم المرضى الزائرين مع الحوار والإنتاج الكفء لخدمات المرضى الزائرين يؤدي إلى حضور محبب للعلاقات معهم.

وإن المرضى الزائرين تزيد أهميتهم يوماً بعد يوم وإن الرعاية المتعلقة يقلل من تشوش العمل وهو أقل بكلفة ويوفر الدخول إلى مرافق التشخيص والتحقق في المستشفى.

أهداف ومجال الخدمات:

١- تجهيز خدمات طبية عامة للمرضى الخارجيين على أسس مبرمجة/ وغير مبرمجة.

- خدمات وقائية وتطويرية (وتحصين المناعة ومسح عيادة المواليد الجدد حتى عمر شهر والرعاية الجيدة لصحة الطفل.

- علاجية (استشارة، تحقق، إجراء، المعالجة وخدمات خاصة).

- متابعة تخريج المرضى، المرض المزمن وعيادات ما بعد الولادة للمواليد.

- إعادة تأهيل (علاج طبيعي، علاج وظيفي، الجراحة التوقيعية والجراحة التجميلية).

٢- خدمات رعاية عائلية: استشارة.

٣- تعليم صحي (تثقيف صحي).

٤- تعليم طبي وتمريضي وشبه الطبي.

الموقع:

١- بجانب الطرق الرئيسية وبالقرب من مدخل المستشفى، ولكن مع مساحة كافية لتوفير المواقف ... الخ الصوت وتلوث الغبار.

٢- مفصول عن عنابر المرضى المقيمين والأقسام الأخرى ولكن متصل معها.

- يمكن أن يقوم بوظيفته بكفاءة أكبر في مجال الجدولة والاتصالات.

- أسهل للمرضى إيجاد طريقهم حوله.

- أقل حركة للمرضى والذين يرافقونهم في السهر على راحتهم تسير خلال المستشفى الرئيسي.

- الإبقاء عليه مغلقاً عند عدم الاستعمال.

- من السهل توسعه إذا لزم الأمر.

٣- السلبيات للأقسام المفصولة للمرضى المقيمين والزائرين.

- بعض المباني الشخصية يمكن أن تكون متوافرة فقط في قسم المرضى المقيمين للتخصص المعني وبذلك غير ملائمة المرضى.

- بعض مباني المرضى الخارجيين مطلوب استخدامها من قبل المرضى المقيمين.

- مبنى منفصل يمكن أن يلزم به بعض الخدمات التي يمكن أن تتم المشاركة بها، وخاصة الساتلايت والمختبرات.

- المسافة بين مباني المرضى الداخليين والخارجيين ربما تسبب عدم الملائمة الأطباء الذين لديهم مسؤوليات في كلا المجالين.

٤- يجب أن تتم إغلاق قسم العمليات.

- السجلات الطبية.
- المختبر.
- الأشعة
- الصيدلة (التي يجب أن تكون مجاورة للطوارئ).

٥- من المفضل أن يكون هناك قسم عمليات لكل التخصصات في نفس المبنى لتسهيل الرجوع والمرور بكل التخصصات المتعددة.

البدنية التحتية الفيزيائية والمباني:

إن نسبة المرضى المنتفعين من المرافق في قسم العمليات يختلف حسب الوضع مثل المسافة بين المركز والبلدة.

- وجود مباني رعاية صحية قريبة تقدم خدماتها.
- وبشكل عام يجب أن يوفر لكل سرير ٢- ٣ مرضى خارجيين ولكل مريض خارجي ٢- ٣ للسهر على راحة المرضى وبذلك يكون عدد الزائرين ٤- ٦ أشخاص لكل سرير وإن المقاييس الهندية أثناء وضعها للمعايير لمستشفى من ثلاثين سريراً اقترحت بأن تكون المنطقة مساحتها ٦٠ متراً مربعاً للسرير وتكون منطقة المدخل بمساحة ٢م٢ لكل سرير ومنطقة الخدمة المتنقلة ١٠ متراً مربعاً لكل سرير ومنطقة تشخيص بمقدار ٦م٢ لكل سرير.

المساحة العامة/ المباني:

١. المدخل

- سهولة الوصول إليه.

- درج ومنحدر مائل.

- باب عريض.

٢. ردهة، بهو

- استقبال واستعلامات.

- لوحات إرشادية خطة مخرج.

- مكان الاصطفاف للعربات والكراسي ذات العجلات.

- هاتف عمومي.

- مراحيض.

٣. التسجيل.

- كاونترات للتسجيل المركزي للزيارات الجديدة والمتكررة.

- مقعد مراقبة للتسجيل الفرعي في الخدمات المعنية.

- أرشفة البطاقات المفقودة.

- كاونتر للنقد.

- تسهيلات للتعليم الصحي.

- ملصقات

- منشورات

- صوتيات ومرئيات

٤- منطقة انتظار مع مقاعد.

- بهو أو ردهات.

- في كل مقعد خشبي طويل أو صف في مدرج الغرف للاستشارة/ والعلاج.

- الممرات بعرض سبعة أقدام على الأقل.

- مخطط حجرات الاستشارة المتعلقة بالطبابة السريرية.

- مخطط بممر منفرد مع حجرات على جانبي الممر للاستشارة.

- ممر مزدوج للوصول من الجوانب المقابلة للغرفة للمرضى والأطباء على التوالي.

- ممر ثلاثي من صفين من غرف الفحص على كل من جانبي الممر.

٥- الشكل والهيئة لغرفة الفحص والاستشارة.

- غرفة استشارة واحدة (مكتب) والحجرات فحص اثنين للأطباء.

- غرفة فحص/ استشارة مختلطة مع الحجرات بستائر للمرضى مـن أجـل اللبـاس الداخلي.

٦. غرف للفحص المتخصص:

- لقياس لانكسار الضوء.

- قياس قوة الصوت.

- الرسم الكهربائي للقلب.

- كرسي معالجة سنية مع المعدات.

٧- غرفة المعالجة:

- الحقن بالإبر.

- الغيار على الإصابات.

- الإجراءات الصغرى – الجروح والكلمات وتصريفها، الخياطة الجراحية وإزالة خيوط الجراحة wond.

- غرفة الجبس الجبصين واللصقات.

٨. غرفة النقاهة:

- بسريرين على الأقل إذا انهار المريض خلال الإجراءات.

- مرافق الإنعاش.

٩. غرف المرافق النظيفة والقذرة.

المرافق للخدمات المساندة

ويعتمد العديد منها على نوع وحجم المستشفى

عام

أ- السجلات الطبية مركزية سجلات مختلطة العمليات ولا مركزية ip وسجلات منفصلة لكل نظام.

ب- المختبر السريري منطقة مركزية منفردة لجمع العينات ملحق بها مرافق النزف والتراخيص.

ج- أشعة وأمواج فوق صوتية قائمة ألعاب.

د- الصيدلية – العلاج بالحرارة.

هـ- العلاج الطبيعي العلاج بالمياه بطريقة عملية والمهني الوظيفي المتخصص.

و- التنظير المعد بمعوي تنظير الفص المختبر التنظير المعد بمعوي.

ز- مختبر وظائف الرئتين تنظير القولون مختبر الأعصاب قياس التنفس فحص القصبات الهوائية بأنبوب - مرسومة موجات الدماغ.

المباني الإدارية والمباني المساندة:

أ-مكتب لكل من:

- قسم العمليات المسئول - المسئول التمريضي المساعد.
- ضابط علاقات عامة/ ضابط استعلامات.
- ضابط أمن
- عاملين في الطب الاجتماعي.

ب- كانترات النقد.

ج- غرفة مستودع.

د- مراحيض.

المشاكل التي تواجه عمل قسم العمليات

شكاوي المرضى

أ- طول وقت الانتظار

* عدد كبير من المرضى بالنسبة للأطباء.
* انشغال الأطباء في مكان ما من المستشفى وقت قسم العمليات.
* حضور الأطباء متأخرين أو غيابهم عن قسم العمليات لفترات طويلة.
* تأخير التسجيل، جمع عينات المختبر، الدفع بسبب:

- عدم وضع الإجراءات للكفاءة في قالب عصري.

- الافتقار إلى مساعدين وخاصة خلال ساعات الذروة.

- مختنق مكان ازدحام لعدم توفر الاستشاري أو تأخر نتائج المختبر أو وضعها في مكان خاطئ.

- تسجيل المريض من قبل موظف التسجيل إلى الاستشاري الخطأ.

- النقص الحاد في المعدات، مثل الأشعة ECG X ... الخ.

ب- عدم الرضى بنوعية الخدمات:

- عدم قضاء الأطباء للوقت الكافي مع المريض وخاصة بسبب العمل الكثيف.

- الافتقار إلى استشارة غير مربكة دون إرباك من قبل كبير الأطباء وخاصة من قبل كبار الأطباء.

- عدم الخصوصية وخاصة في المستشفيات الكبرى.

- النصيحة التي يقدمها الأطباء غير واضحة.

- تتم الاستشارة من قبل طبيب مستجد بدون خبرة كافية.

- طلب عدة فحوصات تؤدي إلى زيارات متكررة غير ضرورية.

- عدم المعرفة بالإجراءات التي يتعين اتخاذها للاستفادة من الخدمة وخاصة لعمل اختبار المختبر/ الأشعة بعد الاستشارة.

- دليل غير ملائم للإجراءات التي يتعين اتباعها ومواقع الأقسام.

- نقاط خدمة متعددة (بدلاً من مفهوم النافذة الواحدة).

- وحتى تقع متباعدة عن بعضها البعض.

- بعض التخصصات قد لا تكون عاملة في نفس اليوم تؤدي إلى ضرورة تكرار الزيارة ذات المرجعية المتداخلة المنصوح بها.

ج- عدم الرضى بالنظافة:

- مراحيض غير كافية/ غير نظيفة.

- الافتقار إلى العدد الكافي من المقاعد.

- وسائل مواصلات ضعيفة إلى المستشفى.

- أمن ضعيف وسرقات.

- توليد طاقة كهربائية غريبة الأطوار شاذة وغياب توصل مولدات كهربائية للأقسـام مثل العيون، وجراحة الأسنان والأنف والأذن والحنجرة التي تحتـاج إلى الكهربـائي لأعمالها الروتينية.

- غياب وحضور الممرضات عند فحص النساء من قبل الأطباء الذكور.

شكاوي الأطباء:

أ- كثافة العمل، حيث يطلع الطبيب على حوالي خمسين مريض في صبيحة كـل يـوم في المستشفيات الكبيرة.

ب- حيث يتزامن وقت العملية مع وقت تقرير الأطبـاء عـن واجبهم فليس هنـاك وقت كافٍ لإنهاء جولات المرضى المقيمين (وخاصة المرض قبل إجراء العمليات).

ج- عمل كتابي زائد – سجلات العمليات – تعبئة نماذج طلبات مختلفة، إلى المراجـع، غياب مساعدة السكرتاريا.

د- عدم توفر سجلات المريض أو نتـائج الفحوصـات التـي تـم تقـديم النصـح بهـا في الزيارات السابقة ويتطلب ذلك من الطبيب التنسيق مع قسم السـجلات الطبيـة والمختبر وقسم الأشعة لإعادة إرسال تقارير أو توضيحات ... الخ.

السجلات الطبية (٢١)

١- وضعها في المكان الخطأ:

- عدم إعادتها للاستشاري.
- تعبئتها بطريقة خاطئة.
- عدم توفر التقارير.
- أخذت من قبل المرضى.

ب- عدم تعبئة السجلات بطريقة صحيحة.

- الافتقار إلى التواصل في الرعاية من قبل الكثير ممن يوفرونها تشكيل مع تأثير محتمل على نوعية التسجيل.
- سجلات غير قياسية وعدم التوافق مع المحتويات والكم والنوع.

الحلول للوظائف المؤثرة:

١- التقليل من الازدحام وتخفيض وقت انتظار المرضى.

أ- مسح وتصريف المرضى ذوي المرض الخفيف من قبل طبيب عام، وبذلك يتم تخفيف العبء على عيادات الاختصاص.

ب- يتم تثبيت نظام تعيين المواعيد ونشرها وقت كتابة التقارير للمرضى، وقد تكون مواعيد فردية أو جماعية وانتظام المواعيد الجماعية هذا يدعو إلى عدد من المرضى بأن يتواجدوا في وقت محدد ليتم توفير بعدد كافي لبذل كافي للمرضى وبذلك يرى الأخصائي نفسه في أي وقت بأنه حامل مما يقدر العدد الكافي بذل الجهد حسب سعة غرفة الانتظار.

ج- تطبيق نظرية الاصطفاف في طوابير للأبحاث والعمليات حيث يمكن تقدير الوقت بملاحقة المريض بعد وصوله بساعة، ومعدل الخدمة في الساعة وعدد الذين يقدمون الخدمة وبالتغييرات المؤثرة في هذه المقاييس وكذلك في نظام اصطفاف في طوابير فمن الممكن تقليل وقت انتظار المرضى لمستويات مقبولة بصورة ملحوظة.

د- عيادات تخصصيه في أوقات مختلفة وخاصة خلال ساعات الظهر، مثل الرعاية الجيدة للطفل وعيادات التخصص الرفيع.

هـ- زيادة عدد ساعات خدمات قسم العمليات وخدمة قسم العمليات مسائية.

و- تزامن حدوث العمل في مرافق الخدمات المساندة مع كثافة العمل قسم العمليات ومثل هذه المختبرات وأقسام الأشعة والصيدلة مفتوحة بصورة ملائمة، بحيث تكون فيها عاملين في وقت الذروة عند عودة المرض من قسم العمليات ويصلون إلى هذه الخدمات وإبقاء هذه الأقسام مفتوحة لفترة أطول بالمقارنة مع قسم العمليات.

ز- في الترتيبات المؤسسية القائمة لنشر الأطباء والكادر الآخر من المناطق الأقل إشعالاً إلى قسم العمليات والخدمات المساندة إذا وعندما تتجاوز الصفوف الحد المعقول.

٢- تحسين الإرشادات للمرضى وتسهيل الميسر لإجراءات وروتين المستشفى.

أ- لوحات ومعلومات ونظام لوحات إرشادية، لوحات أسماء زيتية لتمثيل الخدمات المقدمة، لوحات اتجاه وملونة لمناطق الخدمات المختلفة.

ب- جدول التحقق والاستقبال المفاعلة.

ج- المتطوعون والمرشدون في المستشفى.

د- تعليمات الإجراءات تم طباعتها على ظهره.

بيان طلب تقصي المعلومات للتخطيط والمراقبة والتحكم:

الحجم:

١- إحصائيات العيادات/ طريقة الأقسام للزيادات الجديدة المتكررة شهرياً وسنوياً.

٢- تغييرات النسبة في الزيادات المتكررة والجديدة غير ستة وعلاقتها بتوفر الأطباء وموظفوا التسجيل، وفي حالة الاستشاري بدوام كامل مع عدد من الأفراد ممثلين في الفترات الفاصلة.

٣- الوظائف في الزيارات باليوم أو الأسبوع أو الشهر المعدل مرتفع أو منخفض.

٤- حدد ملائمة واستخدام العيادات من جداول العيادات للسنوات السابقة لتحديد عدد الساعات التي كانت فيها العيادة في جلسات وقدر عدد الغرف المستخدمة لكل جلسة عيادة، واضرب عدد ساعات الجلسات بعدد الغرف للوصول إلى رقم الساعات المجدولة وقسم هذا العدد على عدد المرض الـذين تمت رؤيـتهم أو معدل وقت الخدمات لتقييم ملائمة الغرف، وأكثر مـن ذلك بتقدير سـاعات الغرف الممكنة وبذلك يكون ممكناً تحديد نسبة معدل كفاءة العيادة.

الاستخدام والإحصائيات الحيوية:

إن عـدد المستخدمين لحجـم الزيارات السنوية الإجمالية يحـدد الاستخدام (معدل عدد الزيارات للشخص في السنة) ويتم تجزئة هذا الرقم بإحصائيات حيوية عن السكان (العمر والجنس) وبالخدمـة وتسـاعد مثل هـذه المعلومات في تحديـد تعبئة الكادر والتخطيط للبرنامج .... الخ.

مستويات الزيارة:

وهناك عدة مستويات للزيارات تعتمد على التخصص:

- المواعيد الجديدة المجدولة.

- متابعات قصيرة.

- تفقد تحصين مناعة الطفل والتفقد الجسدي سنوياً.

- معالجة مركبة (معقدة).

وربما ينص حجم الزيادات ثابت بينما يتغير الاستخدام وتخصص العـاملين والتوزيع وقيمة العائدة بصورة مميزة.

التكلفة والعائدات:

- تكلفة الرعاية المباشرة – والرواتب وتكلفة المواد المستهلكة.

- التكلفة للرعاية غير المباشرة – المرافق والرعاية المجانيـة، وهـذه التكـاليف يجـب تجزئتها بالخدمة بالمقارنة مع العائدات للخدمات ذات العلاقة وبأبعد مـا يمكـن فإن كل خدمة يجب أن تكون ذاتية المساندة. تطـوير نظـام إعانـة ماليـة أخرى متداخلة ويتعين اتخاذ الإجراءات اللازمة لتحقيق ذلك.

الرعاية اليومية (٢٢)

تعتبر الجراحة اليومية الاختيار الأفضل لما نسبته ٥- % من الـذين تجـري لهـم إجراءات جراحيـة انتقائيـة وتختلـف حصـة كـل تخصـص منهـا. - الكليـة الملكيـة للجراحين، إنجلترا آذار ١٩٩٢م.

ما هي الرعاية اليومية؟

إن مفهوم الرعايـة اليوميـة في تقـديم الرعايـة الصـحية التـي أدخـل المـريض إلى المستشفى بسببها لساعات عديدة لجراحة مسبقة الجدولة أو لتشخيص السـلوكيات العدوانية أو ذو مخاطرة كبيرة أو إجـراءات معالجـة والـدخول هـو عـلى أسـاس أن المريض يتطلب مراقبة ما بعد الإجراءات أو رعاية تمريضية خلال فترة النقاهـة مثـل هذا المريض لا يعتبر مريضاً مقيماً ولا يعتبر مريضاً زائراً حيث أن:

- فـترة مكوثـه في المستشـفى أقـل مـن يـوم واحـد وفي الحقيقـة يـأتي المـريض إلى المستشفى صباحاً ويخرج مساءً وليس هناك مكوثاً ليلاً له.

- على الرغم من أن المريض قد تـم إدخالـه وتـم حفـظ السـجلات لـه فإن القـوانين والإجراءات المطبقة على المريض المقيم لا تنطبق على مثل هذه الحالات.

وتستثني الرعاية اليومية الإجراءات الصغيرة التي يتم تنفيذها من قسم المـرض الزائرين أو قسم الطوارئ ، الحوادث.

فوائد الرعاية اليومية:

هناك عدة فوائد للرعاية اليومية للمريض وهي:

- التقليل من اضطرابات الحياة الطبيعية للمريض وعائلاتهم.
- تجنب الإحباط المرتبط بدخول المستشفى وخاصة الأطفال.
- يقلل من إجراءات فترة الانتظار وخاصة إذا كان التأخير مرتبط بقائمة الانتظار الطويل المترتب على النقص في الأسرة.
- تخفيض مخاطرة العدوى غير المتماثلة.
- تخفيض الفاتورة الشاملة للمستشفى.
- تؤدي الرعاية اليومية إلى استخدام أكثر فاعلية لموارد المستشفى حيث أن أسرة المستشفى يمكن أن تكون أفضل استخداماً للمرضى الذين يستفيدون من إدخالهم المستشفى بدلاً من إغلاق مثل هذا السرير بمرضى يحتاجون فقط لإجراءات مراقبة ورعاية تمريضية.
- هناك زخم تشغيلي عالي للعمليات الجراحية المجدولة مسبقاً التي تحتاج إلى إلغاء نظراً لنقص الأسرة بسبب مثل هذه الحالات الانتقائية التي تدخل لظروف طارئة والحادة.
- وهناك تنظيم أفضل للعمل بفضل القوى البشرية والموارد العملياتية ويمكن أن يتم وضع علامات ومسائل ضرورية للجراحة اليومية وللعمل الخاص بالمرضى المدخلين بأمراض حادة.
- تخفيض نفقات المستشفى المتعلقة بالأسرة، وممرضين العنابر والمكوث الليلي والوجبات ..... الخ) في المستشفيات الحكومية فإن مثل هذه الوفرة يمكن أعادي استخدامه لتحسين المرافق لزيادة عدد المرضى المعالجين.

- والمستشفيات الربحية موظف تصميم للحصول من الرعاية اليومية على الربح حيث أن أعلى عائدات المرضى تأتي من خلال الإجراءات أكثر منها من خلال طول مدة المكوث.

- لماذا ترتيب التخطيط للرعاية اليومية ما الذي ينجزه؟

- تؤكد أن للرعاية اليومية قد تم إجراء المسوحات لهم بصورة ملائمة مقدماً وبذلك يتم تجنب أي إلغاء غير ضروري لقائمة العمليات وإجراءاتها المجدولة.

- تكافح لتطوير البروتوكولات للتأكيد على أن المرض تمت جدولتهم للإجراءات بعد أن تم تحضيرهم وتم التأكد من الرعاية الملائمة لهم بعد الإجراءات والمتابعة وتم التأكيد لهم بأنهم سيكونون في وضع ملائم جداً قبل التخريج ويتم تزويدهم بتعليمات خطية لاتباعها فيما بعد.

- تسهيل الإجراءات الإدارية ووضعها بقالب عصري المتعلقة بحجز السرير والإدخال والأرشفة وتمرير السجلات الطبية وشركة المريض والدفع والتخريج.

تنظيم الرعاية اليومية:

* هناك ثلاثة طرق ممكنة لذلك وهي:

وحدة الرعاية اليومية

وهذا هو الوضع المثالي حيث تقوم المستشفى ببناء وحدة منفصلة لهذا الغرض مع الاستقبال الخاص بها وأسرة مراقبة وغرف عمليات ومنطقة نقاهة ومرافق إدارية جدول الوظائف يتم تخصيص الأيام المحددة/ أو الحسابات منه بمختلف الفرق الطبية السريرية مما يمكن الأطباء من جدولة مرضاهم للرعاية اليومية واستخدام المرافق بكفاءة بدون تسوية وسطية على حساب التزاماتهم الخاصة بالمرضى المقيمين والمرضى الزائرين.

أسرة الرعاية اليومية:

وهناك اختيار آخر جـزء مـن العنـبر بشـكل شـامل للإدخـالات الرعايـة اليوميـة لاستخدام غرف العمليات والمرافق الأخرى للمستشفى تشكل عام وهذا له فائدة أن مسارح العمليات المعنية هي أكثر تكيفاً لمواكبة الإجـراءات التـي تحـدد تخصصـاتها ويمكن لجراحتها جدولة حالاتهم اليومية كجزء من تخصصهم وإن الترتيبـات بكفـاءة ما دامت تقوم بالاستخدام الملائم للأسرة والوقـت التشـغيلي ويجـب عـلى أيـة حـال الإقرار بأن يعطي الجراحـون أهميـة أكـبر للعمليـات الجراحيـة الرئيسـية/ الطارئـة/ والجادة بأكثر من الإجراءات الصغرى والمتوسطة والمتعلقة بذلك والتي يتم اتخاذهـا كجراحة رعاية بوفيه، حيث أن استخدام موارد المرضى المقيمين قد ازداد فـإن مـرضى الرعاية اليومية سوف تواجه تأخيرات وتأجيلات وإلغاءات والتزامات سريرية أقل.

خلط مرضى الرعاية اليومية مع المرضى المقيمين:

وهذا النظام يدخل فيه اسـتخدام الأسرة في العنـابر لمختلـف التخصصـات ووراء ذلك فإن المكبس مرتبط بالنظام السابق وهناك مكسب إضـافي وهـو أن العـاملين في مجـال التمـريض والعنـابر لكـل تخصـص أكـثر تنافسـية للتعامـل مـع المـرضى مـع الإجراءات المحددة للتخصيص، ومهما يكن فإن عوائق مـرتبط وارتباطـه مـع النظـام السابق أصبح أكثر وضوحاً وبمرور الوقت تثبت هذه الطريقة عدم الـرضى، حيـث أن من غير الممكن حجز المقاعد لمرضى الرعاية اليومية الأقل أهمية نسبياً عنـدما تكـون هناك حاجة لاستيعاب الإدخالات الطارئة والحـالات الأكـثر خطـورة بصـورة انتقائيـة فإن الإدخالات للرعاية اليومية المخطط لها مسبقاً أو التعليمات الجراحية غالباً سيتم إلغاؤها بما ينتج عنه عـدم رضى المـرضى وهـذا وقـت العمليـات المجدولـة والتأجيـل المربك في اللحظة الأخيرة للمواعيد الذي ربما لا يتحقق واقعياً.

مرافق وحدة الرعاية اليومية:

أوضح جـراح الكلية الملكية البريطانية في آذار عـام ١٩٩٢ مـن خـلال تكليف تجهيز الخدمات الجراحية الخطوط العريضة لجراحة الرعاية اليومية ويفضل هذا التقرير أيضاً المرافق المرغوبة في وحدة الرعاية النموذجية.

إن الدخول السهل إلى الجزء الخارجي بالقرب مـن موقف السـيارات وأرضية متميزة عن مناطق المرضى المقيمين والطوارئ والمرضى الزائرين ممكن رؤيتها عنـد عدم استخدامها في الليل وفي عطلة نهاية الأسبوع إذا كانت الوحدات المتكاملـة غير ممكنة يتعين أن يكون عنبر اليومية واقعاً بالقرب مـن غرفة العمليـات المخصصـة لجراحة الرعاية اليومية.

وتكون غرفة التخدير وغرف العمليات ومناطق النقاهة (الإنهاض) كما هي لآية ترتيبات عمليات أخرى، وبالإضافة إلى ذلك يتعين أن تكون غـرف العمليـات مناسـبة لأداء العمليات العامة في مختلف الأنظمة الجراحية، ويجب أن تتـوفر المرافق قبـل التعتيم (للعيون والأنف والأذن والحنجرة) وهواء مضغوط، وغرفة للصـور وغرفـة الجبص وخدمات (للعظام) والتحكم بالحرارة المحيطة (الجراحية) الأطفال ومعدات ليزر وتطهير البطن وتطهير المثانة (للجراحة العامة والمسالك البولية .... الخ) ويتعين أن يتم تجهيز غرفة العمليات في حالـة التطـور غـير المتوقع للعمليات الصغرى إلى كبرى مما يحتم، والمراقبة والمراقبة والإسناد وحيث التهوية والمرافق.

ويتعين لعنبر الرعاية اليومية ومعداته والعاملين فيه والبروتوكول للرعاية بعـد العملية وتعقيداتها (حتى الانتعاش) المتعلق بالعمليات المختلفة المنجزة وبالإضافة إلى ذلك يجب أن يتم تجهيزه وتزويده بالكـادر لإنجـاز الإجـراءات الطبيـة المختلفـة وتوفير رعاية الإجراءات اللاحقة في الإجراءات التدخلية للتخصيص الرفيع ويتعين أن يشتمل العنبر على ذكر وأنثى أطفال مع غرفة متغيرة، وخزائن الملابس المرضى

والأشياء القيمة الأخرى والمراحيض ... الخ وهناك أيضاً مرافق الخدمات المساندة والمساندة وتشمل مكتب استقبال المرضى وإدخالهم ومكتب الوحدة اليومية وغرف للغيار العاملين والاستراحة وممرضين وغرفة الطبيب، غرفة حفظ الأغذية، ومستودع للمعدات ومرافق للنظافة وللأوساخ.

مجال العمل:

رغم وجـود قائـمـة محـكـمـة لجراحـات الرعـايـة اليومية والمشمولة في إرشادات الكلية الملكية للجراحين فإنه يعود للأطباء أنفسهم وللمستشفى صياغة القائمـة الخاصـة بهـم آخـذين في الاعتبـار الوضـع المحـلي، والقـدرات وخصائص المـريض الشخصية ونوع إجراءات الرعاية اليومية وتشمل.

إجـراءات التشخيـص لعدوانيـة مسببات الأمراض ومعالجـة في طب الباطنيـة والأطفال وطب القلب والأورام والأشعة (مثل نقل الدم، نخاع العظم وسحب نخاع العظم واستئصاله والعلاج الكيميائي واستئصال ذات الجنب وقصد الرئتين ويزل الصفاف لإزالة السوائل في ذات الجنب واستئصال الكبد وتطهير القولون والقصبات الهوائية بالمنظار والـذي يمكن أن يـؤدي الإدخـال إلى المستشفى والأشعة وإغلاق الشرايين إزالة الألم يتم إجراؤها على المرضى القادرين عـلى المشي ـ ولا يتـم إدخالهم المستشفى لإجراء العمليات الصغرى والمتوسطة، في مجالات الأنف والأذن والحنجرة وجراحـة الأسنان والجراحة العامة، والتوليـد، العيـون والعظام وجراحـة الأطفال والجراحة البلاستيكية والمسالك البولية غير المرتبطة مـع التعقيدات لها لما بعد العملية والتي لا يلزمها مراقبة في الإجراءات اللاحقة للعملية لأكثر من عدة ساعات والعمليات غير الملائمة للجراحة اليومية هي تلك التي ترتبط بحوادث هامة مـا بعد العملية ويدخل فيها عملية فقدان كبير للدم، أو قد تسبب آلام مـا بعد العمليـة وتتطلب فقد الألم ضمن الوريد، وأخيراً فإن عمليات الرعاية اليومية يجب أن لا تزيد عن ساعة للكبار و ٣٠ - ٤٠ دقيقة للصغار.

اختيار المريض:

يمكن استخدام المعايير التالية كإرشادات لاختيار المريض الزائر للجراحة اليومية:

الوضع الجسدي

باستثناء الظروف التي تم الحديث عن إجراءاتها فإن على المريض أن يكون ملائماً ويوضع جيداً ومرض الرعاية اليومية الملائمين هم الذين في فئة (المرضى الطبيعيين صحياً) والذين (يعانون من أمراض حقيقية في النظام لا تتدخل في النشاطات الطبيعية) حسب تصنيف الجمعية الأمريكية للتخدير فإن المرضى الذين لديهم مرض البول السكري أو مرضى الجهاز التنفسي المزمن أو مرضى الأوعية الدموية القلبية مزمن يتعين استثناؤهم من ذلك.

البدانة (السمنة):

المرضى الذين يعانون من سمنة كبيرة مع مؤشر جسمي لضخامة الجسم مع مؤشر للجسم أكثر من (MBI = K. G WEIGH/M٢ HIGHT٣٤) يتعين استثناؤهم من الجراحة للرعاية اليومية، والمرض لتنظير البطن يتعين أن يكون لديهم (MBI . ٣٠).

العمل (السن)

يجب استثناء الأطفال الذين هم في سن أقل من ست شهور وكبار السن من ٦٥ - ٧٠ من الحجز لجراحة الرعاية اليومية.

الظروف الاجتماعية:

المرض لجراحة الرعاية اليومية يجب أن يكون لديهم قريب أو صديق ليقدوهم إلى البيت ورعايتهم لمدة ٢٤ إلى ٤٨ ساعة وعلى المريض البقاء في منطقة تستغرق ما لا يزيد عن قيادة في السيارة عن المستشفى ويتعين أن يتمكن من الوصول إلى الهاتف في المنزل والمرحاض والحمام.

الإخلاء ما قبل التخدير:

يجب إخلاء جميع المرضى الذين يلزمهم التخدير عامة مقدماً إما عـن طريـق عيادة ما قبل التخدير في المستشفى أو بواسطة كبير أخصائيين التخدير وقدومـه للمستشفى حسب البروتوكول المعد لذلك.

يخضع المريض للإجراءات التحضيرية

إجراءات النصح المقدمة للمريض:

قبل الجدولة فإن على المريض أولوية تلقي تفسير عن الجراحة/ الإجـراءات وإن الرضى المبين يتعين الحصول عليه في النموذج الموصوف والمشمول في السـجل الطبـي ذو العلاقة ويعني على المريض أن يتم نصحه عن حاجتها إلى من يسهر عـلى راحتـه وقيود على القيادة والنشاطات خلال فترة ما بعد العملية والتعين أن يقـوم الأطبـاء بجدولة بتزويد المـريض بإجراءات وتاريخ الإجـراء والأطبـاء هـم الـذين سـيقومون بإنجاز هذا الإجراء وتاريخ الإبلاغ، وسيتم نصح المريض بأن الحجز المقرر سـيلغي إذا لم يصل في الوقت المناسب عـلى أن يحـدد الحجـز فيـما إذا كـان هنـاك أيـة مسـائل محددة يحتاج أن يتم السهر عليه لراحته من قبل ممرضين للرعايـة اليوميـة عندمـا يحضر المريض (مثل فحوصات المختبر/ أشعة إكس ويجهز محدد لموقع العمليات .... الخ).

كما يتعين تقديم النصح للمريض فيما إذا رغب ولأي سبب من الأسباب لتأجيل أو إلغاء الجراحة/ الإجراءات وتعيين إبلاغ مكتب وحدة الرعايـة اليوميـة قبـل ٤٨ ساعة على الأقل وسيقوم هذا المكتب بالتنسيق مع الوحدة الطبية السريرية المعنيـة وإبلاغ المريض بتاريخ الموعد المعدل.

ويتعين أن يتم تعريف المريض شكليات ورسميات الدفع (التقدير المالي والـدفع مقدماً وإجراءات التسوية النهائية) بحيث لا يكون هناك أي تأخير أو عدم

ملائمة يوم الإجراء وفي بعض الأحيان ينصح بأن يقوم المريض بزيارة قبل ذلك إلى وحدة الرعاية الطبية اليومية ليألفوا بأنفسهم أن سيحضرون وأية متطلبات أو شكليات أو رسميات أخرى يلزم الإذعان لها.

ومرضى الجراحة اليومية الذين سيتم تقديم تخدير لهم يجب أن يعطوا تعليمات واضحة خطية بأنه يجب أن لا يأكلوا مواد صلبة خمس ساعات من العملية على الأقل ويمكنهم شرب سوائل نقيه حتى ٢- ٣ قبل العملية.

المسؤوليات لكادر الرعاية اليومية:

استناداً إلى الحجوزات السارية يقوم قسم السجلات الطبية بأرشفة ملف المريض، وتحديث تقارير الفحوصات وترسلها إلى وحدة الرعاية اليومية قبل الإجراء المجدول بيوم.

وعندما يتم إدخال المريض فإن مسؤولية كادر الرعاية اليومية تأكيد فهم المريض للإجراء ورضاه وتواجد من يريد والسهر على راحته وعمل الترتيبات اللازمة لأحد المريض إلى البيت ومتطلبات ما بعد الإجراءات ويتم بعد ذلك تجهيز المريض وموقع الإجراء للتعليمات الخاصة التي سنذعن لها وإعطاء الوصف العلاجية قبل العملية إذا وصفت وإرسال المريض إلى غرفة العمليات أو المرافق حيث سيتم إنجاز الإجراء.

وجميع ملاحظات السريرية والتمريضية لكل مريض سيتم توثيقها في السجل الطبي المعني.

وبعد الإجراء يعتبر العاملون في الرعاية اليومية مسئولون عن مراقبة وتوفير الرعاية التمريضية اللازمة للمريض والإذعان لتعليمات الطبيب لما بعد العملية.

تخريج المريض وتقديم النصح له لما بعد العملية إن المعايير العامة للتخريج تتضمن الآتي:

- علامات حيوية ثابتة.

- حذر قيم توجيهية.

- مريح - خالي من الألم.

- قادر على النهوض والمشي وارتداء الملابس دون مساعدة.

- قادر على استيعاب السوائل بالفم مع أقل دوخة وتقيؤ .

- مرافقة أحد الكبار الذين يتحملون قبل التخريج، فإن على الطبيب مسئول عن الإجراءات أن يقنع نفسه بأن المريض لائق للتخريج وأن يأخذ في الاعتبار أي تعقيدات ما بعد الجراحة التي يمكن أن تظهر مثل هذا التوريطات كنزيف الدم والتأثيرات للفضلات والرواسب للتخدير الموضعي انحباس البول ... الخ، وأولئك المرضى الذين تتطور حالتهم إلى التعقيدات وغير لائقين للتخريج يتعين إدخالهم حيث أن مثل هذه الحالات لا يزيد عن نسبة ٢ إلى ٣ من المرض.

- وعند التخريج يتعين تزويد المريض بمعالجة ودواء تخريج وملخص خطي للتخريج يوثق الإجراءات التي تم تنفيذها والتعليمات التي يتعين الإذعان لها من قبل المريض ويشتمل ذلك على العلاج للتحكم بالألم والعلاج الآخر والقيود على نشاطاته ورقم الهاتف للاتصال وأين يأتي في حالات المراجعة الطارئة للنزيف والألم المستمر والدوخة والقي أو أية تعقيدات أخرى) والترتيبات للغيار على الجرح أو خيوط العمليات إذا كان هناك أية تعقيدات) ومواعيد المتابعة وبعد أية عملية تلزم الراحة في السرير ووجبة غذائية خفيفة تطور النقاهة والتئام الجرح، حتى يتم التعافي والنقاهة نهائياً من تأثيرات التخدير (على الأقل ٤٨ ساعة) وأي علاج للألم ينصح المريض بعدم قيادة السيارة أو القيام بعمل شاق على الآلات الثقيلة أو استهلاك الكحول والعقاقير غير الموصوفة طبياً أو توقيع الوثائق القانونية.

القضايا الإدارية:

- عادة ما يترأس وحدة الرعاية اليومية كبير الأطباء وبذلك يتم تفويض الإدارة إلى ممرض العنبر ومتطلبات الكادر التمريضي لغرفة العمليات ومنطقة النقاهة كما هي لأي غرفة عمليات أخرى مجهزة، ويعتمد عدد الممرضين في عنبر الرعاية اليومية على عوائد وتعقيدات الحالات التي تم تنفيذها وعلاوة على الممرضين تحتاج وحدة الرعاية اليومية لي التابعين. وكانت سجلات طبية للإدخالات وكادر سكرتاريا لمكتب الرعاية اليومية. وإنها مسؤولية الوحدة وأسرة المستشفى للمراقبة الدورية لإنتاجية الرعاية اليومية ونوعية العمل من خلال المؤشرات التالية:

- معدل المرضى الذين تتم معالجتهم يومياً.

- معدل العمليات التي تتم إنجازها من كل جلسة في غرفة العمليات.

- حصة الجراحة للرعاية اليومية إلى إجمالي الجراحة التخصصية.

- نسبة المرضى للرعاية اليومية الذين لا يمكن تخريجهم ولكن يلزمهم القبول.

- نسبة المرضى الذين يحضرون لقسم الطوارئ مع تعقيدات ونسبة مثل هؤلاء المرضى الذين يلزمهم الإدخال.

- معدلات عدم الحضور والسهر على المرضى.

- التغذية الاسترجاعية للمريض والمسوحات المرضية للمريض.

قسم العمليات (٢٣)

ما هو قسم العمليات؟

إن قسم العمليات وحده تشتمل على جناح عمليات أو أكثر معاً مع بنية تحتية للخدمات المساندة للاستخدام العام لهذه الأجنحة مثل غرفة الغيار والاستقبال ومنطقة النقاهة وساحة تنقل (دوران) ...الخ، إن جناح العمليات هو وحدة شاملة لغرفة العمليات ومناطق خدمات المساندة وهي غرفة التخدير وغرفة التحضير، ومنطقة أوساخ ومنطقة خروج، وغرفة العمليات هي غرفة مجهزة أو غرفتين حيث يتم تنفيذ الإجراءات الحقيقية للعملية، وعلى أية حال فإن قسم العمليات غالباً ما يرجع إليه. هكذا غرفة عمليات أو مسرح العمليات.

أهداف قسم العمليات:

* تجهيز بيئة مثالية لإجراء الجراحة.

- تطوير مستوى رفيع من التطهير والتعقيم.

- التأكيد على الرعاية الملائمة وراحة المريض.

- توفير أقصى ظروف للعمل للعاملين.

* نشاء القوانين وإجراءات وتدفق العمل والبروتوكولات للوظائف الكفؤة والميسرة للقسم وإنجاز إجراءات العمليات:

- تحديد جلسات العلميات وتخصيص وقت الغرفة للفرق المختلفة/ الاستشاريون بحسب الحاجة.

- تنمية وتوفير درجة عالية من نظام العمل.

- التأكيد على الرعاية وتوفير المعدات والمرافق.

- الرقي بالاستخدام الأقصى لغرفة العمليات ووقت العاملين.

*** الحد من التعقيدات:**

- التأكيد على مستوى عالي من السلامة وحماية المرضى والعاملين من الأخطار البيئية والعملياتية والتخديرية والإشعاعية وغيرها والنقاهة.
- رعاية المرضى فور انتهاء العملية.

قضايا متعلقة بتصميم غرفة العمليات المركزية:

لقد مضت الأيام التي كان التفكير فيها ببناء مسرح أو مسارح عمليات متخصصة أمراً حكيماً محصورة في حدود بعض الأقسام الطبية السريرية المحددة (مثل A والأنف والأذن والحنجرة ومسرح عمليات النسائية بعد جناح الولادة مسرح عمليات القلبية والصدرية، القلبية والصدرية، القلبية والصدرية .... الخ) مع مركزية جميع الغرف في قسم عمليات منفردة ويمكن تأكيد مع مركزية الآتي:

- مرونة تخصيص وقت غرفة العمليات للتخصصات المختلفة حسب الحاجة الفعلية.
- عدم الازدواجية واقتصاد أكبر باستخدام المرافق العامة (استقبال المرضى وغرف الغيار والمستودعات ومنطقة النقاهة ... الخ) وشؤون الأفراد (وتخدير وخدمة وممرضين النقاهة وفنيين غرف العمليات .... الخ). والمواد (وخاصة المعدات في وضع الجاهزية والمواد الاستهلاكية للعمليات).
- إشراف أفضل على الإجراءات المتعلقة بالتعقيم ونظام غرفة العمليات وكفاءة ملائمة في العمل.
- توفر غرفة العمليات للاستخدام الفوري في الحالات الطارئة المؤلمة الكئيبة المتعلقة بأن تخصص.

الموضع:

كانت قسم العمليات غالباً ما يقع في الماضي على قمة أرض المستشفى لفصله عن ازدحام المستشفى العام وحركة الهواء وجعل ذلك التهوية ميسرة حيث أن يتم تثبيت وحدان أجهزة التكييف في الأسقف على السقف. وعلى أية حال مع وجود تصميم أفضل للمستشفى ومباني التكنولوجيا فقد تم تجاوز هذه العوائق وأهم شيء اليوم هو الحاجة لوضع غرفة العمليات تقريباً بالقرب من وحدة العناية المركزة لما بعد العمليات وعنابر العمليات وقسم التعقيم المركزي ومختصر التدخل القلبي.

التقسيم إلى المناطق:

تم اقتراح تقسيم غرفة العمليات إلى أربعة مناطق متميزة لتأكيد نظام العمل الراقي، وتطوير تعفن الدم وبذلك تقليل التطهير وبذلك يتم تقليل العدوى غير المتماثلة.

- وإن المنطقة الأكثر حماية تطبيق هي منطقة المدخل للمرضى والعاملين والتوريدات حيث يتم تطبيق المقاييس الطبيعية لنظافة المستشفى وحيث يمكن أن يتم لبس الملابس اليومية وهذه المنطقة يحتفظ فيها ليضغط هواء إيجابي منخفض متعلق بالممر العام للمستشفى ويشتمل على غرفة انتظار الأقارب المرض واستقبال غرف العمليات وغرفة التحكم، وغرفة غيارات العاملين والمراحيض، مكان وقوف العربات ومنطقة نقل المرضى، والمستودعات وبعض الأحيان كفتيريا صغيرة.

- وإلى الداخل من هذه منطقة النظافة حيث أن جميع المرض والعاملين والإمدادات يجب أن يتم إخضاعها والنظافة روتينية وتغيير للدخول، وتخدم مناطق التنظيف لفصل غرف العمليات عن منطقة الحماية وللسماح للعاملين المتغيرين بالانتقال من جزء معقم إلى من قسم العمليات إلى آخر دون إعادة الدخول إلى منطقة

الحماية أو المرور من خلال أي منطقة غير نظيفة ويتم الاحتفاظ بمنطقة التنظيف في ضغط هواء إيجابي أعلى بقليل من منطقة الحماية، وتشمل منطقة الحماية لانتظار المرضى، وغرفة النقاهة، وغرفة الجبص واللصقات ومستودع الدم مختبر قسم التجميد، ووحدة أشعة إكس المتنقلة، وغرفة مظلمة وردهة للعاملين ومكاتب لأخصائي التخدير وممرضة مسرح العمليات، ومستودع للتخدير، وغرفة للأدوات غرفة العمليات غير المعقمة.

- والمنطقة الداخلية تظهر أو تعقيم حيث تكون مواصفات أقرب ما يكون إلى التعقيم بقدر الإمكان وتقع هذه المنطقة في أعلى ضغط هواء وذلك لطرد أية هواء داخل من المناطق الأخرى، ويجب على جميع العاملين الذين يمكن أن يتعاملوا مع أدوات مكشوفة، في هذه المنطقة أن يكون مرتدين للروب BED المخلفات وتشمل منطقة التطهير هذه بما فيها غرفة العمليات وغرفة مخلفات غرفة العمليات، وغرفة التخدير وغرفة التوريد لغرفة العمليات وللأدوات المعقمة، إذا كان هناك (غرفتا عمليات حقن يجب أن تكون معزولتان بصورة فاعلة عن بعضهما البعض ويتصل منطقة التعقيم مع ممر الأوساخ أو منطقة التصريف من خلال نظام مزلاج قفل داخلي داخلي.

- ويكون في منطقة التصريف ضغط هواء أقل مما هو موجود في منطقة التعقيم وتشمل غرف فيها الأدوات المستخدمة، وزجاجات ومواد النفايات البطائن الكتانية، المواد المخزنة مؤقتاً قبل أن يتم جمعها التصريف أو للتنظيف والتعقيم ويمكن أن تشمل منطقة التصريف أيضاً غرفة سيل الأوساخ وممر التهوية أو حجرة صغيرة للبواب.

عدد غرف العمليات:

ويعتمد ذلك على عدد من العوامل:

- سرير جراحـي بعـدد مكتمـل (بصـيغة أتـش أم سي مـأكولاري و آزسي ديفيـز عـام ١٩٦٦ في تخطيط وإدارة المستشفيات، منظمة الصحة العالمية في جنيف يمكن أن يكون هناك أفضل الخطوط العريضة الإرشادية، إذ يمكن تقـدير عـدد العمليـات لكل يوم بتقسيم عدد الأسرة الجراحية بمعدل طول إقامة المرضى الـذين تجـري لهم الجراحة، وباستطاعة الشخص أن يحدد عدد الغرف المشغولة اللازمـة فعـلى سبيل المثال إذا كان هناك ١٥٠ سريراً جراحياً ومعدل طول إقامـة المـرضى الـذين تجري لهم الجراحة هو ٥ أيام فيمكن أن تتوقع أن يكون هناك ٣٠ عمليـة يوميـاً مع الأخذ بعين الاعتبار إمكانية إجراء ٦ عمليات جراحية يومياً في غرفة العمليات ومادة فإن العدد اللازم من مسرح العمليـات هـو سـت مسـارح مضـيفاً مسرحـاً يكون جاهزة دائماً للحالات الطارئة فيكـون هنـاك حـوالي سـتة مسـارح عمليـات لازمة لما مقداره مائة وخمسون سريراً، مثل معيار تقديري بمقدار مسرح عمليات واحد لكل ٢٥ سريراً جراحياً.

- العدد المتوقع للعمليات الجراحية يومياً (بمعدل ٢- ٣ عمليات كـبرى و ٣ عمليـات صغرى ربما يتم إنجازها يومياً لكل مسرـح عمليـات) الفـترة التقريبيـة لإجـراءات الجراحة المنجزة حيث تعتمد على نوع التخصص وعدد العمليات الكبرى.

- نطاق التخصصات الجراحية وخاصة أولئك الذين يلزمهم مسرـح عمليـات مكرسـة (مثل جراحة القلب والأعصاب).

- فيما إذا كانـت الجراحـة، المدمجـة للتكامـل مـع غرفـة العمليـات الرئيسـية أم لا، وكثافة العمل للجراحة الطارئة.

- ساعات العمل الطبيعية لغرفة العمليات وفيما إذا كان هناك نوبة روتينية أخرى وعدد أيام العمليات في الأسبوع.

- كفاءة غرفة العمليات والتقليل من الوقت المهدور بين الجراحات.

حجم مسرح العمليات الملامح والمرافق:

- أقصى حجم هو ١٨ × ١٨ قدم وبذلك فإن مسرح العمليات للقلب والأعصاب تحتاج إلى ٥٠٠ – ٦٠٠ قدم لربع الاستيعاب فريق الجراحة الضخم ومعدات خاصة.

- الفارق بين الأرضية والسقف بارتفاع ١٠- ١١٫٥ قدم عادة، يكون للجدران المثالية تشطيبات من صفائح البلاستيك المصفح وألواح الفينل أو دهان من نوع الراتفج الأيبوكسي، ولا يوصى بعمل الملفات بسبب الخدمات فيما بينها، وتكون الجدران كتيمة للرطوبة، يمكن غسلها ويمكن أن تقاوم التنفيذ المتكرر للمواد الكيماوية المنظفة والمواد المطهرة للاستخدام العام، وتكون جدران غرفة العمليات أعلاه بتشطيب بلاستيكي ناعم ولون شاحب وبدون وصلات منفصلة ويجب أن لا يسمح الدهان ببناء شحنة كهربائية وتكون الأرضية قابلة للغسل بسهولة، لا تصدأ وكتيمة وموصل للإلكترونيات بصورة معتدلة لتقليل خطر الانفجار بسبب شرارة استاتيكية.

- تكون أبواب مسارح العمليات عريضة بما يكفي للسماح بالحركة المتعددة للمرضى، والمعدات والعاملين والمواد ومن المهم أن تظل الأبواب إلى غرفة العمليات مغلقة وذلك للحفاظ على فارق ضبط إيجابي بين المناطق المعقمة والمناطق النظيفة.

- إنارة من ثلاث أنواع: تكون الإنارة العامة من أنابيب فلورسنت مثبتة في أسقف مما يوفر إنارة حتى بدون سطوح مبهر ولإنارة منطقة العمليات وسقف من مواد مظللة قليلة الضوء يلزم مع كثافة إضاءة بمقدار ١٠٠٠ ليوم لكل قدم مربع على موقع العمل و ٣٠٠ ليومين لكل قدم مربع عند قعر التجويف العميق الضيق وضوء ساتلايت للإنارة الإضافية أو لعملية جراحية ثابتة متزامنة يتم توفيرها عادةً على أن تكون بمصابيح الإنارة لمسرح العمليات قابلة للضبط بأي اتجاه في علاقتها بمنطقة العمليات ويتم وضع مصافي (فلاتر) لتصحيح الألوان وامتصاص الحرارة وبعض مصابيح الإنارة لها تجهيزات بإسناد من بطارية في حالة توقف الكهرباء أو عطلها أو سوء الأداء المصابيح الرئيسية والنوع الثالث من الإنارة هو مصباح يدوي يستخدمه الجراحون لإضاءة محددة في التجاويف العميقة.

- نظام تهوية طفوء يتعين التأكد من أنه سيقوم بالتزويد بالتكييف البارد/ والحرارة (٦٥- ٧٥درجة فهرنهايت ١٨- ٢١ درجة مئوية) ورقائق مرطبة (٥٠- ٦٠) منعش يمر من خلال (هواء وجزيئات عالية الكفاءة) ومصفاة (فلتر) كفوؤة بنسبة ٩+٨. على مستوى ٠,٥ – ١,٠ مايكرون ويقوم بالتزويد بتدفق عامودي إلى الأسفل وأن يكون التدريج الضغط أعلى في منطقة التعقيم ويقل تدريجياً نحو مناطق النظافة.

- والتصريف والحماية. على أن لا يكون هناك انتقال للهواء من مسرح عمليات إلى آخر.

- وتشتمل المرافق أسر العامة لمسرح غرفة العمليات. (وسائل متدلية) مع مخارج للغاز في الأنابيب، وسحب السوائل، والهواء المضغوط والكهرباء وساعة للوقت وطاولة عمليات وجهاز العلاج بالإنفاذ الحراري وجهاز تخدير وجهاز تهوية

ومعـدات مراقبـة و DEFIBRILLATOR وعربـة أدوات، وللتخصصـات الفرديـة متطلبـات أخـرى مثـل وفـترة التعقـيم للأنـف والأذن والحنجـرة والعيـون وجراحـة المفاصل، وخطـوط هـواء مضغـوط ومكثـف صـور وغرفـة جـبس للعظـام والحـرارة المحيطة عالية لجراحة المواليد الحـديثين والأطفـال ومعـدات تنظـير الـبطن معـدات جراحـة للجراحـة العامـة والجراحـة القلبيـة الصـدرية والتوليـد ومعـدات ليـزر ومايكروسكوب عمليات ... الخ للعيون وجراحة الأوعية الدموية وجراحـة الأعصـاب ومعدات عامة لمسرح العمليات تشمل جهاز تعقيم بسرعة عالية ومعـدات مكافحـة الحريق وعربات نقل المرضى وغيرها.

الاتصال:

لتسـهيل توصـل التعلـيمات والمراسـلة يجـب أن يـتم ربـط كـل مسرـح/ غرفـة عمليات بغرفة التحكم من خلال خط ساخن أو هاتف بصوت مسموع وتـتم تزويـد غرفة التحكم بالإنتركوم ومرافق للتجاوز للوصول بسـهولة إلى العنايـة المركـزة وبنـك الدم والأشعة وعنابر الجراحـة ونظـام تلفـزه بـدوائر متقاربـة في نظامهـا بتسـهيلات خطاب توجيه ثنائي، يمكن من التسجيل والعرض الحي لإجراءات الجراحة مـع جهـاز تحكم عن بعد (مكان عرض أو غرفة صف) في مكان ما من المستشفى ويساعد ذلك من الحد من عدد طلاب الطب، والآخرين الداخلين لمسرح العمليات.

مواد غرة العمليات:

يكون التبطين المستخدمة في غرفة العمليات من مواد ذات نسيج كثيـف قويـة حجم مسامات حوالي ١٠ مايكرون والتي تمنع جزيئات الجلد مـن النفـاذ وغالبـاً مـا تستخدم اللون الأخضر ولكن اللون الأبيض والأزرق والرمادي يمكـن اسـتخدامها نهـى مريحة للنظر وتختلف متطلبات التنظيف من مستشفى إلى آخر حسب عـدد العمليـات في اليوم الواحد، ونوع العمليات وعدد أفراد غرفة العمليات واستخدام الأرواب

المستخدمة لمدة واحدة العمليات وما تستخدم لمرة واحدة ويرمي ويتعين أن تكون المادة الماصة لإزالة المواد المستخدمة في غرفة العمليات محتوياً على معلم غير منقذ للإشعاع.

الأدوات:

وتعتمد الأدوات والأدوات الجراحية على تخصصات مختلفة، وهناك مجموعة عامة للجراحات العامة بحاجة للإجراءات الخاصة، وإن من مسؤولية الجراح المعني وضع قائمة قياسية للأدوات التي تستخدم بشكل عام وأن يحدد مسبقاً فيما إذا لزمت أدوات إضافية أخرى لجراحة محددة وإن ممرض غرفة العمليات المسئول عن غرفة عمليات محدد/ تخصص محدد عليه أن يقوم بالترتيبات من أجل تحديد وتخزين واستخدام سير النقص في الأدوات والاعتناء بها.

المواد الجراحية المستهلكة والعقاقير من أجل تجنب الازدواجية وتاريخ الانتهاء على الجراح وممرضي غرفة العمليات القيام بالعناية الخاصة بالمواصفات القياسية مواد الجراحة المستهلكة الشائعة غير التخصصات وهذه الخصوصية تنطبق على مواد خيوط الجراحة والكليسات والشاش والغيار على الجروح وغيرها وأنابيب والقسطرة والتسريحات وهناك تفضيل شخص للجراحين ويضغط من الموردين فيمكن أن ينتج عن ذلك تنوعات مختلفة أكثر مما هو مطلوب جراحياً تضر بالمستشفى وتكلفة الرعاية للمريض والتخدير مسؤولة بشكل عام عن إدارة العقاقير في غرفة العمليات وكذلك تحديد ما هو المرغوب به وتخزينه.

سجلات غرفة العمليات:

إن السجل الأكثر أهمية الذي يلزم الاحتفاظ به هو سجل غرفة العمليات المركزية وهذا فيما إذا كان محسوباً أو مسجل يدوياً يوثق عادة الرقم المتسلسل للعملية واسم المريض ويتم المستشفى والعمر، والجنس وعنبر الدخول والتشخيص قبل

العملية ونوع التخدير وإجراءات الجراحة المنجزة كبرى أو متوسطة أو صغرى ونـوع الإجـراءات لهـا، وإزالـة الأنسـجة وتـاريخ ووقـت البـدء والانتهـاء في العمليـة واسـم الجراحين ومسئول التخدير وممرضة تنظيف مخلفات مسرح العمليات بالإضـافة إلى إمكانية أن يكون في كل غرفة عمليات سجل يوثق التفاصيل الأخرى للعمـل المنجـزة واستخدام المواد المستهلكة ولوازم التخدير ومواد امتصاص المواد.

تجهيز الكوادر:

مدير غرفة العمليات:

إن مدير قسم العمليات هو المسئول التمريضي عـادة عـن غـرف العمليـات وفي الأوقات التي يستوجب أسباب عديدة للأقربين من حيث الكادر فإن القيادة وتنفيـذ النظام والجراح الرئيسي ومسـئول التخـدير رعـايتهم مـنحهم المسـؤولية عـن غرفـة العمليات حتى لو أن مدير غرفة العمليات هو الـذي يتـابع سـير العمـل اليـومي في غرف العمليات ويجب أن يتأكد من الآتي:

- إدارة كفؤة لغرفة التحكم وغرف العمليات.
- توفير المرافق والمعدات والأدوات والكادر التمريضي للجراحات المجدولة والطارئة.
- الرعاية الملائمة وصيانة المعدات.
- نظافة وتعقيم غرفة العمليات.
- الالتزام بنظـام العمـل (تغيـير أوقـات للعـاملين مـن الأطبـاء السرـيرين والعـاملين الآخرين والاحتياجات العالمية المتعارف عليها لغرفة العمليات.
- النقص في المواد المستهلكة.
- الاحتفاظ بسجلات غرفة العمليات.

- كتابة التقارير عن التعقيدات الحاصلة.

- التنسيق مع الإدارات الأخرى، ومع الإدارة.

الكادر (العاملين):

يتعين أن يكون هناك كبير ممرضين من بين كادر العنبر ليكون مسئولا عن العمل الميسر والكفؤ لكل مسرح عمليات/ غرفة عمليات وهذا الممرض الذي نادراً ما يتم العمل كممرضة، خدمة مسئول عن إدارة غرفة العمليات بما في ذلك الاعتناء بالمرافق والمعدات والأدوات وسد النقص، المواد المستهلكة والعقاقير وانتشار العاملين ورفع وقت الاستخدام إلى أقصى حد لهذه الغرف وتخصيص الوقت المهدور بين العمليات بجانب ٣٠ ممرضين لازمين عادة لكل غرفة عمليات ممرضة خدمة وممرضة متنقلة وممرضة تخدير وربما يتم توفير مساعد غرفة عمليات أو مساعدة تمريضية ربما يتم توفيرها لكل غرفتي العمليات للمساعدة في نقل المريض ووضعية المريض المنقول إلى منطقة النقاهة ومن الضروري أن يكون معدل الممرضين للمرض ١- ١ وبذلك فإن اكتمال عدد العاملين التمريضيين يعتمد على نوبة العمل الشاملة والوقت الذي يبقى فيه المريض في وحدة النقاهة ما بعد التخدير.

لجنة مستخدمي غرف العمليات:

يمكن للجنة مستخدمي غرف العمليات أن تلعب دوراً هاماً في قولبة العمل لغرفة العمليات بصورة عصرية والتنسيق بين مختلف الفحوصات وتم بفصل عضوية هذه اللجنة وعملها في فصل لجان المستشفى في مكان ما من هذا الكتاب.

إدارة المشكلات الخاصة لغرفة العمليات:

الاستغلال الضعيف لوقت غرفة العمليات:

وهذا ربما يكون الأكثر أهمية والمشكلة الدائمة التي تربك مدير المستشفيات والأطباء وهناك أسباب متعددة للاستغلال الضعيف للوقت وهي:

- فشل جدولة جراحين انتقاؤهم بطريقة صحيحة.

- الوصول المتأخر للمرضى بسبب عدم الرضى عند المرضى عن التجهيز الملائم قبل العملية أو عدم إنهاء فحوصات المختبر والأشعة، ونقص الدم. وعدم توفر حامل لنقل المرض.

- الوصول المتأخر للجراحين نظراً لالتزاماتهم في مستشفيات أخرى أو عنابر أو اشتغالهم بالمرضى الزائرين. والطوارئ التي تتعلق بمرضى آخرين وعدم الدقة بالمواعيد بشكل عام.

- صعوبات أخرى مثل النقص في الأطباء / أو الممرضين أو عاملين محليين غير ملائمين لتنظيف غرفة العمليات بين العمليات الجراحية.

- الإلغاء في اللحظات الأخيرة مما يجد من إعادة الجدول للمرضى الآخرين.

- المعدات الهامة غير صالحة للاستخدام، وعدم توفر مواد مستهلكة مناسبة.

- التنسيق الضعيف مع الأقسام الأخرى وخاصة قسم التبريد بالتجميد وأشعة إكس المتنقلة.

مشاكل تنظيمية:

- إن دخول عدد كبير من المستخدمين من أقسام مختلفة إلى غرفة العمليات يومياً يؤدي إلى صعوبة تنفيذ نظام غرفة العمليات والإذعان لروتين الغرفة، على سبيل المثال فقد أصبح مزعجاً لمدير مسرح العمليات لسحب كبار الجراحين (للتغيير غير الملائم أو غسل الأيدي أو كلام دقة المواعيد عدم الالتزام باحتياجات الأمان العالمية) ولكن مثل هذه الأوضاع غير متكررة بصورة منتظمة ويؤدي إلى صراعات في العمل الرئيس.

- الطبيعة الضاغطة للعمل في غرفة العمليات التي تعوق بيئة العمل المنتظم وتقود هذه الأوضاع المتوترة بنفس الوقت إلى سلوك غير معقول تجاه قسم من الأطباء والممرضين وغيرهم.

- ثم جعل الممرضين مسئولين عن تأخير الآخرين في تجهيز وإصلاح المعدات وعدم ونفاذ المخزون من المواد المستهلكة والتجهيز غير الملائم للمرضى، وتأخيرات المرضى ... الخ.

الناحية الاقتصادية:

إن قسم العمليات قسم مستثمر فيه رأسمال كبير ونفقات عالية متكررة، وبذا يجب عمل كل محاولة لزيادة إنجاز العمل والاستخدام المراقب للموارد المستهلكة والعقاقير المستخدمة لكل مريض ولتغطية التكاليف فهناك مهمة عمل صعبة للعاملين في مسارح العلميات الذين لهم أولويات أخرى ولكن هناك عامل هام هو التأكد من الناحية الاقتصادية.

خدمات التشخيص (٢٤)

تتطلب إدارة الصحية العلمية مساعدة العديد من الفحوصات الشخصية وسيجد مدير المستشفى طلبات بالعديد من الفحوصات والإجراءات الشخصية وتتطلب ذلك الكثير الكثير من المعدات والأفراد المدربين والمهرة، وعلى المدير أن يتخذ قراراته بخصوص هذه الفحوصات والمعدات الجديدة، وتوفر الإدارات التي توفر خدمات التشخيص والتي يمكن أن تدر دخلاً مرتفعاً ونفقات.

ويشمل قسم الخدمات التشخيصية أقسام تكنولوجية ومحترفة والتي تساعد في التشخيص والإدارة الملائمة للمرضى أو المشاكل الصحية ويشمل الآتي:

١- مختبر طبي مع أقسامه الفرعية للأمراض السريرية والكيمياء السريرية، وعلم الجراثيم وعلم أمراض الأنسجة وبنك الدم.

٢- قسم الأشعة مع أقسامه الفرعية التشخيص بالأشعة وعندما يتوفر ذلك أمواج فوق الصوتية والرسم الطبقي السطحي بأشعة إكس وطب فوري.

٣- مختبرات متخصصة للفحوصات مثل الرسم الكهربائي للقلب وحيث يتوفر ذلك تصوير الدماغ والتنظير والوظائف التنفسية، الرسم الكهربائي لتسجيل الانقباضات والاسترخاءات العضلية للقلب.

٤- مختبرات فحص السمع والنطق.

ملامح فريدة

التنظيم

ويعتمد حجم ومجال الخدمات على:

١- حجم المستشفى.

٢- موقعها الجغرافي.

٣- خصائص الرعاية المقدمة من قبل المستشفى.

٤- ارتباطها مع المراكز الطبية الأخرى.

ويكون نموذج العاملين كالآتي:

١- مسئول الخدمات وهو عادة شخص مؤهل طبياً مع مؤهلات دراسات عليا في الموضوع الملائم مثل علم الأمراض/ والأمراض السريرية، وتعمل أو يعمل كمدير مسئول للقسم كأخصائي مهتم بنوعية الخدمات المقدمة.

٢- تقني طبي أو غير طبي مسئول عن مراقبة وتنسيق العمل ويقدم مساعدة فنية ومراقبة جودة وحفظ السجلات.

٣- فنيون يقومون بواجباتهم في تحضير المرض وسحب العينات وإنجاز التحاليل وتنفيذ الإجراءات والنتائج وتنظيم هذه القسم قد يكون مركزياً أو غير مركزي بأقسام مختلفة وربما تقوم المستشفيات بإنشاء مختبرات في مجالات مختلفة من طلبات قسم العمليات الشائعة (وفحص تعداد مكونات الدم، وفحص البول وأشعة الصدر ... الخ) وحتى في العمل المركزي والعمل خارج ساعات العمل الروتينية، فمن المعتاد توفير ترتيب للحالات الطارئة بحيث لا يعمل جميع القسم.

المركزية

المكاسب (الفوائد)

١- عدم الازدواجية في المعدات والمرافق.

٢- يمكن عمل الفحوصات الروتينية أسرع وبصورة اقتصادية أكبر على دفعات.

٣- الحجم أكبر من يجعل من العمل الآلي مجدياً اقتصادياً.

المخاسر السلبيات؟

١- التأخيرات (نقل المرض/ أو العينات).

٢- حجم كبير من العمل قد يقود إلى تسوية وسط في النوعية.

هدم المركزية:

المكاسب (الفوائد)

١- سرعة توفر النتائج.

٢- إجراءات متخصصة في بعض المجالات قبل المواليد حتى أول شهر من العمر.

٣- أقل اعتراضاً من المريض.

٤- ضرورية للمرضى الخطرين.

المخاسر (السلبيات):

١- الافتقار إلى إشراف وتحكم.

٢- ضياع المواد المستهلكة.

المباني

الموقع

يجب أن تكون أقسام خدمات التشخيص يمكن الوصول إليها بسهولة من قبل المرضى الزائرين والمقيمين وقريبه من المصاعد أو الدرج وأن تكون مدمج ومن السهل الوصول إليها من قبل راكبي الكراسي ذات العجلات والنقالات.

مناطق النشاط:

وتشتمل هذه المنطقة الإدارية المكان للخدمة الرئيسية السكرتير، الكاتب، المؤتمر ومنطقة العمل (غرف المجموعات حسب الوظيفة، تصميم أجزاء فاصلة متحركة ومقاعد قياسية) ومنطقة المرضى (الاستقبال والانتظار والمراحيض وجميع العينات والنقاهة). وإن أحد المظاهر الهامة ضمن إدارة الأشعة هو تدفق السير ويعتمد التخطيط المبدئي على سيارات المرضى (سهولة الوصول وسرعة الانتباه، مريحة، مقنعة خاصة، اختبارات ملائمة، مخرج سهل) ويتعلق التخطيط بتدقيق العمل (حركة متقدمة لتسهيل الإتمام، والتقرير والتحرير وعمل الملفات)، وسير الفنيين يجب أن يتم تخفيضه أقل عدد من الأفراد وأكبر كفاءة، وأقل أعباء ممكن) وإشراف من قبل التقنيين أو المختصين يجب التخطيط له (المقابلات وفحص المريض والإشراف على العمل من قبل العاملين وإبلاغ التقارير).

المكان:

تختلف متطلبات حجم المكان ونوعه من مستشفى إلى أخرى وذلك حسب الخدمات المقدمة، ومن المفيد أن نتذكر أن عدد الإجراءات يزيد مع الوقت وحتى لو كان حمل المرضى ثابتاً، لذا فمن الضروري توفير مكان التوسع.

المعدات:

هناك استثمار بمستوى عالٍ، مع قبل أكثر نحو جعل العمل آلياً، ويؤكد هذا السرعة واستعمال أقل للمواد المستهلكة وعدد أقل من القوى العاملة، الضروري تجنب الازدواجية والزيادة عن الحاجة ويجب أن تتم صيانة المعدات دائماً بصورة جيدة وهناك حاجة للدخول في تعاملات لخدمات الصيانة الوقائية وأن يتم الاحتفاظ بمخزون ملائم من المواد المستهلكة وأن تكون هناك كتيبات للخدمات.

الإنعاش:

ربما ينهار المريض خلال إجراءات الفحوصات، فيصبح من الضروري أن تكون هناك عقاقير طوارئ (ويفضل بعربه) ومعدات الإنعاش، ويجب أن يتم تفقدها باستمرار للأداء المقنع المقنع، وتاريخ الانتهاء ... الخ بفواصل أسبوعية.

الأخطار الوظيفية:

يجب أن يؤخذ الحذر لحماية جميع الأفراد من الإشعاع (والجدران والزجاج المطلي بالرصاص، والغطاء الرصاصي والأفراد، وإجراءات التعامل الآفية) في حالة (الإشعاع ومن العدوى (التهاب الكبد b) في المختبر السريري.

طبيعة العمل (مزيد لأقساط خدمات التشخيص)

١- إن معظم العمل يتم القيام به خلال ساعات الدوام الروتينية، ولكن خدمات الطوارئ تتطلب ساعات بخلاف ذلك فمن الممكن جدولة حجم العمل المتوقع غالباً وخاصة الإجراءات المتخصصة، وحمل العمل المرتبط جيداً بإدخال المرضى المقيمين وعدد زيارات المرضى الزائرين.

٢- يمكن أن تكون الإنتاجية قياسية.

٣- بشكل عام هناك فحوصات قليلة مسؤولة عن جزء كبير من حمل العمل (مثل عدة لهموغلوس الإجمالي والمختلف ومعدل ترسب الكريات الحمراء في الهموغلوبين والجلوكوز ويوريا الدم والنيتروجين والصوديوم والبوتاسيوم في الكيمياء السريرية) ويتطلب ذلك أنوية في استخدام الطرف الآلية.

العلاقات البينية مع الأقسام الأخرى:

إن من الضروري الحفاظ على علاقات ودية مع الأقسام الأخرى الذين يستخدمون، ويتعين أن يكون هناك صلى ووئام جيد بين الأطباء والعاملين في أقسام الخدمات ويمكن أن تظهر الخصومات بسبب عدم التقيد بالسياسات والإجراءات (من كل من الطرفين) وإن الإساءة إلى مريض الطوارئ الذي لم يتم تجهيزه بصورة ملائمة والافتقار إلى الموثوقة في النتائج.

إدارة المشاكل:

إن أهم مشكلة هي الافتقار إلى قوى بشرية مدربة وخاصة رئيس الخدمات ومن بين الأمور الأخرى تخصيص العمل والموارد، وترتيب الأهداف (نطاق الفحوصات ووقت الإبلاغ) ومراقبة الجودة والتحكم والميزانية وطلبيات الإمدادات والضياع والكسر.

وعلى مدير المستشفى التأكد من أن جميع الموارد الضرورية متوفرة لتأكيد السير الميسر لأقسام الخدمات، وإن سوء العمل الوظيفي في هذه الأقسام يؤثر على كل كل مجالات رعاية المريض.

السجلات الطبية (٢٥)

هي عبارة عن تاريخ حياة المريض الدقيقة والواضحة والمكتوبة من وجهة نظر طبية وفي نموذجها الصحيح ويتم الحصول على بيانات علمية كاملة مأخوذة من مصادر متعددة ومتسقة في وثيقة بصورة منتظمة من قبل قسم السجلات الطبية ثم وضعها في ملف لاستخدامات متعددة شخصية وغير شخصية.

الدكتور مالكولم. تي ماك أيكهيرن

المدير السابق لنشاطات المستشفيات - الكلية الأمريكية للجراحين.

أهداف السجلات الطبية:

إدارة رعاية المريض:

- يوثق تسجيل المرضى بصورة دائمة حالة المريض ودورة المرض والفحوصات المنجزة والعلاج المعطي. والتقدم السريري.
- يمكن استخدام الملف للمراجعة الهادفة ومراقبة تجاوب المريض للعلاج بحيث تكون الإضافة الملائمة أو الإجراءات الصحيحية ممكن إنقاذها.
- تخدم التعليمات الموثقة في ملف المريض كل سائل للاتصال بين الأطباء والمحترفين للطبيين الآخرين الذين يقومون برعاية المرضى وهذا ضروري لمواصلة الرعاية.
- تنظيم السجل الطبي بحيث يمكن المحترفين للمصيبين المنخرطين في الرعاية اللاحقة في الحصول على رؤية في ظروف المريض السابقة والتجاوب مع العلاج والسجل الكامل للإدخال السابق للمستشفى والفحوصات متجنبين تكرار الفحوصات وعدم راحة المريض بالإضافة إلى التكلفة.

مراجعة الجودة:

يقدم سجل المريض كأساس لتقديم مدى ملائمة الرعاية ويمكن للمؤسسة من تقييم الأداء وللتنافسية للمحترفين العاملين لديها كما هو في التدقيق الطبي وإهمال معلومات التحقيق ذات العلاقة وإدارة المخاطرة.

تستخدم سجلات للمرضى في المسموحات الطبية التي تجريها وكالات الترخيص والاعتماد في تقييم الرعاية وفي تجديد الإذعان للمقاييس الخاصة بالوكالات المعنية.

* الشؤون القانونية:

- إن رضا ولي المريض عن المراجعة المتعددة ذات المناظرة الكبيرة التثقيف والعدوانية للأمراض وإجراءات المعالجة بحيث تتم تعبئتها في ملف المريض وحماية مزودي الرعاية الصحية ضد الانتهاك غير المصرح به.

- ويشتمل سجل المرضى مسائل طبية قانونية متعلقة بإصابة المريض والحوادث والهجوم وحالات الإجرام وتعويضات العاملين، حالة العجز العقلي والقصور العقلي وإدخالها إلى المستشفى.

- يوفر ملف المريض البيانات لحماية الحقوق القانونية للطبيب المرافق، الرعاية الصحية من الإهمال ومطالبات سوء التصرف.

التعليم والأبحاث:

- تساعد السجلات الطبية المحترفين والطلاب على المنافسة السريرية ومراجعة الرعاية، ودراسة الحالة والتعليم ... الخ.

- وهذه أساسية لا غنى عنها لبيانات أساسية للبحث الطبي.

الصحة العامة

– تشكيل البيانات الصحية الأساس للإبلاغ عن الأحداث الحيوية (مثل الولادات والوفيات) وإن الأمراض المعدية وقسم الإحصائيات الصحية تساعد بتحديد أحداث المرض ويمكن صياغة خطط للأوبئة لتحسين الصحة الشاملة للأمة.

إعادة المستحقات المالية:

يوثق ملف المريض مطالبات الدفع عن المرافق الصحية اللازمة للسير بمطالبات الدفع من طرف ثالث.

طبيعة السجلات الطبية ومحتوياتها:

سجل الوحدة:

هناك نوعين أساسيين من السجلات المتوافقة والمنسجمة مع تسجيل النظام الذي تم تبنيه ففي نظام الوحدة فلكل مريض ملف واحد محدد من خلال رقم مستشفى فريد وكل المعلومات المتعلقة بالمريض يتم تسجيلها فوق تنقل متكرر، وفترات الإقامة المرضية والرعاية الطارئة مسجلة في ملف منفرد والتسجيل المتسلسل هو تضاد أو تناقض حيث يكون الملف المنفرد تحت رقم تسجيل مختلف والاحتفاظ به لكل حقبة من رعاية المريض المقيم ويحتوي سجل الوحدة على صورة كاملة لتاريخ المريض الطبي وبذلك تظهر الحاجة إلى الطلب المنفصل للسجلات المتعلق بالعلاجات المبكرة وبذلك فهو أفضل نظام ويتم الدفاع عنه بمعظم الاختصاصيين في المستشفيات ويجب أن يكون الإقرار بأن السجلات الطبية المختلطة يمكن أن تصبح ضخمة جداً مما يحتم وجود مجلدات متعددة حيث أن من الترتيبات للممارسات العامة السائدة للتنقل فربما يأخذ المستشفى سجلات المريض الزائر والمريض المقيم وسجل المرضى المقيمين والزائرين ويخدم كسجل الوحدة وسيكون هناك سجل منفصل لكل حقبة إدخال في

المستشفى، وسوف يحتوي على سجل المرضى الزائرين على إدخالات متعددة ونسـج عن ملخصات التخريج ذات العلاقة بملخصات تخريج المرضى وإذا لزم الحصـول عـلى تفاصيل أخرى على مستوى المرضى الزائرين فيمكن طلب ملف المرضى المقيمين.

أنواع النماذج:

يعود نموذج السجل الطبي إلى الطريقة التي تم تبنيها لتسـجيل بيانـات المـرضى وتنظيم النماذج ضمن السجل الطبي وهناك ثلاثة نماذج جوهرية يجري استخدامها.

١- السجل الموجه حسب المصدر الطبي وهذا هو السجل التقليدي الـذي يـتم فيـه تنظيم سجل المريض إلى أجزاء حسب فئات المـوفرين للخدمة الـذين سـجلوا البيانات وتم ترتيب النماذج ضمن كل جزء حسب تسلسل الأحداث (المترافقة) وأن الفائدة الرئيسية لهذا النظام هـي أن التقارير والملاحظات المتعلقـة بكـل مصدر يتم كتابتها وتعبئتها كسلسلة متواصلة وأن من السهل للمحترفين التـابعين للنظام المعني للدخول إلى وثائق خاصة ومراجعة التقدم وتحديث المعلومات أما مساوئ هذه الطريقة في أنها لا تساعد بالتحديد السريع لجميع مشاكل المرضى عند ملاحظتها بصورة مختلفة من قبل موفري الرعايـة الصحية المختلفين أو أن من الممكن بلمحة وسرعة تحديد كامل الرعاية (مثل الرعايـة الطبيـة والجراحيـة والتمريضية والعلاج الطبيعي... الخ × التي تم تقديمها في وقت ما يتم تسـجيلها في أجزاء موفري الخدمة ذوي العلاقة وليس حسب المشـاكل التـي يعـاني منهـا المريض.

٢- السجل الطبي الموجه حسب المشكلة قام بتقديم هـذا السجل لـورنس. ك. ويد وهارولد .د. كروسي عام ١٩٦٩ ويـوفر طريقـة منظمـة للتوثيق تعكس التفكير المنطقي من جهة الطبيب المعالج الذي يتوقع منه تحديد ومتابعـة كـل مشكلة سريرية بشكل منفصل ويحتوي هذا السجل الطبي على مكونات رئيسية أربعـة: البيانات الأساسية وقائمة كاملة بالمشاكل وخطط مبدئية وملاحظات تقدم

وتشتمل عناصر البيانات الأساسية على شكوى رئيسية والمرض الحالي/ وعادات المريض والبيانات الاجتماعية حيث أن قائمة المشاكل (معنوية ومرقمه وموضوعه أمام اللوحة كجدول محتويات ولتخص الأعراض والنتائج غير الطبيعية والتشخيصات المحددة التي تتطلب عمل تشخيص ويتم تحديث هذه القائمة بصورة مستمرة ويمكن إدراج الإضافات الجديدة بينما يتم وضع علامة على التغيرات مثل أسقطت أو تم حلها بالإضافة إلى تسجيل البيانات ويتم ترقيم الخطة المبدئية طبقاً للمشاكل المطروحة رسم وتخصص ما تم القيام به وتقع هذه في ثلاث فئات. معلومات أكثر بالتشخيص والإدارة والمعالجة وتثقيف المريض وملاحظات التقدم مسبوقة برقم وعنوان المشكلة وتشتمل على كل العناصر التالية أو إحداها والمعطاة مركبة من أوائل حروف كلمات التي تعني الأعراض الذاتية والفحوصات الموضوعية وتقييم الظرف الحالي وبيانات الخطة وتساعد هذه السجلات على اعتبار جميع مشاكل المرضى في السياق العام تشير بوضوح إلى أهداف وطرق المعالجة التي تسهل التثقيف الطبي بتوثيق عمليات التفكير المنطقية للطبيب ومراقبة الجودة حيث البيانات المنظمة والقابلة للقياس وإن المساوئ الرئيسية لهذا السجل هي شدة تعقيده ويحتاج إلى تدريب محدد للكادر الطبي والمحترفين.

السجلات الطبية الموحدة:

يتم إدراج جميع البيانات الطبية ذات العلاقة ومن جميع المصادر والمحترفين وإشعار تمريضي وتقرير أشعة إكس وإشعار من معالج طبيعي أو أخصائي حمية غذائية واستشارة ... الخ.

ومن فوائد هذا النظام هـي أن جميـع المعلومـات عـن حقبـة خاصـة بالرعايـة مسجلة تسلسلياً وبذلك توفر صورة واضحة عن الأم المريض وتجاوبه مع العـلاج أمـا مساوئ هذا السجل بأن من الصعب مقارنة المعلومـات المشـابهة فيـه مثـل (قيـاس ضغط الدم المتسلسل والمعالجة بالتكم بالضغط) ويتم نثرها على السـجل وفي وقـت يتم فيه توحيد إشعارات التقدم وهذا النموذج يتمتع بالقدرات التالية مثل التقيـيم السريع لتقدم المريض الممكن بسبب الملاحظات الحالية لجميع الأنظمة مـع بعضـها البعض ويتم تخفيض عدد النماذج المتخصصـة التـي تقـود إلى سـجلات أقـل صرامـة ويتم تشجيع مفهوم الفريق للرعاية الصحيحة فيه.

خصائص السجل الطبي الجيد

إن السجل الطبي المكتوب جيداً مرتبطاً بالرعايـة الجيـدة للمـريض بيـنما يشـير السجل الطبي الضعيف إلى الرعاية الضعيفة والخصائص التي تعتبر جوهرية للسجل الطبي الجيد كالآتي:

التوثيق الملائم:

يجب أن يحتوي السـجل الطبـي عـلى بيانـات حقيقيـة كافيـة مكتوبـة حسـب تسلسـل الأحـداث لتحديـد الواضـح للمـريض وتـبرر إدخالـه وخدمتـه المتواصـلة في المستشفى ويسند التشخيص المبرر اللازم العلاج والنتـائج النهائيـة ويتعـين أن يكـون مفصلاً وكاملاً وتم تحديثه لتمكين جميع الأطباء المعنيين مـن تحديـد صرف المـريض في أي وقت ومراجعة التجاوب مع إجراءات العلاج الماضـية وتـوفير الرعايـة الفاعلـة المتواصلة وأن تكون القوانين الفرعية للكادر الطبي وللمستشـفى مبينـة مسـؤوليات الطبيب الممرض في تسجيل المعلومات السريرية الدقيقة والمتكاملة.

التواقيع:

يجب أن يكون كل دخول موضحاً بالاسم وبأحرف كبيرة لتوفر الخدمـة ومـا زال من الأفضل أن يكون هناك ختم مطاطي بالاسم والوظيفة والقسم التابع له المحترف حسب الملاحظات على أن تحتوي جميع الإدخالات ت على بيانـات (وعلـى وقت إذا كان له علاقة).

العبارات المختصرة:

يتم استخدام العبارات المختصرة والرموز المصرح بها فقط.

التقيد بالوقت:

إن من الضروري بأن تتم الإدخالات بأقرب مـا يمكن بوقـت الظهـور للحـدث الموثق على أن يتم إكمالها خلال أربعة وعشرين ساعة من الدخول بينمـا يـتم إكمال سجلات المرض الذي تم تخريجهم خلال يومين.

الأهلية:

إن الاستخدام المفيد للسجل يعتمد على أهلية المعلومات المدخلـة فيه ويتعيـن طباعة التقارير التالية، وإجراءات الفحوصـات والمعالجـة والأشـعة وعلـم الأمـراض والجراحة وخلاصة التخريج والتقارير الطبية.

تصحيح الأخطاء أو الحذف:

يتعين عـدم مسـح الأخطـاء أو تغطيتهـا بـالحبر الأبـيض أو أن تكـون البيانـات المدخلة قد تم تنظيمها في خط منفرد وتحمل توقيع الأفراد والتاريخ ويجب تعـدل بإدخـال بيانـات بعـد آخـر البيـان مباشرة في ذلك اليـوم مـع شرح لمـاذا هـي غـير متسلسلة.

نماذج السجلات الطبية مع نظام الترتيب النهائي:

إن نظام الترتيب النهائي لكشوف الحالة تختلف من مستوى العنبر عندما يكون المريض تحت المعالجة ومختلفة بعد التخريج، ولهذا السبب ترغب بعض المستشفيات باستخدام ملف مؤقت لحمل كشوف الحالة المتعلقة بحقبة المريض المقيم الحالية، وعن تخريج المريض تتم إعادة تجميع هذه النماذج وضمها في سجل الوحدة دائم للمريض، وإن النظام النهائي للترتيبات في سجل الوحدة يكون بشكل عام كالآتي:

كشف تحديد هوية المريض وملخص لكشف التشخيص متبوعاً بأربعة أجزاء من الفواصل لمعالجة المرضى الزائرين والمراسلات والتقارير الطبية وتقارير الفحوصات في كشف كشوفات معلقة وتتم وضع ملاحظات المريض في حقبة الإقامة المرضية كذلك وهناك طريقة عملية بديلة لتعبئة النماذج في سجل الوحدة ولإعداد ملف جميع كشوف الحالات المتعلقة بطبيب المرضى المقيمين والزائرين بطريقة التسلسل للأحداث بينما يمكن وضع نماذج الممرضين والنماذج الأخرى في حقبة المريض المقيم كذلك.

تصميم النماذج والتحكم بها:

إن النماذج الجيدة التصميم من السهل إتمامها مؤكدين أن كل معلومات المرضى قد تم الحصول عليها دون أخطاء وتقليل أو وقت الكتابة متجنبين ازدواجية المعلومات للتأكد من أن لا تصبح سجل المريض بالضرورة غير مقروءة متراكمة وغير قابلة للقراءة وبفرض إنجاز هذه الأهداف يتعين الالتزام بالمبادئ التالية:

المركزية:

يعين أن لا يسمح للأطباء كأفراد أو لأقسامهم بتقديم المعلومات عن المريض دون موافقة لجنة السجلات الطبية، أو لجنة النماذج ويضع هذا قيوداً على إصدار عدة نماذج ذات طبيعة متشابهة والتأكيد بنفس الوقت بأنه قد تم الوفاء بالمتطلبات الأخرى للمستشفى.

الأعمال القياسية في هذا المجال:

يتقبل أن تكون نماذج السجلات الطبية محددة الحجم تمكن من التعبئة الملائمة وكشوف الحالة من حجم (٢١٠ مم × ٢٩٧مم) بينما نماذج التقارير/ وطلبات الفحوصات من حجم 6b)١٧٥مم × ١٢٥ مم).

مبادئ التصميم:

إن من المرغوب بأن يكون لكل نموذج موضوعاً ورقم طلب ورقم صفحة إذا استخدمت الصفحات المتعددة واسم وشعار المؤسسة وبيانات تحديد هوية المريض (اسمه ورقم المستشفى والعمر والجنس والعنبر) أو مكان إدخال ملصق تحديد بطاقة هوية المريض وعلى أن يتضمن النماذج أيضاً تعليمات للمستخدمين إذا لم تكن مدرجة والأقسام التي يتعين إرسالها إليها إذا استخدمت صفحات متعددة وفراغ كافي لتسجيل جميع البيانات ذات العلاقة التي يتم الحصول عليها وفراغ لتواقيع الاعتماد بينما يتم تصميم النماذج ينصح بشكل عام بتجنب الخطوط المسطرة الغامضة والهامش الضيق وازدحام الإدخال، والافتقار إلى التناسق وبنماذج الأنواع غير التقليدية أو الحروف والأنواع الكبيرة جداً والصغيرة جداً وبملامح جذابة تشمل لاستخدام المتكرر للسطور الشعرية الرفيعة وفراغ هامس ملائم، وتراتيب واضحة للمربعات، والاستخدام من حين إلى آخر للتضليل والاستخدام المفيد للألوان وأن يكون الفراغ للخطوط والفراغ العامودي ملائماً لتعبئته باليد أو بالآلة الطالبة/ أو الحاسوب يتعين تعبئتها من قبل أشخاص مختلفين وأن يصنف في مجموعات مع بعضها البعض تتعلق بالبنود التي سيتم ترتيبها تسلسلياً، وأن يتم ترتيب المعلومات على النموذج لتسهيل تدفق الكتابة وأن تسهل الإقامة العامودية التوقعات المجدولة والهامشية عند الطباعة.

نماذج التقييم:

يتعين إيجاد التقييم الدوري للنماذج التي يتم تنفيذها ولمراجعة فائدة استخدامها لكل بمد من البيانات ليتم تسجيلها بصورة مزدوجة، نفس هذه المعلومات السرية في النماذج المتعددة ويساعد ذلك في خلط بعض النماذج وإبعاد بعض بنود البيانات والنماذج وتضمين بيانات محذوفة.

الدليل والسجلات

الدليل الرئيسي للمريض

ويدرج هذا الدليل جميع المرضى المعالجين في المستشفى على أساس المرضى مقيمين أو مرضى زائرين ويحتوي هذا الدليل على الاسم الكامل والعنوان والجنس وتاريخ الميلاد ورقم الوحدة أو المستشفى وفتح حقبة للمرضى الزائرين وخصوصيات محددة لكل حقبة للمرضى المقيمين بما في ذلك تواريخ الإدخال والتخريج والنتيجة واسم الاستشاري والرقم المتسلسل لسجل المريض المقيم وفي حالة فقدان المريض أو رقم المستشفى الخاص بالمريضة أو المريض فإن علم الأصوات المحوسب ومسبار الدليل الرئيسي للمريض يساعد في تتبع المرضى الذين لديهم نفس نغمة الصوتية للاسم ولكن يختلف أسماؤهم في الأحرف الهجائية وبذلك يتم تجنب فتح الملفات المزدوجة لنفس المريض.

الدليل للأمراض والعمليات:

إن الدليل المرضي يتم الاحتفاظ به بصورة منفصلة لكل مجموعة من codes التي تدرج بشكل عام ورقم المستشفى والعمر والجنس للمريض وتاريخ الإدخال و/ أو التخريج ونتيجة معالجته في المستشفى ورمز المرضى، والتوسع والخدمات العشرية واسم ورمز العملية ورقم الطبيب والخدمة/ والإدارة الدليل العملية متضمناً رمز التشخيص ورمز الجراح واسم وعدد أيام المستشفى/ الإجراءات

والأيام السابقة للعملية، ووضعية التخريج ورقم المستشفى الخاص بالمريض وعمر المريض وجنسه ونظام التسمية والتصنيف الأكثر استخداماً في تصنيف منظمة الصحة العالمية للأمراض الصيغة العاشرة أو cm ٩icd - للأمراض و ٩icd أو cm- ٩ لإجراءات العمليات في بعض البلدان (مثقل الولايات المتحدة واستراليا والدول وتتضمن أو معلومات أعلاه أيضاً كمجوعة ذات علاقة بالتشخيص أو مجموعة الموارد الصحية (GRH) والترميز للمقارنة الأسهل لطول الإقامة إعادة المستحقات المالية.

دليل الطبيب:

وهذا خلاصة للنشاطات المحددة للأطباء الأفراد، ويتم حفظه بطريقة سرية من خلال استعمال رمز الطبيب ويوفر هذا الدليل البيانات عن النزعات في المجلد والنشاطات وإحصائيات والوفيات والاختصار، ومعدلات التصميمات ... الخ. للتمييز بين الأعضاء النشطين وغير النشطين ولأغراض مراقبة الجودة.

التسجيلات:

هناك سجلات هامة يجب أن يتم حفظها في الحاسوب وهي:

- الإدخال المركزي للقبول وسجل التخريج.
- عنبر الإدخال وسجل التخريج.
- وسجل غرفة العمليات.
- سجل جناح الولادة.
- سجل الوفيات والولادات.
- سجل خدمات الطوارئ والحوادث.
- سجل الحالات الطبية القانونية.

- سجل شهادة WOUND.

- وتسجيل السرطان، وله أربعة مكونات وهي ملف الدليل الرئيسي وسجل الإدخال وسجل الحالة وملف المتابعة.

طرق عمل الملفات والتخزين والحفظ:

أنظمة الترقيم والتعبئة:

تفضل طريقة ترقيم الوحدة على ترقيم متسلسل وخاصة عندما يكون نظام سجل الوحدة المختلط مستخدماً حيث يستلزم ترقيم الوحدة تخصيص رقم فريد لكل مريض في وقت الزيارة الأولى إلى المستشفى واستخدام هذا الرقم لجميع العلاجات اللاحقة، ويستخدم رقم الوحدة هذا لجميع التعاملات حتى لو أن كل حقبة لمعالجة المرض الزائرين (زيارة واحدة أو زيارات متعددة متعلقة بذلك والاعتدال الجسدي) أو إدخال المرضى المقيمين في المستشفى يعطون أرقام حقب مختلفة يكون لكل مريض منهم ملف منفرد بغض النظر عن عدد الإدخالات أو زيارات المرضى الزائرين وتتم تعبئة هذا السجل تبعاً لرقم الوحدة وإذا كانت عمليات المستشفى يسجل منفصل للمرضى المقيمين والمرضى الزائرين فإن يتم تبني واستخدام نظام الوحدة المتسلسل وحيث تتم عمل ملفات سجلات المرضى الزائرين حسب رقم الوحدة بينما يتم عمل ملفات المرض المقيمين حسب الرقم المتسلسل وإذا تم إعادة إدخال المريض يتم إحضار سجلات إدخاله السابقة يتم عمل ملف لها سجل الإدخال الحالي والمراجع المتداخلة التي تشير إلى ملف النقل، وإن دليل المريض الرئيسي وملف المرض الزائرين والمقيمين وقائمة أرقام الحقب المخصصة لكل دخول.

طريقة عمل الملفات:

ويمكن استخدام أي من الأنظمة الثلاث التالية استناداً إلى الخبرات والموارد المتوفرة.

عمل الملفات الرقمي:

ويتم الرجوع إلى عمل الملفات في السجلات إلى نفس تسلسل الأحداث بالضبط حسب الوحدة أو الرقم المتسلسل ومن السهل تدريب الكتاب على عمل ملفات السجلات بهذه الطريقة وحيث أن الأرقام المبكرة متعلقة بالسجلات القديمة يصبح من الأسهل إزالة السجلات الأقل فاعلية، ولكن لهذا النظام سلبياته لأن جميع الخانات لرقم التسجيل يجب أن يؤخذ الاعتبار لها بصورة متشابهة، وإن الخطأ في التعبئة مرتفع، ولذا فإن من الصعب تتبع السجلات في عمل الملفات بطريقة خاطئة وثانياً فإن النشاطات المكثفة للعمل والسلطات تتركز في مناطق تخزينها السجلات الحديثة، مما يؤدي إلى صعوبة قيام الكتاب بعمل الملفات في وقت واحد مما يؤدي إلى تداخل العمل فيها، ثالثاً ليس من الممكن تقسيم العمل بصورة متساوية وتحميل كتاب الملفات المسؤولية عن بعض الأجزاء وبذلك يكون من الصعب مراقبة نوعية عمل الملفات.

عمل الملفات بالخانات الطرفية:

إن هذه الطريقة سهلة ودقيقة وتزيد من إنتاجية الكتاب حيث أن الست خانات لرقم الوحدة يتم تجزئتها إلى آخر خانتين (أساسية) والتي تعتبر أولاً، فالملفات التي يتم تخزينها بهذه الطريقة تؤخذ في القسم الأساسي المعنى ويتم فصلها بناءً على الخانتين المتوسطتين (الثانويتين) وتتبع التي يتم فيها عمل ملف السجل حسب التزام الرقمي في الخانتين المتوسطتين الأوليتين وكذلك فإن من الأكثر صعوبة تدريب الكتاب على الملف بهذه الطريقة، ولكن فوائدها كثيرة حيث يتم اعتبار الخانتين في نفس الوقت. فإن الخطأ في عمل الملفات تخفض بصورة ملحوظة، وثانياً إن استخدام الملفات الملونة KEYتقلل مجال سوء القيام في الملفات، ثالثاً. نظراً لوجود مائة جزء أساسي، وأرقام جديدة يتم توزيعها بالأرقام المزدوجة فإن الاكتظاظ ينتج عندما يقوم

بعض الكتاب يعملون الملفات السجلات النشطة في نفس المنطقة يتم إقصاؤها، رابعاً يمكن أن يتكون الكتاب مسئولون عن مجموعة من الأجزاء وبذلك يوزعون العمل بالأرقام المزدوجة ويجعلون من السهل مراقبة النوعية.

عمل الملفات حسب الخانات الوسطى:

وتحتفظ بالترتيب الرقمي للسجلات بينما تدمج في نفس الوقت فوائد وعمل الملفات حسب الخانات الطرفية وهنا الخانتين الأساسيتين هما المتوسط بينها فالخانات التي على اليسار هي الخانات الثانوية وآخر خانتين على اليمين هما خانتين، وعلى أية حال فإن تدريب الكتاب عمل الملفات أكثر صعوبة بهذه الطريقة.

سياسة حفظ السجلات الطبية:

إن الافتقار إلى مكان التخزين مشكلة دائمة، وحيث أن من الضروري أن تكون هناك سياسة ثابتة لنقل السجلات غير النشطة والإتلاف بعد الفترة التي لن تكون مطلوبة وهي النقطة التي يتعين نقل السجلات عندها إلى التخزين غير النشط استناداً إلى توفر المكان للسجلات النشطة، وإن معدل التوسع السنوي للملفات الحالية والتكرار الذي يتم فيه طلب السجلات ويستند وإتلاف السجلات على كثافة البحث، ومعدل إعادة دخول المرض وخيوط الجراحة حدود وتكاليف والتصوير الفوتوغرافي للتصوير والتخزين غير النشط وحيث أن السجلات ليس في الاستخدام النشط لأكثر من عشر سنوات فإنها عادة لا تلزم لأية أغراض طبية أو علمية أو قانونية وقد أصبح من العادة إتلافها مثل هذه السجلات شريطة الإذعان للشروط التالية:

أجب ما وضحته رابطة السجلات الطبية الأمريكية ١٩٧٤م

- يتعين حفظ المعلومات الأساسية التالية عند إتلاف السجلات.

تاريخ الدخول والتخريج بسجل التشخيص والعمليات تقارير العمليات وعلم الأمراض وخلاصة التخريج وشهادات الولادة والوفاة.

- يتعين حفظ السجلات الطبية الكاملة للقاصرين خلال فترة القصور بالإضافة إلى حالة القيود المنطبقة كما هو مطبق في تلك الحالة.

- يتعين حفظ السجلات الكاملة للمرضى الذين يعانون من عجز عقلي بنفس طريقة القاصرين.

- يتعين الاحتفاظ بالسجلات الطبية الكاملة صورة غير محددة بناءً على الطلب الخطي للمريض أو طبيبه أو المجلس القانوني للطرف المهتم.

- الاحتفاظ بسجلات متفرقة:

- وتعتمد هذه ثانية أيضاً على الاستخدام المستقبلي الممكن لها والقيد والقانونية عليها.

السجلات التي بجانب الممرضات:

وقد خلصت هذه السجلات بشكل عام غرضها بعد تخريج المريض ويجب أن تتم ملاحظة ذلك لأن ملاحظات الممرضات هي مكتوبة جيداً، وهناك وثائق تعتمد على أكثرها خلال إهمال معلومات التحقيق المطلوبة المعنية ولا ضير في ذلك حيث تساهم أبعاد التضخم من الملفات المرضى المقيمين وإذا كان مكان التخزين عامل تجديد رئيسي ربما يتم إزالتها من سجل المرضى وإهمالها بعد سنين استناداً إلى (حالة ووضع القيود) سجلات الدخول/ والتخريج وغرفة الولادة والوفاة والحالات القانونية الطبية.

ويمكن الاحتفاظ بها بصورة دائمة ومن الممكن تصويرها فوتوغرافياً للتوثيق.

السجلات الأخرى:

وهنـاك أيضاً سـجلات العمليـات والإدخـال والتخـريج وإدارة المخـدرات والعـدوى، وأشعة إكس والإحصائيات اليومية والإحصائيات اليومية والتقريـر الشـهري الـذي يمكن إتلافه بعد ١- ٢ سنة من إتمامه.

دليل المرضى والعمليات:

رغم قيام معظم المستشفيات بإتلاف هذا الدليل بعد عشر سـنوات فإن بعـض مستشفيات الكليات ربما تحتفظ بها لمدة ٢٥ عاماً.

دليل الطبيب:

تعتبر مدة خمس سنوات من تاريخ مغادرة الطبيب للمستشفى كافية.

أشعة إكس:

بعد خمـس سـنوات مـن تـاريخ الاسـتخدام غـير النشـط ومـع تقدم اسـتخدام الحوسبة في المستشفيات فإن هناك ميل لتخـزين البيانات أعـلاه حيـة في الحاسـوب لمدة أطول ولهذه نقله نحو السجلات غير الورقية وإمكانية إجراء مسح الكشـوفات الحالة للسجلات غير الفاعلة على التخزين على خط الطلب في الكمبيوتر والأرشفة، وتعدوا الجدالات المحيطة بالاحتفاظ بالسجلات أقل أهمية.

إحصائيات الرعاية الصحية:

* التحليل اليومي:

- إحصائية القبول اليومي والولادات، والتحويل الداخلي والتحويل الخـارجي والوفاة يجمعها ويطبعها العنبر والتخصص.
- تحليل التخريج اليومي.

* التقارير الشهرية:

- ملخص زيارات المرضى المقيمين، و (الأولى والمتكررة).

- ملخص نشاطات المرضى المقيمين: على أساس التخصصات وعـدد الإدخالات والتخريج والوفيات وأيام المستشفى ومتوسط مـدة الإقامة ومعدل عائـدات السريـر الواحـد، ومعدل الإشغال ومعدل الوفيات والعمليات والعدوى والإجراءات المتخصصة.

* الإحصاء:

* معدل انشغال المرضى للأسرة

$$\frac{\text{إجمالي هدمة المرضى المقيمين للفترة} \times 100}{\text{إجمالي عدد أسرة المرضى المقيمين} \times \text{عدد الأيام في الفترة}}$$

* معدل إحصاء المرضى المقيمين يومياً من المواليد محدد:

$$\frac{\text{إجمالي أيام خدمة المرضى المقيمين المواليد يحدد للفترة}}{\text{إجمالي عدد الأيام في الفترة}}$$

* معدل الوفيات:

* معدل الوفيات في المستشفى (إجمالي معدل الوفيات)

$$\frac{\text{عدد الوفيات من المرضى المقيمين في الفترة} \times 100}{\text{عدد الذين تم تخريجهم (بما في ذلك الوفيات) في نفس الفترة}}$$

● **معدل الوفيات الصافي (معدل الوفيات المؤسسي)**

$$\frac{\text{الوفيات (بما في ذلك المواليد يحدد) بأقصى الوفيات تحت 48 ساعة للفترة} \times 100}{\text{إجمالي عدد الذين تم تخريجهم (بما في ذلك الوفيات المواليد الجدد) ناقص الوفيات تحت 48 للفترة.}}$$

* **معدل الوفيات بعد العلميات**

معدل عدد الوفيات خلال ١٠ أيام بعد العملية للفترة × ١٠٠

العدد الإجمالي للمرضى الذي تم إجراء العمليات لهم للفترة

* **معدل وفيات التخدير:**

إجمالي عدد الوفيات بسبب عامل التخدير للفترة × ١٠٠

إجمالي عدد المرضى الذين تم تخديرهم للفترة

* **معدل وفيات الأمومة (معدل ومعدل الوفيات)**

إجمالي عدد الوفيات المباشرة للفترة × ١٠٠

عدد تخريجات النسائية (بما في ذلك الوفيات) للفترة

* **معدل الوفيات ما قبل الولادة**

متوسط (٢٠- ٢٨ أسبوع العمل أو ٥٠٠- ١٠٠٠ غرام وزن).

ووفيات متأخرة (بعد ٢٨ أسبوع) بالإضافة إلى وفيات ما بعد الولادة عمر شهر.

(أقل من ٢٨ يوماً) مقسمة على الـولادات ووفيـات الأطفـال للفـترة مضروبة في ١٠٠.

معدل القسم القيصري

إجمالي عدد الأقسام القيصرية في الفترة × ١٠٠

عدد الولادات (بما في ذلك الأقسام القيصرية) في الفترة

معدلات العدوى:

* **معدل العدوى في المستشفى.**

<u>إجمالي عدد حالات العدوى غير المتماثلة في المستشفى</u>
العدد الإجمالي للتخريجات (بما في ذلك الوفيات) في المستشفى

* **معدل العدوى لما بعد العمليات:**

<u>عدد حالات العدوى في الحالات الجراحية النظيفة للفترة × ١٠٠</u>
عدد العمليات الجراحية النظيفة للفترة

التقنيات المتعلقة بالسجلات الطبية:

الحوسبة:

تختلف درجة الحوسبة من مستشفى إلى آخر اعتماداً على الموارد المتوفرة وثقافة الحاسوب السائدة بدءً من R- ADT الأساسي (التسجيل الإدخال والتخريج والتحويل) ووحدات القياس وتم تطبيق الحوسبة بصورة متقدمة للعديد من السجلات أدلة (وخاصة دليل المريض الرئيسي) وترميز الأمراض وسجل العمليات والولادة) وتعقيدات الإحصائيات ولوحة نظام الموقع والتتبع.

وإحداث تقارير المختبر والتقارير الأخرى بطبقات ومعالج كلمات لخلاصات التخريج والتقارير الطبية، والتخطيط للسجلات غير النشطة وإدارة المخاطر .... الخ، وعلى أية حال نظراً للمتغيرات التي لا تعد ولا تحصىـ الداخلة في تاريخ التوثيق والنتائج السريرية فإن الفراغ في قرص الذاكرة المختص بتخزين ECG وأشعة إكس التصورات الأخرى والقضايا القانونية المتعلقة بطباعة ونسخ وتوقيع الوثائق الأصلية وما زالت الجدوى الاقتصادية للسجلات الطبية غير الورقية متروكة للمستقبل.

التصوير الفوتوغرافي التوثيقي:

إن تخزين السجلات الطبية في تصوير فوتوغرافي توثيقي قد حقق ٩٨% من التخزين في فراغ حفظ الملفات ومعدات وعمل ملفات منخفضة تداول الأوراق وتحمي السجلات من الضياع والسرقة والتلاعب في السوق وتبقى التكاليف مرتبطة بالتصوير الفوتوغرافي والتخزين والقراءة والطباعة للسجلات المطبوعة المصورة فوتوغرافياً عالية جداً وبذلك فإن التصوير الفوتوغرافي للتوثيق وبالسعر المقبول فقط إذا كانت السجلات غير نشطة وإذا كان سيتم تخزينها لمدة ١٥ عاماً، ورغم إمكانية إدخال التصوير الفوتوغرافي التوثيقي في المحاكم الأمريكية كدليل أولي فإن ذلك لم يتم تطبيقه عالمياً بالإضافة إلى أن معظم الأطباء الممارسين ما زالوا يفضلون السجلات الطبية في شكلها الأصلي.

المظاهر القانونية للسجلات الطبية:

إن قابلية التطبيق الحقيقية للقوانين المتعلقة بالسجلات الطبية تختلف من بلد إلى آخر استناداً إلى التشريعات وأنظمة الحكومات والقرارات الرسمية القانونية، وعلى أية حال فإن المبادئ التالية مطبقة عالمياً عالمياً بدرجة أكبر أو أقل.

- وتعتبر مجلس الإدارة، وإدارة المستشفى وقسم السجلات الطبية مسؤولة عن الحفاظ والعهدة الأمية والاستخدام الملائم للسجلات الطبية للمرضى.
- وإن المرضى وأولياؤهم وورثتهم القانونيين لهم الحق بتغيير الخصوصيات التسجيل للمريض (مثل الاسم، واسم الوالدين وتاريخ الولادة والعمر والعنوان) بناءً على طلب خطي مدنهم ودليل كافٍ يتم تقديمه في هذا المجال.
- إن التسجيل الطبي هو شيء مملوك للمستشفى وعلى أية حال فإن ذلك لا يمنع المريض من تقديم مطالبات قانونية للاطلاع على المعلومات الواردة فيها ونسخها وفي الحقيقة فإن لائحة المرضى في المملكة المتحدة بصورة خاصة تمنح المرضى

الحق بنسخ سجلاتهم الطبية في المستشفى وقد تم تأييد وعم مطالبة مشابهة من محكمة بومباي العليا.

- إن السجل الطبي عند تطبيقه كوثيقة شخصية فهو وثيقة سرية وإن المستشفى والطبيب ممنوعون بشكل عام من تحرير مثل هذه المعلومات التي يمتلكون بامتيازاتهم دون تفويض خطي من المريض وفي حالة القاصرين أو غير المؤهلين عقلياً والولي القانوني وبعد موت المريض للورثة القانونين يمكن أن يعطوا التفويض لتحرير المعلومات من ملف المريض.

- طلب الطبيب كشاهد لمحاكمة المريض أو عندما يقوم المريض بإجراء قانوني هذا الطبيب إجراءات التحليلي عن حق المريض بسرية المعلومات الطبية خلال إجراءات المحكمة القضائية.

- وربما يتم تزويد المعلومات المشمولة في السجل الطبي إلى مرافق صحية أخرى إذا كانت ضرورية لاستمرار الرعاية للمريض وعلى أية حال إذا كان الطبيب الجديد للمريض (غير الطبيب الذي يسهر على راحته في المستشفى) قد طلب خلاصة فكرة عن المريض فلا يتم إعطاؤها إلا إذا كانت بتفويض موقع من المريض.

- وليس للوكالات الحكومية الحق الأوتوماتيكي لتسجيل المريض إلا إذا تم ممارسة هذا الحق من خلال المحكمة.

- ربما يقوم المريض بالتفويض بعدم إفشاء المعلومات بالإشارة خطياً إلى اسم المؤسسة أو الشخص أو الذي يمكن أن تعطى له المعلومات والغرض منها ومدى وطبيعة المعلومات التي سيتم تحريرها.

- إذا كان هناك طرف ثالث (مثل مؤسسة تأمينـات أو صـاحب عمـل ... الـخ) يقـوم بدفع نفقات المستشفى فإن ذلك لا يعطيـه الحـق بالسـجل الطبـي أو خلاصـة التخريج إلا إذا حصل على تفويض من المريض بتحرير هذه المعلومات.

- للمحاكم الحق وذكره إحضار السجل الطبي للمريض ومثل هذا السجل عندما يتم إعداده يمكن أن يتم تقديمه كدليل أساسي في الإجراءات للقضايا القانونية.

- الهيئات شبه القضائية مثل المجالس الطبية لديها الحق بالانعقاد لتسجل المـريض الطبي عند التحقيق في سوء سلوك مهني أو إهمال.

- عند تحرير السـجل الأصـلي حسـبما ورد أعـلاه فإن عـلى قسـم السـجلات الطبيـة حمايته ضد أي تعديل مزاجي مستقبلي للبيانات ويتعين ترقيم كشوفات الحالـة وتوثيقها على الملف ويحتفظ بنسخة مصورة عنه في العهدة الآمنة والإقرار الآمـن عند التسليم الأصلي.

- إن الهيئات الطبية لاعتماد الحق كوثائق بالإجماع ومراجعة السجلات.

قسم السجلات الطبية:

التنظيم

يعتبر قسم السجلات الطبية كقسم الخدمات المساعدة

ويتم تنظيمه بشكل عام إلى أربعة أجزاء:
- التسجيل والإدخالات والمواعيد.
- أرشيف السجلات الطبية.
- الإجراءات العملية لسجلات المرضى المقيمين.
- تحرير المعلومات والإحصائيات.

التزويد بالكادر:

يرأس قسم السجلات الطبية إداري/ أو ضابط/ أو متخصص أو المكتبات يكون قد تدرب على تقنية السجلات الطبية ويقوم رئيس القسم بتقديم تقاريره إلى المسئول الطبي فيما يتعلق بالمسائل الطبية السريرية، وإلى مدير المستشفى في المسائل القانونية والإدارية. ويتم تزويد القسم أيضاً بضباط ومتخصصين مكتبات ومتخصص إحصاء وفنيين وكتبة مدربون رسمياً في السلطات الطبية وبالكتاب، ومساعدي التسجيل والسكرتاريا والمراسلين، الذين يقومون بالسهر على المهام الإدارية الروتينية.

الوظائف:

وتشمل المسؤوليات الرئيسية للقسم الآتي:

- تسجيل المريض: والحجز للمواعيد والمبادرة بوثائق السجلات الطبية للمرضى الزائرين والمرضى المقيمين والطوارئ ومرضى العناية اليومية.

- وعمل الملفات والعهدة والتخزين والأرشفة السريعة وتتبع الملفات الداخلة/ والخارجة وإصدار نقل ملفات المرض إلى العيادات والعنابر وجميع الملفات بسرعة بعد صرف المرضى.

- التحرير لتفويض الملفات المرضى لرعايتهم والبحث التعليمي والإداري والأغراض القانونية.

- التجميع وتفقد نواقص السجلات وتحليل التخريج وتسفير بالرموز المرضى والعمليات.

- حفظ الأدلة والسجلات وتسجيل السرطان.

- التأكد من سرية بيانات المريض.

- تطبيق سياسة حفظ السجلات الطبية.

- الإبلاغ بالولادات والوفيات والأمراض إلى السلطات الصحية للولاية.

- إصدار شهادة الإبلاغ عن الولادة/ والوفيـات والتقاريـر الطبيـة والتنسـيق وتحريـر الشهادات القانونية الطبية وشهادات المرضى.

- تخزين البيانات القانونية الطبية والأدلة والتنسيق مع الشرطة.

- مراقبة أشغال الأسرة، إحصاء المرضى المقيمين وتحليـل خـدمات المستشـفى وجمـع وتصنيف إحصائيات المستشفى.

- توفير المعلومات للتحكم بالعدوى، وإدارة لمخاطر الأمثل والتدقيق الطبي، ومراقبة الجودة ومراجعة الاستقلال والاستخدام.

المشاكل العامة المرتبطة بالسجلات الطبية:

المشاكل المتعلقة بالطبيب:

- إن الإدخالات في السجل روتينية تعوزهـا الحماسـة وغيـر ملائمـة ولا تعكـس حالـة المريض والعلاج المعطى له.

- الإدخالات التي لا تتمتع بالأهلية والجدارة، وغير قابلة للتبليغ للطبيب ذو العلاقـة أو غير موقعة أو غير مؤرخة أو مستخدمة تعبيرات غير ملائمة.

- التعقيدات الحاصلة غير موثقة بحقائق وغير مبلغ بالعدوى غير المتماثلة فيها.

- التوقيت أو تاريخ التخريج مختلف عن ملاحظات الممرضات.

- كشوفات خلاصة القبول والتسـجيل غيـر كاملـة وبـذلك لا يمكـن لسـجلات الـدليل وعمل الملفات.

- عدم استعادة السجلات المأخوذة للبحث أو تمثيل وتقديم الحالة.

المشاكل المتعلقة بالممرضات:

- افتقار الصفحات في السجل إلى تحديد بيانات المريض.

- أرقام مستشفى خاطئة يتم إدخالها بصورة متبادلة.

- لوحات موقوفة في العنابر غير معادة بعد التخريج.

- الإحصاء غير الصحيح وخاصة النقل والتحويل من مكان إلى آخر.

- تقارير التحقيق تم عمل ملفات لها بصورة غير صحيحة، وخاصة للمرضى المنقولين إلى عنابر أخرى.

المشاكل المتعلقة بقسم السجلات الطبية:

- عدم وضع السجلات في موضعها الصحيح، وعمل ملفات بصورة خاطئة غير متوفرة عند الطبيب.

- يمكن أن تصبح ملفات المرضى ضخمة متراكمة.

- عدم عمل الملفات تقارير الفحوصات.

- التأخير في التشفير وعمل الدليل.

- عدم المتابعة للملفات غير المستعادة.

لجنة السجلات الطبية:

إن أهداف وتشكيل وأعمال لجنة السجلات الطبية مفصلة تحت الفصل (لجان المستشفى) في مكان ما من هذا الكتاب.

إدارة المستشفى جنباً إلى جنب مع قسم السجلات الطبية.

تعتبر إدارة المستشفى مسؤولة عن الآتي:

- التأكيد من تطبيق القرارات، مجلس الإدارة المتعلقة بالسجلات التي يتعين حفظها والتوجهات المحددة المتعلقة بهذه السجلات التي يجب أن يتم إنهاء العمل فيها وتخزينها.

- التأكد من تطبيق قرارات لجنة الكادر الطبي ولجنة السجلات الطبية في المسائل المتعلقة بالسجلات الطبية.

- إذعان قسم السجلات الطبية للقوانين والأنظمة والمقاييس التي تضعها السلطان الصحية في الولاية والمحاكم وهيئات الاعتماد.

- حماية سجلات المرضى من الضياع، الطمس أو التشويه، والتعديل والإصلاح المزاجي والاستخدام غير المصرح به وأضرار النار والمياه.

- تنظيم الكفاءة الوظيفية الميسرة والتأكد منها لقسم السجلات الطبية عن طريق:

١- تعيين رئيس قسم كفؤ ومؤهل.

٢- توفير الكادر الكافي.

٣- تفويض الواجبات – رسم وتخصيص وتوضيح المسؤولية للمرؤوسين.

٤- تنفيذ السياسات الخاصة بالأفراد وإجراءات الضبط.

٥- العمل المتناغم للقسم مع الأقسام الأخرى في المستشفى.

٦- توفير المعدات والمكان المرافق.

٧- الإدارة المالية وتوفر الميزانية الكافية.

الصيدلة (٢٦)

أهداف الصيدلية في المستشفى

إن أهداف صيدلية المستشفى كالآتي:

١- توفير جميع العقاقير اللازمة للعناية بـالمرضى المقيمـين والمـرضى الزائـرين طبقاً لكتيب الوصفات الطبية المستشفى والعقاقير الصحيحة (الفاعلية، والآمنـة والتـي هي ذي فائدة، ومعدل المخاطرة بصيغة وجرعة صحيحة، عـلى أن تجـدد الإدارة الكفؤة مقدماً كمية المخزون الملائمة من العقاقير وتجنب الجزء الخامل في الوقت نفسه.

٢- نشر ـ المعلومـات المتعلقـة بالمخـدرات بـين المسـتخدمين والقيـام بوظيفـة مركـز معلومات العقاقير.

٣- تحضير بعض الأدوية (وعادة السـوائل ضـمن الوريـد ومزيج مـراهم اسـتناداً إلى سياسة المستشفى.

٤- مراقبة المقـاييس العاليـة للمهـارة الحرفيـة في صرف الأدويـة حسـب الوصفـات. ويحتاج قسم الصيدلة إلى انتباه خاص نظراً.

١- إنها مجال من مجالات الاستثمار العالي، وهـي التـي تـأتي لاحقـاً فيمـا بعد فقط بالرواتب والأجور.

ففي المستشفى (M١٩٩٣- ١٩٩٤) مع إجمالي نفقات من الوربيات بمقدار ٢ كرور و ٢٣ لاك وكانت الرواتب والأجور بمقدار ٩٨ لاك وتكاليف الدواء بمقدار ٤٥ لاك روبيه (٢٠% من إجمالي النفقات). على أن تكون الصيدلة تحت المراقبـة الماليـة الجيدة.

٢- توفير العقاقير الصحيحة، وبالصيغة الصحيحة في وقت الحاجة ومن المهم المعالجة وقناعة المستخدم.

٣- الأسباب المودية إلى عدم الراحة، والموت غالباً ما يكون.

٤- يمكن أن تكون الأخطاء كارثيه في كل من مجالات الاحتضار والوفاة.

٥- هناك العديد من القوانين والأنظمة التي يجب الإذعان لها.

وظيفة الصيدلية:

١- شراء وتخزين وتوزيع وصرف العقاقير ذات النوعية الجيدة بتكلفة معقولة للمرضى المقيمين والمرضى الزائرين.

٢- التفتيش على جميع المستحضرات الصيدلانية في جميع خدمات المستشفيات من حيث النوعية ومدى توفرها والتخزين الملائم لها وتاريخ انتهائها.

٣- التطوير والاحتفاظ بالمعلومات المتعلقة بجميع العقاقير الكيماوية والبيولوجية (بما في ذلك النوعية التكلفة ومصادر الإمدادات) وتوفير المعلومات للكادر الطبي والعاملين الآخرين في المستشفى.

٤- التأكيد من أن الصيدلية والمستشفى تتطابق مع المراسيم ذات العلاقة والقوانين والأنظمة (وخاصة العقاقير ومرسوم المستحضرات التجميل) والاحتفاظ بجميع السجلات اللازمة.

٥- إنشاء وإجراءات محاسبية ملائمة والحفاظ عليها للآتي (١) أجور صيدلة (٢) الإمدادات (٣) الخصميات والخدمات المجانية.

٦- مراقبة جميع القوانين والإجراءات ذات العلاقة لإدارة المواد والمطبقة على العقاقير والإمدادات الأخرى في الصيدلية.

٧- تقارير تقرير للنشاطات، دورياً وتقرير شامل سنوياً.

٨- حيث يكون من سياسة المستشفى أن يكون لديها للأدوية والشروع مثل هذه التجهيزات بمراقبة جودة مناسبة.

٩- القيام بجميع هذه المسؤوليات مع الأخذ في الاعتبار للأخلاقيات والقيم الإنسانية.

المشاكل في توريد العقاقير والإمكانيات للتحسين من بين المشاكل مشكلة شراء العقاقير. وسوء استخدام العقاقير والتخزين غير الملائم وتواريخ الانتهاء، والسرقة والأسعار المرتفعة، ويمكن أن يكون التحسين فاعلاً بالاختيار الملائم للعقاقير والاستخدام المقنن والمنطقي، الشراء المحسن وممارسات التصريف الفاعل والجرد بعناية والتحكم بتخزين أفضل وأمن محسن.

لجنة العقاقير:

ومن أجل تأدية وظائف الصيدلية بصورة كفؤة فإن من الضروري جمع المستخدمين لهذه الخدمة. مع بعضهم البعض (الكادر الطبي والتمريضي-) وموردوا هذه الخدمات الاحترافية (الصيدلانيون) والمدراء ويتم إنجاز ذلك من قبل لجنة العقاقير والمعالجة.

الوظائف:

١- تحضير كتيب الوصفات للمستشفى (اختيار العقاقير وضيعها) والتحديث الدوري والأسماء المتعلقة بالجنس الحي يجب استخدامها للمدى الممكن والتأكد في نفس الوقت من النوعية.

٢- اختيار الشركات الصانعة والموردون.

٣- وضع إطار لسياسة الصيدلة وتعريف جميع المستخدمين لها بها.

٤- تطوير خدمات الصيدلة ١) المرضى الزائرين ٢) المرضى المقيمين.

٥- اعتبارات الميزانية.

٦- مراجعة دورية لوظيفة وإدارة الصيدلية.

٧- تطوير نظام معلومات العقاقير.

٨- مراقبة ردود الفعل العكسية.

ما هي التركيبة القصوى للجنة:

تعتمد تركيبة وحجم اللجنة على نوع وحجم المستشفى وأن تكون اللجنة ممثلة لكل الأطراف على أن لا تكون كبيرة جداً لتلافي الصعوبات التي قد تواجهها في الاجتماعات المتكررة فللمستشفى المتخصص والمستشفى العام يقترح التركيبة التالية:

١- المسئول الطبي (رئيساً).

٢- المدير.

٣- (٤) و (٥) أخصائيين في أنظمة مختلفة.

٤- المسئول التمريضي.

٥- الصيدلي المسئول (سكرتيراً).

متى تجتمع؟

على أن تجتمع اللجنة مبدئياً حسب الحاجة لتحضير كتيب الصيغ فقد كان للجنة العقاقير والمعالجة للمستشفى ٢٨M جلسة على مدى فترة سنة قبل انتهاء كتب الصيغ وفور انتهاء اللجنة من إكمال كتيب الصيغ فربما تجتمع اللجنة مرة كل شهرين أو نحو ذلك. ومن الأفضل الاجتماع في أوقات ثابتة وفي أيام ثابتة، لنقل أيام الثلاثاء الثانية من الشهور المتساوية الساعة الثانية بعد الظهر، وهذا يساعد الأعضاء على

تجنب التصادم مع ارتباطات أخرى، وكذلك فإن المستخدمين الآخرين سيعرفون متى تجتمع اللجنة لمراجعة كتيب الصيغ وأخذ الاقتراحات الجديدة بعين الاعتبار.

كتيب الوصفات الطبية:

يجب ممارسة العناية الفائقة عند تحضير كتيب الصيغ وعلى أن تؤكد الاستخدام المنطقي للعقاقير، ويجب اختيار العقاقير وصيغها على الأسس التالية ١) الفاعلية في الطرف المعطى ٢) معدل المخاطرة والفائدة الجيدة ٣) وفاعلية السعر وهناك ٦٠،٠٠٠ صيغة عقاقير في البلاد وأكثر من ٨،٠٠٠ مصنع كبير وصغير ينتجون هذه العقاقير ويسوقونها وإن الكثير من هذه (العقاقير خطير أو عديم الفائدة ومن الضروري أن يتم إزالتها والتخلص منها.

وربما تثنى لجنة العقاقير المعالجة طرقاً أخرى لتحضير كتيب الصيغ عن طريق:

١- مراجعة القائمة الحالية للعقاقير في المستشفى وبعدم المناقشة عن كل منها وأبعاد عديمة الفائدة، والمؤذية وغير الضرورية والمكلفة منها وشمول تلك المفيدة والمفيدة التي سعرها معقول.

٢- اختيار وصفه العقاقير المتكررة الملائمة حسب الحاجة.

٣- استخدام قائمة منظمة الصحة العالمية للعقاقير الضرورية وتعديلها كما هو مبرز وحسب منظمة الصحة العالمية فإن حوالي ٢٥٠ عقار لازمة، وقد أوصت اللجنة الصحية بحوالي نصف العدد.

٤- استخدام كتيب الوصفات الأخرى للمستشفى وتنميتها لتتلاءم مع متطلبات المستشفى كتيب الوصفات البريطانية الوطنية وكتيب الوصفات الأخرى مثل تلك التي تباع في مستشفى اس تي مارشان في بانجلور ومستشفى CMC في فيللور:

ومن المهم شمول جميع أدوية الطوارئ والترياق والجرعات الزائدة المضادة للسموم بما في ذلك لدغة الأفعى والجرعات الزائدة من العقاقير وفور إكمال كتيب الصيغ وقبولها فيجب توفير نسخ الجميع المستخدمين والعقاقير المشمولة في كتيب الصيغ يجب تكديسها في الصيدلية، ويجب أن تكون هناك آلية للتحديث الدوري كتيب الطب مع الإضافة والحذف في ضوء ما يستجد من معرفة أو حسب المتطلبات.

ويجب أن تعطي كتيب الصيغ المؤشرات والتعارضات والتأثيرات الجانبية والعكسية والاحتياطات الخاصة التي يتعين اتخاذها والجرعة الاعتيادية وفترة المعالجة والتكلفة وتكون من الأفضل إذا كانت لتكلفة (لمعدل) مجموع جرع متكاملة يتم إعطاؤها.

النمط:

يجب أن يكون نمط كتيب الصيغ بسيطاً وتكون التفاصيل المعطاه ونمط اللغة المستخدمة معتمداً على نوع صيدلية المستشفى التي يعينها كتيب الصفات الطبية وفي جميع الحالات يجب اتباع البساطة والمعلومات والتوجيهات المباشرة.

الحجم:

يجب أن يكون حجم كتيب الصيغ ملائماً لخدمات الرعاية الصحية التي سيتم تقديمها، وفي جميع الحالات يجب أن يكون بحجم الجيب وهذه الصيغة المرغوب باستخدامها وأكثر تكراراً من قبل الذي كتبت الوصفة إذا كان بالإمكان تنفيذها بسهولة.

الإضافات والحذف:

إن أي مقدم للوصفات في المستشفى يجب أن يكون قادراً على طلب تغييرات (إضافات وحذف) في كتيب الصيغ ويجب أن يتم عمل ذلك كتابة إلى لجنة العقاقير المعالجة متيناً الأسباب ولتأثيرات أكبر، وتأثيرات جانبية أقل وأقل تكلفة، وتقصير

مدة العلاج والإدخال للمستشفى ... الخ. وإذا اعتبرت اللجنة أن هذا الطلب في صالح مرضى المستشفى سيكون التأثير نافذاً وإذا لزمت معلومات أخرى فسيتم تجميعها من المصادر الملائمة وربما تتم دعوة الشخص الذي يطلب التغيير إلى اجتماع محدد مع اللجنة لشرح التفاصيل اللازمة.

ويجب أن تعطي جميع الإضافات والحذف خطياً إلى جميع الحاملين لكتيبان الصيغ هذه.

المراجعات:

تعتمد تكرار المراجعة على الظروف وينصح بمراجعة كتيب الوصفات الطبية مرة كل سنتين.

الشراء:

فور اتخاذ قرار بالعقاقير التي سيتم تديسها في الصيدلية يجب اتخاذ الإجراءات اللازمة لإحضارها ويجب اتباع جميع قوانين إدارة المواد بما في ذلك:

- المستويات التي سيتم الاحتفاظ بالمخزونات عندها.

- تحليل سريع الحركة وبطئ الحركة.

- مستويات إعادة الطلب.

- وقت من تاريخ إعداد طلب الشراء حتى استلام المشتريات في المستودع.

- فوائد طلبية ضخمة أو شراء ضخم.

وتعطى المستشفيات معدلات خاصة ويتعين أن تؤخذ فوائد الشراء من المصغين أو الموزعين وقوائم قائمة المخزون وعلى أن لا تقبل الصيدلية الممارسات التي تثير الشبهات على الشراء لكمية محددة أو ماركة محددة.

لا تذهب من أجل الهدايا

يجب أن يتم الشراء من مصادر موثوقة، ويجب أن تكون الجودة مؤكدة ومن الضروري الاختيار من بين الموردين وإحدى طرق تخفيض التكاليف هي بشراء مجموعة وهناك طريقة أخرى بطلب العروض المنافسة وخاصة للبنود الرئيسية.

الطلبيات:

باستثناء الحالات الطارئة يجب أن يكون الطلب خطياً واكتب الطلبية في كتاب مطبوع والطلبية مزدوجة، ويجب أن نشير بوضوح إلى الشروط التي سيتم توريد المواد تحتها، بما في ذلك التكاليف، وفترة التوريد والكمية والمواصفات الكاملة، وأرسل النسخة العليا إلى الشركة واحتفظ بالنتيجة المزدوجة في السجل في الصيدلية وفي حالة السرعة الطارئة يمكن عمل طلبية على الهاتف وأن يتم تأكيدها فوراً بصورة خطية فيما بعد.

ويتم عمل طلبيات خاصة للعقاقير الخطرة، ويجب أن يتم اتباع القوانين بدقة في حالة العقاقير الروحية والحصول على الترخيص وتصريح النقل، وسجل الإيصالات واستخدام المخزون وفتح مخزون جديد بوجود مفتش دقيق وإرسال عائدات المخزون وتبني إجراءات مراقبة خاصة للعقاقير الخطرة والعقاقير المخدرة مثل التيادين والمورفين.

وصول البضاعة: الإشعار وسجلات المستودعات الأخرى سيكون كما هي لأي مستودع، تعطى تفاصيلاً كاملة وأي تلف لها يجب أن يتم إبلاغه للناقلين والموردين فوراً واحد المتطلبات الهامة هي ملاحظة تاريخ الانتهاء والتأكد من أن هناك وقت كافٍ/ استخدام العقاقير كاملةً قبل تاريخ انتهائها، وتستعيد عادة الموردون المادة إذا تمت إعادتها بصورة معقولة قبل انتهاء مدتها.

استخدام كلتا العينين:

بما في ذلك الصفقات (الإيصالات والإصدار) والتكلفة والضريبة وتاريخ الانتهاء وسعر الوحدة ومستوى إعادة الطلب والطلبية للكمية الاقتصادية والمعلومات الأخرى ذات العلاقة.

الإصدارات من المستودعات دائماً للجزء المنصرف من الصيدلية ويجب أن يكون هناك طلب شراء خطي من تستجيب وإصدار موقع واتصال.

مراقبة المستودعات: يجب السماح فقط للأشخاص المعنيين بدخول المستودع.

يتم إعطاء طلبات شراء نسختين من قبل أقسام المستخدمين/ العنابر خطياً ويفضل في مزدوجة مع التوقيع كاملاً.

هدايا الأدوية الخارج، هناك بعض المؤسسات في الخارج تبعث بهدايا مجانية من العلامات تحت مشاريع مختلفة هذه تحملها اتفاقيات ما بين الحكومة الهندية والبريطانية والهندية الألمانية والهندية الأمريكية وتسجل تبعاً لشروط الاتفاقية المعنية وربما يتم تقديم الإمدادات مباشرة إلى المستشفى أو من خلال المؤسسات في البلاد وهذه الأدوية معفية من الضرائب الجمركية، ويتم صرفها مجاناً بالكامل للمرضى دون تميز استناداً إلى الدين والمجتمع ... الخ ولا يتم أخذ أجور لتغطية نفقات النقل والصرف وأية نفقات رأسمالية أخرى.

وهذه الأدوية وصلت كهدايا وتكون خاضعة لنفس إجراءات مراقبة التحكم بالمخزون التي تم شراؤها بالإضافة إلى أنها يلزمها دليل مقنع لتوزيعها للمرضى مجاناً. وتجنب هذه الهدايا إذا أمكن فربما تقود إلى مشاكل مثل تاريخ الانتهاء قد مضى، أو صعوبة فك فحوى المعاني (اللغات المختلفة) والاحتفاظ بالسجلات أو تكون الأدوية الواردة ليست هي الأدوية التي تريدها.

التخزين:

يجب أن تكون ظروف التخزين مرضية لمتطلبات الاحتفاظ بفاعلية وقوة العقاقير، ويشمل ذلك الحرارة (فبعض العقاقير والمواد الحيوية تحتاج إلى تخزين تحت تبريد ملائم). وظروف جافة نظيفة (ويمكن أن تكون الرطوبة العالية ضارة ومن الضروري أن يكون هناك تدوير للمخزون بحيث يتم استخدام المواد الأقدم أولاً حسب قاعدة ما يدخل أولاً يخرج أولاً.

وهناك متطلب هام بأن يكون لها سجل عقاقير مؤرخ وخاصة مع العقاقير التي لها تاريخ انتهاء واختبر السجل مرة في الشهر على النقل، وتلك التي يجب أن يتم استخدامها أو إعادتها إلى المورد، والمواد التي قد انتهت تواريخ صلاحياتها يجب أن يتم إخلاء الصيدلية منها في توقيت تاغبور ٢١ تموز ١٩٨٨ فقد وجد الدكتور كولي بأن هناك حقن في المستشفى مثل ستيماتيل، وجبه رقم ٢٠٦ ولها تاريخ انتهاء في آب ١٩٨٧ وفي المستشفيات الكبرى فإن تخزين المواد السائبة يمكن أن يكون في مكان واحد مع الكميات اللازمة التي يتم نقلها دورياً إلى منطقة التصريف.

السرقات بمقادير صغيرة:

إن إحدى المشاكل هي السرقات وخاصة الصغيرة منها ويظهر ذلك في العديد من الصيدليات ويجب اتخاذ جميع الإجراءات لمنعه والذي يمكن أن يكون على مقياس ضخم أو مقياس صغير صحيفة الصحافة الجزء اليومي ٢٠ أيلول ١٩٨٨إن السرقات الصغيرة بحجم كبير للعقاقير الجوهرية في مستودعات المستشفيات عن النقص المستمر في الأدوية في مستشفى البلدية ديو البياي موهانلال مهتافي بومبي.

ويتعين أن تكون خطة المستشفى وصيدليتها وموقعها بحيث تكون والسرقات الصغيرة ووصول الأشخاص غير المصرح لهم قد تم تقليل الحد منه.

التوقيع:

يجب توفير العقاقير بالجرعة اللازمة للمستخدمين:

(المرضى المقيمين والمرضى الزائرين) والتصرف للمرضى الزائرين بسيط وبذلك يكون للمستشفيات المختلفة أنظمة مختلفة نوعاً ما فكل وصفة يجب أن يتم تفقدها للتأكد من صحة الجرعة وقوتها (استناداً إلى العمر والظروف الأخرى وتوقيع الطبيب والمعايير الأخرى فمن المثالي أن يتم صرف كل وصفة وتفقدها من قبل الصيدلي قبل مغادرة الوصفة للعيادة، ويجب أن يتم الصرف بحاوية ملائمة وتعليمات ووضع لصقات.

وبخصوص المخزونات التي سيتم توريدها إلى العنابر فتختلف الإجراءات بخصوصها استناداً إلى السياسة والتي سيتم التعامل ما بين الصيدلي والممرضات المسئولة في العنابر مهما كانت الإجراءات التي تم تبنيها، وهناك حاجة لقائمة أدوية ويجب أن يتم الاحتفاظ بمستوى مخزون في العنبر.

ويجب أن يزور الصيدلي العنبر بصورة منتظمة للتأكد من

- أن المخزونات قد تم تخزينها بصورة ملائمة وبكمية مناسبة.

- عدم وجود فائض.

- إن من الضروري أن يكون هناك إدخالات ملائمة في السجلات للعائد للعقاقير المراقبة مثل المخدرات.

التحضيرات:

تقوم الكثير من الصيدليات بتحضير مزيج ومرهم والمعجون والمحاليل المطهرة والسوائل ضمن الوريد وفي كل هذه التحضيرات من الضروري اتباع ممارسات المصبغ، وهناك العديد من الأنظمة والقوانين التي يتعين الإذعان لها ويجب أن تستخدم

المواد الخام ذات النوعية الجيدة وهناك حاجة للتنظيف وإيجاد بيئة خالية من الغبار والصحة الشخصية والنظافة الشاملة هامة، ويجب أن تكون الحاوية محكمة الإغلاق غير مانعة لدخول الهواء ومختومة لطرد الرطوبة والغبار. حيث يلزم بعض وعبوات زجاجية صغيرة بها حقنة واحدة تحت الجلد الخاصة وحاويات أخرى ويجب توريدها، يحتاج هذا إلى وضع الملصقات الصحيحة لبعض التفاصيل الكاملة، بصورة دقيقة وكفؤة ويجب أن يتم تقييم المنتج النهائي وخاصة فيما يتعلق بالوضوح ومطابقة اللون المنتج النهائي وخاصة فيما يتعلق بالوضوح ومطابقة اللون والجسيمات الصغيرة والترسبات ... الخ.

النوعية:

يجب أن تكون نوعية الأدوية المشتراه وهناك العديد من العقاقير دون القياسية والزائغة في السوق ويجب تجنبها وتعتمد نوعية الدواء على المكونات الخام وممارسات التصنيع الجديدة ويمكن أن تظهر التغييرات بين المصنع والاستهلاك فربما يكون هناك تغير في اللون والقوام والهوية الكيميائية.

ويجب أن تكون مراقبة الجودة مرضية في الجوانب الآتية:

- التحديد يجب تقديم المكونات الصحيحة.

- القوة والفاعلية: يجب أن تقدم المكونات الكميات الصحيحة.

- النقاء: يجب أن تحتوي العقاقير على مكونات مؤذيه أو ملوثات.

- التطابق: يجب أن يكون هناك توزيع متناسق للمكونات.

- إن معدل ومدى الامتصاص من منبع الدورة الدموية يجب أن يعطى التأثير المرغوب.

وهناك بعض النقاط التي يتعين الاحتفاظ فيما يعلق بنوعية العقاقير:

١- فقدان القوة أو الفاعلية وتوفر عناصر حيوية منعيه وتاريخ الانتهاء والتخزين غير الملائم.

٢- تحليل السموم مثل تيتراسايككين.

٣- التلوث.

كيف يمكن تقييم النوعية: والإجراءات اللازمة لتقييم النوعية.

١- تؤثر عن ممارسات التصنيع الجيد.

٢- التفتيش على المصنع.

٣- تحاليل المختبر (روتينية).

٤- فحص بالاستثناء الذي يتم عمله عندما تكون هناك شكوى.

الكادر (العاملين):

يعتمد الكادر على نوع الخدمات المقدمة من قبل الصيدلية والسماح فقط للصيدلانيين المؤهلين بالصرف ويعتمد العدد على عدد الوصفات ونوعية العلاجات التي سيتم تحضيرها و/ أو صرفها وكذلك عدد الساعات التي تفتح فيها الصيدلية أبوابها، وعادة ما يكون من الصيدلي المسئول يكون هناك صيدلاني وأخذ لكل ٥٠ سرير بالإضافة لي الحاجة لكادر إداري.

مركز معلومات العقاقير:

تتحمل صيدلية المستشفى مسؤولية جمع وتوفير المعلومات الصحيحة المتعلقة بالعقاقير المتوفرة في السوق المستخدم فيها في المستشفى وإن العديد من الصيغ المتوفرة في البلاد تحتوي على عقاقير ممنوعة والعقاقير غير المعقبة وعقاقير خطرة أو خليط منها والأفراد الذين يعطون هذه الوصفات ليسوا في وضع يسمح لهم بأن يكونوا على

معرفة بهذه الحقائق وحتى تتم تغذيتهم بمعلومات غير وافية من قبل أولئك الذين يروجون لمنتدياتهم وهناك حاجة إلى مكتبة نظامية وحيدة مع كتب بسباق قياسي واللوحات والأدبيات الأخرى والأدبيات (العلمية) يجب جمعها من مصادر مختلفة وكذلك وجود أرشيف من البيانات وتحليلها وحفظها أمر على درجة كبيرة من الأهمية وأن يتم عمل التصنيف وعمل الملفات بصورة ملائمة.

وإن المعلومات عن أية عقاقير يجب أن تبين طبيعتها والمؤثرات والتعارضات والتأثيرات الجانبية وبعض التحذيرات الخاصة وصيغتها وجرعتها وفترة العلاج وأمور خاصة أخرى وطرق استعمالها بالإضافة إلى العقاقير والمستحضرات الصيدلانية والمعلومات المتعلقة المتعارضة المتضاربة وتفاعلات العقاقير والنصح في استعمالها في الحمل والطفولة والشيخوخة وفي الأمراض الكلوية وغيرها من الأمراض. فبعض أنواع العقاقير المتوفرة عندما تعطى مع حجم كبير من غير المعوي وغير المرئي ويجب أن تكون لذي المركز معلومات أيضاً ع السعر المقارن للمنتجات المماثلة ويتعين توفير الكتب الخاصة بالتشريعات والأنظمة المتعلقة بالعقاقير وإذا كانت الصيدلية واقعة في المدينة أو بلدة كبيرة فإن من الممكن إنشاء شبكة معلومات بحيث يتم توفير مثل هذه المعلومات الشاملة والمختلطة ويمكن للصيدليات الصغيرة إنشاء أواصر مع الصيدليات الكبرى.

مراقبة ردود الفعل العكسية:

إن أي رد فعل عكسي على استعمال العقاقير (وخاصة غير المرئية وغير المضوية) يتعين إبلاغ الصيدلية عنه فوراً وربما يكون من الجيد أن يكون لديك لجنة صغيرة من (٣ أعضاء) يقدمون تقاريرهم إلى المسئول الطبي، الإداري وربما يكون ضرورياً وقف إصدار بعض عقار خاص وتقديم تقرير بالموضوع إلى المورد، أو

الشركة الصانعة أو مراقب العقاقير، مع تدوين رقم الوجبة والتفاصيل الأخرى بعناية وإذا كانت صعبة الوجبة ما زالت متوفرة في العنابر يجب سحبها حتى تتضح الأمور.

الوصفات الطبية:

على الصيدلاني ممارسة مهاراته الاحترافية وأقصى ـ درجـة مـن الرعايـة في صرف الأدوية، ومن الضروري التأكد من العقار الصحيح والجرعـة الصحيحة وأن الصيغة نفسها هي التي صرفت فهناك العديد مـن العقاقير بأسماء متشابهة ولكن فعلها يختلف تماماً وكذلك اختلاف تعليمات الاستخدام مثل قبل الطعـام أو بعـد الطعـام والتي يتعين توضيحها، وعندما يتم وصف ماركة معينة (فإن الهدف النهائي سـيكون استخدام أسماء غير مسجلة بعلامة تجارية) وتكون غير متوفرة وتتوفر ماركة معادلة لها مشمولة في تبييت الوصفات الطبية فمن الممكن للصيدلاني التعـويض عنهـا بهـا كبديل ويفضل أن يتم إبلاغ الطبيب المعالج شخصياً أو هاتفياً بذلك وعلى الصيدلاني إبلاغ المريض وخاصة المريض المتنقل بالتأثيرات الجانبية المحتملـة وردود الفعـل العكسية ويتعين أن ينظر الصيدلاني أيضاً للتفاعلات الممكنة عندما يكون هناك عقار أو أكثر قد تـم وصفه ومـن الأفضل أخذ بعض الأوضاع في الاعتبار قبـل الحمـل والشيخوخة والأطفال الناشئين وعنـدما تكون العقاقير ذات تـأثير جانبي مرجح متوفرة في الوصفة. فيتبع الصيدلاني سياسات المستشفى عـلى العقاقير بشكل عام والتعامل مع الوصفات بشكل خاص.

المباني:

الموقع:

تخدم الصيدلية المرضى المقيمين والمرضى الزائرين فالصيدلية هـي المكـان الأخير عادة الذي يزوره المرضى المقيمين، لذا يجب أن يكون موقعها بجانب المخرج (مـع تجنب التنقل والدوران المتعارض ومن المفضل وضعها بجانب الازدحام المنتظم

(وإذا كان المستشفى من عدة طوابق تكون بجانب مطلع الـدرج المتـوفر)، ويؤكـد هذا الآتي:

١- وصول العاملين إليها بسهولة (وأقارب المرضى) من العنابر.

٢- وصول الموردين بسهولة (من خارج المستشفى) إلى المستودع.

٣- أمن أفضل وإمكانيـة التقليـل مـن فرص اللصوص بكسرـ أو فـتح وأخـذ المـواد الثمينة، وحتى أسوأ من ذلك العقاقير المخدرة، ويجب أن تكون الجدران سميكة وقوية ومن المستحيل كسرها.

وإذا كانت الصيدلية تقوم بتحضير السوائل المعقمة فيجب أن تكون في موقع خال من الغبار.

الحجم:

ويعتمد حجم الصيدلية على عدة عوامل:

١- موقع المستشفى في المدينة أو في بلدة كبيرة فهنـاك العديـد مـن الكيماوي وينأو مستودعات العقاقير فإذا سـمحت سياسـة المستشفى بـذلك فيمكن توريد الأدوية والمواد الأخرى مباشرة إلى المريض، وفي الأماكن الصـغيرة يكون المـريض أكـثر اعتماداً على صيدلية المستشفى.

ويؤثر الموقع أيضاً على كمية المخزون وفي المدن أو البلدات الكبرى يمكن أن يتم التزويد بالإمدادات بناءً على إشعار في مدة قصيرة، ويقلل هذا من حجم الجراد.

٢- نوع المستشفى، فإن المستشفى ذو الرعاية الحادة وبعـدد مـن الأخصـائيين يلزمه عدد كبير من كمية المواد مع عائدات أكبر، وإن تقديم التغذيـة في المستشفى كنوع معين من المرض (السل والجذام وأمراض العيون ... الخ) سيكون لديها

الأدوية الضرورية لعلاجها (والحالات الطارئة). ويكون عدد المواد في الجرد أقل:

الاستخدام المقنن للعقاقير:

إن المستشفيات الملتزمة بالاستخدام المقنن للعقاقير سيكون لها جرد أقل، حيث أن عدد الصبغ سيكون أقل بكثير ولن يتم تخزين العقاقير غير اللازمة.

المكان:

يتعين أن يتوفر الآتي في المستشفيات متوسطة الحجم:

١- ثلاث كاونترات صرف وكاونتر نقد (منفصل).

٢- مستودعين، بما في ذلك مستودعات مبردة وقياسية.

٣- مكاتب إدارية مع الاحتفاظ بالسجلات وعمل الملفات وبطاقات صناديق التخزين والسجلات .... الخ.

٤- غرف للخلط والإنتاج إذا تم الشروع به:

٥- مكتبة صغيرة.

٦- مكان كافٍ للتنقل (الدوران).

المعدات:

١- ثلاجات لتخزين المطاعم، والأمصال والمواد الأخرى التي يلزمها التبريد ويجب أن يكون في الثلاجات ثيرموميترات للتسجيل بحيث نتأكد من الحرارة الموجودة في الداخل.

٢- الرفوف (وتفضل بارتفاعات مختلفة).

٣- خزائن للملفات وغيرها.

٤- معدات لتحضير السوائل، مزيج ومرهم ... الخ إذا تم القيام بمثل هذه التحضيرات.

٥- المعدات الأخرى.

٦- الأثاث.

لتحضير سائل ضمن الوريد:

١- تخزين الزجاجات غير المستخدمة والمستردة أو الأكياس التي تم تعبئتها.

٢- منطقة غسيل مع غسيل قوارير ومرافق أخرى.

٣- منطقة التعقيم البخار والضغط مع ما يلقى من الآلات والطاقة الأخرى.

٤- منطقة التقطير الأخرى (للزجات المقطرة والمياه الخالة من البيروجين) مع أجهزة وتقطير بقدرة مناسبة.

٥- منطقة التعبئة ووضع الأغطية مع الآلات المناسبة.

٦- منطقة تفتيش ومراقبة جودة وطاولات مع أضواء وغيرها.

٧- مستودعات للتخزين (مواد خام ٢) منتجات كاملة للتشطيب الإنتاج قبل تمريرها إلى الصيدلية.

٨- غرفة لسجلات الصيدلاني وللسجلات ... الخ.

بالإضافة إلى ذلك يجب أن تكون هناك لفحص المواد الكيماوية وردود الفعل والبيروجين وعلم الجراثيم ويجب أن تكون منطقة التحضير نظيفة خالية من الغبار ويفضل أن تكون مكيفة، مع مصافي للهواء وتدافق في خطوط أفقيه، وإذا لزم القيام بتعبئة موسعة يجب توفير المرافق اللازمة لذلك.

وإذا تم تحضير مراهم ومزيج يجب توفير المكان والمواد بجانب منطقة الصرف ومن غير المرغوب فيه تحضير هذه المواد لفترة طويلة.

نظام Q (الطابور): يجب وضع حواجز صغيرة في المستشفيات الكبرى أمام الكاونترات لتسهيل نظام الهاتف: يعتبر الهاتف الذي يصل جميع مناطق المرضى والإدارة مع المرافق للاتصال خارج المستشفى ضرورياً ويتعين الاحتفاظ بالهاتف في منطقة الإدارة وليس بجانب كاونترات الصرف.

ترتيب الرفوف:

يجب ترتيب العقاقير بصورة منتظمة بجانب الرفوف بحيث يتم يجعل من السهل على الصيدلاني تحديدها وخذها وضعها حسب الحاجة، ويجب التقليل من المشي داخل الصيدلية إلى الحد الأدنى ويجب أن يكون، الوصول سهلاً إلى العقاقير الشائعة الاستخدام ويفضل أن يتم تعبئتها مسبقاً حسب الأرقام الموصوفة عادة.

خدمة ٢٤ ساعة:

يجب أن تقر المستشفى السياسة المتعلقة بساعات عمل الصيدلية فربما يكون من الأفضل أن تبقى الصيدلية مفتوحة خلال النوبتين الأوليتين للعمل أو النوبة الأولى مع أن تكون الخدمة متوفرة بين الساعة ٩ صباحاً - ٣ مساءً، وربما يكون هناك دوام لصيدلية المخزنة مع عقاقير الطوارئ وكمية قليلة من العقاقير الأخرى المطلوبة) قريبة من الصيدلية الرئيسية ولكنها منفصلة عنها.

أجور الأدوية وملحقاتها:

إن من الضرورة تثبيت أسعار معقولة للأدوية والإمدادات الأخرى، المصروفة من الصيدلية ويجب أن لا يكون هناك خسارة يجب تغطية التكلفة والمصاريف الرأسمالية وفي نفس الوقت يجب أن يكون السعر الذي يدفعه المريض ليس أعلى من سعر التجزئة في السوق ويجب أن لا تؤخذ أرباح غير مستحقة على أن يؤخذ في الاعتبار بعض الخصميات التي يتم إعطاؤها من المورد عند تثبيت الأسعار مثل توريد عشرة زجاجات إضافية من سائل iv ضمن الوريدي عند شراء مائة زجاجة، ويمكن أن تدخل فيها العديد من الصيغ.

حفظ الحسابات:

يجب أن تكون إجراءات المحاسبة جيدة وينطبق هذا على أوجه عديدة ويتعين ممارسة العناية الفائقة عند الشراء، فتحصل عادة المستشفيات على الأدوية بأسعار مخفضة جداً ومن الضروري تحديد سعر الشراء والذي يتضمن جميع المظاهر مثل الضرائب والخصميات والعدد الإضافي من العبوات الزجاجية .... الخ التي تم إعطاؤها.

التكلفة:

إن التكلفة ضرورية لتحديد القيمة التي ستجعل بها المستشفى العقاقير متوفرة للمرضى.

حساب السعر لتزويد المريض:

وتعتبر العلاجات:

- السعر بما في ذلك الضرائب.
- النفقات الرأسمالية - وأجور المناولة (لنقل ٢٥%).
- الكميات الأخرى المعطاة إذا وجدت (-).

فإذا كان الإجمالي معادلاً للسعر الأقصى ـ للتجزئة أو أقل مـن (السعر الأعلى للقطاعي) بالإضافة إلى الضريبة، فإن السعر مثبت على الإجمالي يصل إلى: إذا كان أعلى فسيكون السعر مثبتاً على السعر الأعلى القطاعي بالإضافة إلى الضريبة.

وبعد حساب معدل الأسعار يتم إعداد قائمة منفصلة للآتي:

١- الحبوب والكبسولات.

٢- الحقن.

٣- الشراب والنقاط.

٤- المراهم

٥- الأخرى

بترتيب هجائي مع تواريخ وترك أعمدة كافية للتغييرات في آخر التـواريخ باتبـاع مبادئ الداخل أولاً يخرج أولاً.

١- وتشمل عادة سعر التكلفة بالإضافة إلى نسبة محددة من النفقات الرأسمالية (لا تزيد عن السعر الأعلى للقطاعي الضرائب).

٢- وفي حالة المواد مثل الشاش ... الخ تشمل التكلفة بالإضافة إلى قيمة الضريبة والقيم الأخرى للتكلفة مثل الضرائب.

الأدوية المحضرة في الصيدلية:

وبالنسبة للأدوية المحضرة في الصيدلية (مثل المـزيج والمراهم وسوائل ضمن الوريدية) يتم حساب التكلفة لتشمل:

- تكلفة المكونات

- تكلفة العبوات، والملصقات ... الخ.

- الماء والكهرباء.

- الاستهلاك في المعدات والمباني.

- الرواتب والنفقات الرأسمالية.

- تكلفة الفحص ومراقبة الجودة.

يضاف إلى هذه الأمور هامش مناسب لتغطية المهارات المنخرطة في الأحداث غير المنظورة (المتوقعة) مثل الإتلاف بالأعصاب أو الكسر ... الخ.

الدفع:

يمكن سؤال المريض عن الدفع عن الأدوية عدد صرفها قدر الإمكان:

١- ويؤكد ذلك التدفق النقدي الميسر.

٢- المرض عادة أكثر جاهزية للدفع في قيم صغيرة أكثر من دفع الفواتير الكبيرة عند التخريج.

وينصح بعدم وضع الكلمات (الدواء الذي يباع لا يسترد) أو عرض لوحة أما الصيدلية تبين ما فعلته الصيدلية لصرف الأدوية وليس بيعها، فربما يدعو ذلك إلى طلب استرداد الأموال عن الأدوية غير المستخدمة.

التنظيمات القانونية (أو التوريطات القانونية):

هناك العديد من التشريعات والأنظمة المتعلقة بالصيدلية ومن الضروري للصيدلية أن تتبع جميع القوانين والأنظمة.

الترخيص:

شدد مراقب العقاقير من كارناتكا على ضرورة حصول المستشفى على ترخيص لتحضير السوائل ضمن الوريد والعلاجات الأخرى، واعتبر المراقب بأن تحضير هذه المواد (للتصنيع للبيع) وشدد على أن قوانين التصنيع للبيع يجب الإذعان لها ويلزم الحصول على رخصة للصيدلية.

ضريبة المبيعات:

إن إحدى النقاط المربكة هي ضريبة المبيعات متطلبات ضريبة المبيعات تعامل الصيدلية كزبون وتطالب بدفع ضريبة المبيعات وضريبة العائدات، فلا تستطيع المستشفى اعتبار العميل منجز للخدمات في توريد الأدوية اللازمة للمرضى في المستشفى حسب تحضير طبيب المستشفى، وهذا مشابه للصرف من قبل الممارسين الخاص والمستشفى من الضريبة.

التأمين:

تغطية جميع المخزونات في الصيدلية بالتأمين ضد السرقات والحريق ... الخ والقسط المدفوع غير كبير ولكن يجب إتمام جميع السجلات حتى تاريخه ومن المستحسن أيضاً أن يكون هناك أشخاص (على الأقل شخص يتعامل بالنقد) يعمل في الصيدلية مغطى بالتأمين.

التقارير:

يجب إعداد تقارير دورية وتزويد إدارة المستشفى بها كما هو محدد من قبل كل مستشفى على أن تذهب التقارير القانونية إلى الحكومة.

يجب أن يتم تزويد الإدارة بالتقرير الشهري ويمكن أن يغطي ذلك الاطلاع على وظيفة الصيدلية والوضع المالي لها ويجب أن يأخذ ذلك بعين الاعتبار وضع المخزون عند نهاية السنة بحيث يمكن أن يوقف فتح وإغلاق الحسابات.

التثقيف الصحي:

يمكن للصيدلية والصيدلاني أن يقدموا مساعدة كبيرة لتثقيف المرضى والتعليم الصحي ومساعدة الناس في الحصول على صحة جيدة والحفاظ عليها.

الجزء السادس

(٦)

الموارد البشرية (٢٧)

شؤون الأفراد

مقدمة:

كمدير عليك التعامل مع الناس في المستشفى الذي يخصك وعليهم تنفيذ وظائفهم لإنجاز الأهداف وإن إدارة الناس هي المهمة الكبرى لك. قم بتحفيزهم فهم يمثلون الموجودات الأعظم للمستشفى، فهل تقوم بتنظيم مواردنا البشرية بالطريقة التي علينا القيام بها ويساهم سوء إدارة الموارد البشرية بصورة كبيرة وبعدم تكامل وظيفة المستشفى.

ومن الجوهري القيام بالآتي:

١- تجنيد المستخدمين الملائمين والمؤهلين والذين يملكون المهارات المطلوبة والموقف والخبرة للوظيفة والوفاء بأهداف المستشفى.

٢- الاحتفاظ على هؤلاء المستخدمين مع التأكيد من توفير بيئة مرضية لكل مستخدم وظروف خدمة مفصلة ورضى وظيفي.

الاحتفاظ بالعلاقات البينية وبين المستخدمين وصاحب العمل.

٣- التأكد من أن المستخدمين واعين للمشاركة في أهداف المستشفى واتباعها والتعامل مع المرضى المنافسين والتعاطف والاعتقاد بالكرامة العالية للشخص تحت الرعاية كمدير (فيما إذا كانت هناك قسم شؤون أفراد أم لا) فيعتمد تأثيرك ونجاحك على كيفية فهمك للناس واحتياجاتهم بالمستوى الأدنى من المتطلبات حيث يتم الوفاء (الحاجات الأساسية مثل المأكل والمسكن).

حيث تصبح أقل تأثيراً كمحفزات وهناك المستوى الأعلى من الاحتياجات (احترام الآخرين، الوضع الذاتي، تحقيق الذات) تصبح أكثر أهمية، ويجب على المدير أن يكون قادراً على فهم الاحتياجات التي لم يتم تلبيتها للمستخدمين حيث تعتبر المكافآت المالية حوافز تقليدية ولكن الحوافز غير المالية لازمة للمستويات العليا من المتطلبات.

وفي الزمن الماضي كان العمال يطالبون فقط بزيادة الأجور وظروف عمل أفضل وتقليل ساعات العمل والحصول على فترات استراحة وإجازات أكثر واستمرت هذه المطالب مسيطرةً حتى يومنا هذا ولكنها ق أضيف لها مطالب أخرى مثل العدل والاختيار بدون تحيز والتكريم للإنجاز وتوضيح الأهداف بصورة أفضل وإعطاء وصفاً وظيفي والحفاظ على سرعة التقدم والمجاراة (وفي بعض الأحيان يعارضون تقديمها إذا اعتبروها بمثابة تهديد لاستقراريتهم وترقبهم) وأداءٍ عالي من الإدارة.

(التعيينات):

علينا المقارنة بين الأشخاص والوظائف فما المركز الجديد (الوظيفة الجديدة) أو الشاغر الذي يلزم تعبئته يجب مراجعة الوظيفة متطلباتها وابحث عن احتياجات المستشفى إذا كانت لتعبئة شاغر فيجب أن نسأل أنفسنا لماذا ترك صاحب المنصب السابق ربما تكون هنالك عدة أسباب وبمعرفة السبب يمكن أن نصل إلى اختيار أفضل وغالباً ما يتم إعطاء المعلومات بصورة غير كافية أو لتعيين الأفراد وربما يتم إعطاء معلومات أكثر عند شراء الآلات والمعدات وإننا نكرس كثيراً من الوقت في اختيار ديفيبريليتور لنقل بأنه أربعين ألف روبيه مثلاً وبعمر يمتد الخمس سنوات ولكننا لا نكرس نصف هذا الوقت للطبيب الذي يتوقع منه أن يكون معنا لفترة قادمة من ١٠

– ١٥ سنة (وبراتب لنقل ٥٠ ألف ربياً سنوياً) وإن توظيف الشخص غير المناسب سيكون فيه ضياع هائل وضار بإدراك الأهداف.

(الاختيار):

إن اختيار الشخص المناسب أحد النشاطات الهامة جداً التي يعتمد عليها مستقبل المستشفى فمهمتنا هي البحث من الشخص المناسب وإيجاده فربما يتم الاختيار عن طريق الترقية (عندما يكون ذلك ممكناً يتم إعطاء الوظائف العليا في المستشفى للمستخدمين الحاليين لديها على أن تؤخذ الترقية في الاعتبار بنفس الطريقة التي تتم بها التعيينات الجديدة).

ممن طريق الإعلان وأي طرف أخرى (مثل دعوة الأشخاص الذين تم اقتراحهم من قبل شخص يعرفهم) ويجب أن يقد الإعلان معلومات حقيقية وفي مثل هذه الحالات قدم التفصيلات على كشف المعلومات يرفق مع الطلب حيث يرغب الناس للحصول على معلومات للمستشفى الخاص بكم ويساعد ذلك مع الأهداف المشابهة على تقديم بعض الناس للطلبات وعدم تقديم الآخرين لها ويتم تخفيض سوء المقارنة بحيث يبين كشف معلومات الراتب والميزات الأخرى لذا وجدت ويعطي وصفاً للوظيفة ويجب أن يشير إلى ما نتوقعه ومن هو المرشح الذي نتوقعه.

(المقابلة):

يتم تنفيذ الاختيار عادة بعد المقابلة من خلال الطلبات التي تم تلقيها حيث يتم إعداد قائمة قصيرة وتعقد في بعض الحالات امتحانات عملية وكتابية (وهذه مثالية في حالة مقابلة الفنيين ومصوري الأشعة الصور المجسمة والآخرين حيث يكون عدد المتقدمين قليلاً وتكون المهارات ضرورية) وهناك طرق أخرى للتقييم مثل المناقشة الجماعية التي يمكن القيام بها.

ويجب أن يتم استغلال المقابلة بدرجة أكبر لجلب القادرين حيث بين الطلب التوظيف معظم المعلومات المتعلقة بإنجازات المرشح ويمكن الحصول على توضيحات خلال المقابلة ولكن الاستخدام الأقصى يجب أن يتم لمعرفة قدرة المرشح على أداء الوظيفة بصورة جيدة فمن المهم توفير بيئة ملائمة للمقابلة شريطة أن تكون مدية وبحيث تضع المرشح بوضع مريح باستخراج قدراته وإمكانياته وتكون المقاعد مريحة.

يجب أن لا يكون عدد المتقدمين كثيراً وإذا كان هنالك عددٌ كبير فإن ذلك تنقل كامل المرشح، ويجعله يشعر بأنه مدين، حاول تقييد العدد إلى ما بين ثلاثة إلى أربعة وإذا كان عدده أكبر من ذلك ربما يكون من الأفضل تقسيم الجنة لتقصي- الأموال لكل مجموعة في مجالات محددة سلفاً وأن تتم المقابلة في الموعد المحدد فليس من الصحيح أن تترك المرشحين ينتظرون لفترة طويلة غير معقولة وإذا هناك عدة مرشحين فربما يكون من الأفضل إعطاؤهم أوقاتٍ مختلفة ومن الضروري أيضاً إعطاؤهم وقتاً أطول لكل مرشح وعدم الاستعجال معه وإذا قمت بالعمل البيتي ص ٢٢٤ سطر (١).

لكل مرشح الحق أن يأخذ وقتاً طويلاً كافياً فكم يلزمه من الوقت؟ يعتمد ذلك على الوظيفة.

قم بتقديم أعضاء المجلس إلى المرشح مما يساعده على الإجابة مباشرة إلى الشخص الذي يطرح السؤال (للخبير المتخصص بطريقة احترافية (علماء الاجتماع .. في الطريقة ذات العلاقة).

وتجنب الإزعاج قدر الإمكان خلال المقابلة وأعطي تعليماتك للسكرتير بعدم توصيل مكالمات هاتفية لك إلا إذا كانت طارئة ولا يمكن تأجيلها.

(التعيينات):

إذا تم اختيار المرشح يجب إرسال خطاب تعيين مبيناً تفاصيل التعيين والوصـف الوظيفي والراتب والظروف الأخرى مثل قوانين خدمة المستخدم ويجب أن يسـبق هذه التعيينات فحص طبي يكون الشخص بموجبه لائقاً صحياً لتولي الوظيفة.

فربما يكون الأشخاص المعاقون ملائمون لنوع محدد من الوظائف ويتعين فـترة اختيار للتعيينات بحيث يتم تقييم ذلك الإنجاز عـلى أن تكون فترة التجربة سـنة واحدة كما هي العادة وإذا كان هنـاك تقارير تقيـيم دوريـة فيمكن إجـراء تقيـيم عادل وملائم (التزويد بالمعلومات الشخصية):

على كل مستخدم التزويد بمعلوماتها أو معلوماته الشخصية عند التعيـين وإذا وجدت يجب أن تكون معلنة ومشمولة ويجب أن يوثق قسـم شـؤون الأفراد هـذه المعلومات بشهادة أصلية.

فأحد البيانات المهمة هـي تسجيل العمـر والـدليل الأفضل للعمر هـو تاريخ التخرج من المدرسة وربما يتم قبول شهادات أخرى بناءً عـلى طلبـات الإدارة بحيـث يتم الإدخال في أسرع وقت ممكن فإن سوباما وهي مسـاعدة في المستشفى (M) لم تقم بتقديم معلومات عن عمرها في وقت الاستخدام وفي طلـب للتمويـل وجـد أن عمرها أربعين عاماً بعد عشرين سنة من الخدمة فقد أنهى المستشفى خدماتها لأن عمرها قد أصبح ستين عاماً ولكنها أظهرت مـا يـبرز أن عمرها هـو ثلاثـة وخمسون عاماً فقط وقد نشأ خلاف بين المستشفى والمستخدم بسبب ذلك.

على كل مستخدم الحصول على بطاقة هوية يتم تقديمها عند الطلب.

(السجلات السرية):

يجب الاحتفاظ بملف سري بكل المعلومات ذات العلاقة بما في ذلك تقييم الأداء لجميع العاملين وتقارير تقييم الأداء هذه هامة جداً ويجب القيام بالتقييم من قبل المشرفين بعناية وعلى أن تتم تعيينات للمسؤوليات العليا واستمراريتها والعقوبات وإنهاء الخدمة .... الخ. مع الأخذ بعين الاعتبار للتكريم الدوري.

(التدريب):

فور تعيين الشخص الملائم فإن من الضروري إعطاءه دورات إنعاشية ويجب أن يتم الحفاظ على التدريب الملائم على أن تكون برامج التدريب هذه مختلفة في نوعها ولفئات مختلفة من الأفراد ويتم القيام بها تحت تنبؤات مختلفة ولكن من الضروري أن يواصل المستخدم لتحديث المعرفة والمهارات والمواقف.

(العناية بالعاملين تحت إمرتك):

يجب على المستشفى العناية بمستخدميها ورعايتهم مثل الآخرين واحترام كرامتهم ويحدد الموقف نحو المستخدمين النجاح النهائي على أن يكون تجاوب مستخدمي لكل مستشفى كالآتي:

إن الرعاية والتقدير لنا هنا على أننا وسائل لتحقيق الغاية والانتباه لنا فقط عند الحاجة لقيامنا بعمل ما. فلقد خلقنا لنشعر بأهميتنا ليس فقط عندنا نفكر لماذا نحن أو عند قيامنا بعمل ما ولكن عندما من نحن أيضاً.

(مشاكل المستخدمين):

يتعرض المستخدمين لمشاكل عديدة ويجب أن تكون هنالك آلية لحل هذه المشاكل بصورة سريعة وعادلة وهنالك عدة طرق يتم بها إنجاز ذلك (إن لجنة حل القيم بالمشاركة مع ممثلين عن الإدارة والمستخدمين وهيئة التحكيم) ومن الأفضل إنشاء خط مباشر بين المدير والمستخدم الذي يعاني من المشكلات ويطلب المساعدة

ولا تتدخل مباشرة ولكن تأكد هذه المشكلة قد تم التعامل معها بصورة ملائمة وتم اتخاذ الإجراء الضروري دون تأخير يذكر وإذا لم يتم حل المشكلة على مستوى القسم فيتم اتخاذ الإجراءات برفقها إلى مستويات عليا في الإدارة ومن الأفضل دائماً لكلا الطرفين المستخدمين والإدارة حل الإشكالات للمستشفى ومن الحاجة للوصول بها إلى دائرة العمل أو المحكمة تحت مرسوم النزاعات الصناعية والإجراءات هنا احتكاك مع الطرفين يتم من خلالها إضاعة الكثير من الوقت في الجدال والجدال المضاد في الوقت الذي تعاني فيه العلاقات وتتضرر وتذكر بأن عليك أن تعمل ثانية بعد القضية وطرحها في محكمة العمل مع الخصم لذا فمن الأفضل أن يتم تسوية النزاعات بصورة فورية ومن خلال التحكيم إذا لزم من خلال أشخاص غير منحازين ومقبولين لذا الجميع.

ولحل هذه المشكلة هناك حاجة لإصدار حكم وبلباقة والاستماع للمهارات والتحكم بالعواطف والحصول على حقائق والوصول إلى وضع جيد وبذلك يتم حل معظم المشاكل وهنالك عدة أنواع من المشاكل وإذا شعر المستخدم بعدم العدل نحوه أو نحوها أو أنه ظلم أو إن هناك اعتبارات مالية فالشخص الذي يعمل كمساعد يلاحظ بأن الشخص العامل بنفس المجال وبنفس المؤهلات يتقاضى خمسين ربية زيادةً شهرية عنه فنشعر بالظلم والنظر غالباً إلى المكافآت (والراتب وعلاقته بذلك أكثر من شعوره بالموضة المطلقة وغالباً ما يكون الموضوع متعلقاً بالمبلغ الذي يحصل عليه غيره بالمقارنة مع غيره أكثر مما هو متعلق بالمبلغ الذي يتقاضاه هو.

فربما يكون الأشخاص المعنيين ليسوا في نفس المستشفى ولكن في مؤسسات مختلفة بنفس البلدة ويقومون بنفس العمل ويتقاضى أحدهم أجراً أكثر من الآخر فما الذي يحدث؟ فهناك عدم رضا ومطالبة بالمساواة في الدفع وإذ أوجدت حالة من العدل فيشعر الفرد عادة بأن الوضع مريح، ومعظم المشاكل ربما تنشأ من:

أولاً: سوء الفهم.

ثانياً: سوء التفسير.

ثالثاً: التفرقة والتمييز.

رابعاً: مخالفة الاتفاقية.

ابقي على سياسة الباب المفتوح والتي لن تكون موجودة بالاسم ولكن بالممارسة الفعلية كذلك ويجب أن يشعر المستخدم الذي يشعر بالظلم بالحرية للمجئ أو المناقشة حول هذا الموضوع دون خوف من المضاعفات والآثار لذلك قم بتشجيع نقاش المجموعات واترك للعاملين المجال بالتصريح بأفكارهم وشعورهم وعدم الشعور بالإحباط.

(صانعي المشاكل):

يوجد في كل مستشفى أشخاص صانعين للمشاكل وبذلك عليك المشاركة بمشاكل الناس فهم لا يقومون بواجباتهم بطريقة مرضية ويشكلون عائقاً أمام أهداف المستشفى وربما يكون هؤلاء:

١- غير متعاونين.

٢- ضعيفين الأداء الوظيفي.

٣- أولئك الذين يخرقون القوانين والأنظمة أو السلوك كطريقة خطيرة.

قسم بتمييز هؤلاء وتعامل معهم بصورة فاعلة فليس من السهل التعامل معهم وحاول فهم السبب وراء تصرفاتهم هذه.

كان سالفان فني مختبر ورغم أنه لم يكن مؤهلاً بصورة كبيرة فقد قامت الإدارة بترقيته إلى وظيفة أعلى نظراً لكفاءته في العمل وبعد ذلك بقليل بدأ بالتغيب بدون

إجازة وبدون الإبلاغ بذلك يربك العمل وكان جلفاً وفظاً مع العاملين معه ومع رئيس القسم ولم يكن هنالك تأثير للإنذارات والغرامات CENSURE والجسميات في الراتب وقد طلب المدير من المدير الجديد بصورة متكررة طرد المستخدم المعني وقد حقق المدير في هذه المسألة وكان المستخدم منافساً وماهراً في عمله وكان منتجاً عندما يكون حاضراً ونوعية العمل الذي يؤديه جيدة ولكن وجد بأن الموظف قد أصبح مدمناً على الخمر وقد قدمت له الاستشارة والعلاج وأصبح مستخدماً منتظماً وحسن السلوك.

(لا تضع المستخدم بصورة دائمة مع فئة صانعي المشاكل) وغالباً ما نستطيع كسبهم إلى جانبك ولكن ربما يأتي وقت يلزم فيه اتخاذ إجراء وإنهاء خدمات المستخدم ويجب أن يكون هذا الوضع نادراً عندما يتم تكون مثل هذه المشكلة قد برزت كن قوياً ورزيناً فقد كان لدي المستشفى ك قانون يمنع الممارسة الخاصة من أي نوع من قبل الأطباء وقد كسر الجراح D هذا القانون بصورة متكررة بالذهاب إلى دور التمريض وإجراء عمليات هناك وقد أشار عليه المدير وحذره ولكن لم يكن لذلك أي تأثير وقد اتخذت بحقه إجراءات تأديبية وتم إخراج الطبيب من الخدمة وهنالك عدة عوامل يمكن أن تؤثر على أداء المستخدمين وتجعل منهم صانعي مشاكل وإذا استطاع المدير تحديد هذه العوامل فإن من الممكن حلها وجعل الناس أكثر تعاوناً وإنتاجية.

المعرفة والمهارات:

بفرض الأداء الجيد فإن من الضروري أن تكون لديك المعرفة بالعمل المتوقع بالمستخدم ويجب أن تكون لديهم المهارات لتأدية هذا العمل بكفاءة وربما نضيف بأنه يجب أن يكون لديه موقفاً ملائماً وإذا كان لديه معرفة فقط ومهارات وموقفاً ملائم سيكون لديه القدرة على القيام بواجبه بصورة جيدة.

(العائلة):

هنالك الكثير من المستخدمين الذين يجلبون مشاكلهم العائلية إلى العمل فمن الصعب فصل البيت عن مكان العمل ولكن العواطف المنعكسة تؤثر على العمل فلا يعطى العمل الذي يتم تنفيذه الاهتمام الكافي وتتأثر كذلك تفاعلهم مع زملائهم العاملين ورؤسائهم ومرؤوسيهم بهذه المشاكل فوجود طفل معاق أو عاجز عجزاً كبيراً يمكن أن يؤثر على العمل سلبياً إيجاباً ففي وضع المستشفى يبدي بعضهم تعاطف أكبر ويجددون توجههم لصالح المرضى وعلاقاتهم والآخرون يشاءون ويتصرفون بطريقة مغايرة.

(دعم المسئولين لهم):

ربما يستعصي على المسئولين فهم احتياجات المستخدمين فلا يقومون بمساعدتهم بل بإيجاد أخطائهم، وفي بعض الأحيان يلقي المسئولين غير الأكفياء المسؤولية على مرؤوسيهم والذين يقومون برده فعل عكسيه غير وديه ومع مرور الوقت يصبح المرؤوس من صانعي المشاكل. تأثير المستخدم نظراً لعدم وجود إرشاد أو تخطيط أو تنظيم ملائم.

فربما تكون ممرضة قد عينت للعمل في عنبر الأطفال وهي تحب الأطفال وتعشق العمل ولكنها وجدت نفسها دائماً مخطئة بنظر ممرضة العنبر وكان تكريم الإنجاز ضعيفاً وبعد أشهر بدأت ماري بعد الاستمتاع بعملها وبعد مدة تم تأنيبها بقسوة بقسوة وكانت هناك توصية بطردها من العمل وقد أوصت اللجنة الإدارية في اجتماعها بنقلها إلى وحدة العناية المركزة ومنحها مزيد من الوقت وقد قامت بعمل متميز تحت إمرة ممرضة العنبر الجديدة التي كانت قديرة ولطيفة وعندما ذهبت ممرضي العنبر تم ترقية ماري مكانها.

التكيف:

إن بعض العاملين لا يستطيعون التكيف مع التغيرات في الوظيفة فربما لا تتكيف المستخدمون في المختبر مع آلة أوتوماتيكية جديدة ثم إحضارها إلى المختبر ويمكن بذلك أن يصبحوا صانعي مشاكل.

فقد كانت سانغيتا فنية قديرة، وأحضر المستشفى جهات تحليل كيماوي أوتوماتيكي ولم تكن ترغب بالتدريب على هذا الجهاز حيث كان لديها صعوبة في المبادئ (وظنت أن العمل على الجهاز بسيط) وقد أصبحت مزاجية ونزقة وتركت العمل في المستشفى.

القيم الاجتماعية:

يتطلب معظم العمل في رعاية المرضى شعوراً جيداً متطوراً من العاطفة وخاصة في المستشفيات التطوعية غير الرسمية فالناس الذين يميلوا إلى العدوانية في طبيعتهم يجدون تصارعاً في الوضع وربما يتم التأثير على الأداء الجيد ليس بسبب الافتقار لي القدرة والاهتمام ولكن بسبب الصراع في القيم.

وإن المغازلة العاطفية للشخص يمكن أن يؤثر على العمل إذا لم يكن متناسقاً مع المطالب في الوضع.

الصحة:

يجب على المستخدمين أن يتمتعوا بالصحة العقلية والجسدية فالمرض المزمن يؤثر على الأداء ومع مرور الوقت ربما يصبحون صانعي مشاكل.

وإن جريحا البالغة ٣٣ عاماً من عمرها هي ممرضة مشرفة قديمة وكانت سابقاً مرة نموذجية ولكن أصبح عملها ضعيفاً فيما بعد وكانت تفاخر وتشاطر الأعباء

الشديدة طيلة الوقت وقد بين فحص طبي أجري لها بأنها تعاين من البـول السـكري وضغط وقد تحسن عملها كثراً بعد تناولها للعلاج الملائم واختفت المشاكل.

مكان العمل:

إن الناس حساسون جداً للبيئـة والمنـاخ ويمكـن أن يصبحوا ذو إنجـاز ضـعيف بسبب بسيط هو وضعهم غير المحبب فقد كان داسن كاتب في قسم أعلى في مكتب صحة المقاطعة في مانجلور، وقد تم نقله (بناءً عـلى طلبـه بسـبب تعلـيم ولـده) إلى مستشفى في بانجلور وقد كان جيداً في عملـه للبـدء بـذلك ولكـن أداءه بـدا ضـعيفاً وغير مرضي وظن المستخدمون الآخرين بأنه استخدام تـأثيراً غـير قـانوني للنقـل وقـد كانوا معادين له فلم يرغب بالذهاب إلى المستشفى وزاد من غيابه ونصحه صـديق لـه باستشـارة طبيـب نفسيـ ومـع الاستشـارة فقـد تكيـف مـع الوظيفـة الجديـدة وأصبحت المشكلة أقل.

فإن المرافق السيئة للعمل وبعض المظاهر الأخرى دون المستوى القياسي للبنيـة يمكن أن تؤثر على الأداء وتحول العامـل الجيـد إلى صـانع للمشـاكل وتنصـحك عنـد التعامل مع صانعي المشاكل بالآتي:

١- تحكم بعواطفك: فمن الصعب القيام بذلك في ظروف عديدة ولكن يمكـن تنميـة ذلك وإن السلوك الجيد يولد السلوك الجيد وتـذكر أن الجميـع يمكـنهم متحسـن أعطي الفرصة للتغيير للأفضل لن تكون صادقاً فيما تقوله ولا تتظاهر مدعياً بـأن تكون لطيفاً جداً أو محترماً جداً.

٢- أعطي أهمية لشعور الفرد وأفهم احتياجاته أو احتياجاتها العاطفية.

٣- تعلم الشق الثاني من القصة وحاول فهم القصة كاملة.

٤- طبق القوانين بتناسق وبصورة متوافقة على أن لا تكون استبدادية أو فيها تميز وتفرقه، ويجب أن يتم تطبيقها بصورة متناسقة في المستشفى بأكمله. وتمت ملاحظة التأخير في الحضور في بعض الأقسام ولكن قوانين صارمة تم تطبيقها في أقسام أخرى فالمستخدمين الذين كانوا خاضعين لنظام شديد شعروا بأن عدم العدل هذا قد وجه إليهم، رغم أن الإجراء الذي تم اتخاذه كان طبقاً للقانون.

إعادة التدريب:

لماذا تم إعادة تدريب الأفراد؟

١- ربما يتم ترشيح الفرد لوظيفة أفضل وأعلى ويتطلب ذلك مهارات كبيرة ومعرفة ومناقشة لمواكبة المتطلبات الجديدة للوظيفة الأعلى.

٢- إن معرفة الأفراد ومهاراتهم المواقف تنحدر مع مرور الوقت.

٣- يتعين إعادة تدريب الأفراد عند نقلهم من وظيفة إلى أخرى.

٤- قدوم التكنولوجيا الحديثة باستمرار فيجد الأفراد الذين تدربوا على التكنولوجيا القديمة أنفسهم في وضع يصعب فيه التكيف مع التكنولوجيا الأكثر حداثة وأنها أكثر تعقيداً حتى يتم تدريبهم ثانية على التكنولوجيا الأحدث ومن المهم أن يتم توضيح أهداف إعادة التدريب للمتدرب وما الذي تتوقع أو يتوقع إنجازه؟ يجب أن تكون الهدف ضمن قدرات المتدرب ويجب تزويده بالتغذية الاسترجاعية مع فواصل ملائمة ويجب أن يكون الهدف سامياً وضع مقاييس كذلك بحيث يمكن للمتدرب قياس أدائه مقابل المقياس.

العوامل المؤثرة على إعادة التدريب:

أن هناك الكثير من العوامل المؤثرة على إعادة التدريب ومنها:

١- العمر فالشخص الأصغر سناً يقبل التغيرات بسهولة أكثر.

٢- النضوج: وليس ناحية العمر بل من ناحية:

- القدرة على وضع أهداف عليا للتعلم ولكن قابلة للتحقيق.

- الرغبة والقدرة على تحمل المسؤولية للتعلم.

- مستويات تعليمية سابقة وخبرة.

ويتجاوب المتدرب الناضج بصورة أفضل مع العلاقات التعاونية والعلاقات الصعبة.

التقدم:

ص ٢٣١: ربما لا تؤدي مهارات التعلم الجديدة إلى التقدم المناشف والثابت، وبعضها تضع التقدم السريع تتبعه تحسينات صغيرة لسبباً وعندما يبلغ المعلم مرحلة من الاستقرار والتطور يمكن أن ينشط كلاً من المتدربين والمدربين وإذا فهموا هذه الخبرة الطبيعية فلن يتم تثبيط المشاركين، وإن إعادة التأكيد ضرورية ويجب اتخاذ إجراء ملائم للتأكد من المتقدم بصورة أكبر.

بعض التلميحات:

١- اجعل أوضاع إعادة تدريب مشابهة بقدر الإمكان لوضعية العمل من الناحية الجسدية والسيكولوجية.

٢- أعط المتدربين المزيد من الفرص لممارسة وعرض المهارات الجديدة.

٣- عرض المتدربين لأوضاع مختلفة بحيث يستطيعون معالجة المشاكل.

٤- التأكد من أن المتدربين قد أصبحوا على وعي بملامح ظروف العمل.

٥- بين قيمة إعادة التدريب لوضع العمل.

على أن يتبع جميع برامج التدريب شعار (التعلم بالعمل) أو التعلم أثناء العمل).

يجب أن يكون لدى جميع المستشفيات متوسطة وكبيرة الحجم مدير/ ضابط شؤون أفراد مؤهل وذو خبرة لتنسيق الاحتياجات والاهتمامات للمستشفى مع تلك التي للمستخدمين لتقدم خدمة رعاية صحية اقتصادية وكفؤة.

المسؤوليات:

١- التخطيط لبرامج شاملة لشؤون الأفراد ضمن السياسة الشاملة للمستشفى وإدارته بعد اعتماد المدير له.

٢- تقديم النصح للإدارة عن مشاكل الأفراد.

٣- اقتراح التغييرات في سياسات الأفراد حسب الضرورة.

٤- تطوير إجراءات وتوظيف المستخدمين الجدد والمساعدة في توظيفهم.

٥- تفسير سياسات وفلسفة وقوانين وأنظمة المستشفى للمستخدمين (وخاصة الموظفين الجدد) ومساعدة في توجيههم.

٦- إعداد الكتيبات للأفراد والوصف الوظيفي لاعتمادها من قبل الإدارة.

٧- التخطيط وإدارة برامج التدريب أثناء الخدمة وتقديم النصح في البرامج الخارجية.

٨- الرقي بالاستقرار للمستخدمين.

٩- إبلاغ المستخدمين لنشاطات المستشفى.

١٠- تطوير الإجراءات لتقييم الأداء الوظيفي وأن التقييم يتم تنفيذه بصورة منتظمة من قبل العاملين في الإشراف.

١١- الإشراف على العمل في إدارة شؤون الأفراد والتأكد مـن حفـظ ملفـات الأفراد بصورة ملائمة.

١٢- إرسال مراجعات دورية لإدارة المستشفى.

١٣- العمل كمنسق بين المستخدمين والإدارة.

١٤- متابعة في القيم الذي يلحق المستخدمين.

١٥- جميع النشاطات الأخرى المعتمدة من قبل المدير يتم إدارتها لصـالح العلاقات بين المستخدمين وصاحب العمل في المستشفى.

نظام تقييم الأداء (٢٨)

إن لمدير المستشفى الحق بالحصول على المعلومات المتعلقة بأداء جميع الأفراد العاملين في المستشفى، باستثناء ضباط الإدارة العليا (المدراء) ولا يحصل المدير على المعلومات المباشرة عن أولئك العاملين في المستشفيات المتوسطة والكبيرة الحجم، وهناك حاجة لتقييم الأداء.

التعريف:

إن تقييم الأداء تقييم للعمل المنجز (الكمية والنوعية والطريقة التي تتم بها تنفيذه) خلال فترة محددة على خلفية الوضع الإجمالي للعمل، والقسم الرسمي محاولة لوضع شخصية معينة وخصائص سلوكية للفرد وتأثيره على العمل ومساهمته بإنجاز أهداف المؤسسة.

أهداف التقييم:

الإدارية

تحتاج المؤسسة للمعلومات لأغراض إدارية مثل:

- توفير البيانات لقرارات الإدارة المتعلقة بالجدارة والرواتب والزيادات والحوافز والمكافآت والترقية والنقل وتعويض الرتبة والدرجة أو الطرد من الخدمة.
- إقصاء الإنجاز المتدني والتخلص منه.
- أخذ مدى ملائمة المستخدم لأنواع مختلفة من الواجبات المخصصة.
- لتكون المعلومات المطلوبة متوفرة لأغراض التوصية والتحقق الداخلي وتجنب الاستبداد على القرارات للتغطية الفورية، ولإعادة الاستخدام.
- لإيجاد مناخ مرغوب وتقاليد في القسم.

- للوفاء بمتطلبات التخطيط للقوى البشرية والتطوير المؤسسي- مثل تحديد هوية المستخدمين مع إمكانية الترقية وتطوير احتياجاتهم، وما هو المتوقع منهم وما هي القوى التي يمكن أن يبنوها وما هو الضعف المحدد الذي يلزم تجاوزه.

تحسين الأداء:

(المعلومات الخاصة بالمستخدمين والتقييم من أجل التحسين وإنجاز الأهداف الفردية وأهداف المؤسسة).

أهداف الفرد:

- يحصل المستخدم على التغذية الاسترجاعية عن أدائه فما يحفزه أو يحفزها على الداء الأفضل، وتعطى المرؤوس فكرة عما يجب أن يفعله ويجل الوعي بمكمن القوة والضعف التي تحتاج إلى تغيير في الموقف والمهارات والمعرفة المتعلقة بالعمل.
- يقوم المستخدم بتطوير دور الوضوح فيما يتعلق بالعمل وخاصة حين يتم إبلاغه بما هو متوقع منه أو منها.
- يكون المستخدم قادراً على توضيح خطة عملها أو عمله في المؤسسة.

أهداف الذي يقوم بالتقييم:

- يحصل المسئول على التغذية الاسترجاعية عن كيفية إيصال الأهداف المؤسسية إلى المرؤوسين والتسهيلات المقدمة لإنجازاتهم الفاعلة والقدرة على تحفيزهم للأداء.
- مراجعة وضع العمل مع المستخدمين وتجديد هوية المتطلبات للمواد الأخيرة ومساعدة الذي يقوم بالتقييم على تحديد مساهمة إدارتها أو إدارية بالأهداف المؤسسية.
- تقنية التقييم.

الذي يقوم بالتقييم:

من الذي يعرف الكثير عن أداء الفرد هذه مسألة في غاية الأهمية في التقييم وبنفس درجة الأهمية بأن الاستفسار فيما إذا كان الشخص الـذي يعـرف أكثر عـن أداء الفرد هو الشخص الأفضل لتسجيل هذا الأداء في ضوء أهداف المؤسسة.

المسؤولين القائمين بالتقييم

- إن المدخل التقليدي هو إيجاد مشرف مبـاشر عـلى الفـرد لتقسيمه وإن التقديـر الذي يضعه هذا المسـئول المبـاشر (ضابط التقارير) ربما يتم تـدقيق الطريقة وتعديله وهناك فوائد عديدة في التقدير المباشر للمشرف لمرؤوسيه وهي:

- تحافظ على خط السلطة الضروري للوظائف الفاعلة للمؤسسة.

- إن المسئول يعتبر أفضل شخص يستطيع تقييم المسـاهمة إلى المسئولين المباشرين نحو إنجاز أهداف إدارته والأهداف المؤسسية.

- لديه القدرة على مراجعة مهرجات مستخدميه في ضوء الموارد المتاحة.

- لديه القدرة على مقارنة أداء الفرد مع نظرائه (أقرانه) وهذا العامل هام للقرارات الشخصية للوظيفة الفاعلة للمؤسسة ومع تقدير المسئول المبـاشر لمرؤوسيه لـه العوائق التالية:

- يؤدي التقييم السلبي غالباً إلى سـوء فهـم وعقبـات في علاقـات العمـل، والتشرط للمستخدم، وتقليل الإنتاجيـة ولا يحـب المشرفون عـادة انتقاد المرؤوسين لهـم (وربما يهم المحاولة بينهم بهذا الخصوص).

- يتدخل التقييم مع علاقـات ودية بنـاءةً أكـثر يلزم تواجدها بـين المسـئول والمرؤوس وخلال التقييم يتم التركيز على شخصين المسئول كشخص يمارس

سلطاته وبالإضافة إلى ضابط التقارير هناك ضابط مراجعة من الضروري توفره للتأكد منه.

- توجيه القائمين بالتقييم فيما يتعلق بتفسير المعيار.

- تناسق مقاييس التقدير بين المجموعة وضباط التقارير.

- تحديث الهالة حول المشرفين الفورية والانحياز ... الخ.

- مراجعة التعاون والالتقاء من المستوى الثاني ربما تكون مطلوبة لأغراض قانونية وكذلك لتوفير آلية للجزء إلى التقييم الذاتي:

إن تقييم أداء الشخص لوظيفته يتم تأييده نظراً للآتي:

- كل شخص يعرف نفسه جيداً وهو واعٍ لمكامن القوة والضعف لديه ولجهوده لإنجاز أهداف الشخصية وأهداف مؤسسته.

- إن التكريم الذاتي عامل مهم في الإدارة التشاركية وفي إنجاز الأهداف الفردية والمؤسسية وعلى أية حال فإن التكريم الذاتي لا يستخدم كثيراً والسبب في ذلك.

- عدم رغبة الأفراد بإيجاد نقاط ضعفهم والنواقص التي لديهم في العمل وعلاوة على ذلك فربما تستخدم هذه المعلومات ضدهم عند اتخاذ القرارات الإدارية.

- بشكل عام فإن التقييم الذاتي فيه غرور حيث أن معظم المستخدمين لديهم إدراك مخيب غير واقعي لإنجازهم.

أنواع أخرى من المقيمين:

إن تقييم الإنجاز للعمل يتم تنفيذه وبصورة متكررة من قبل المسئولين وأقل تكراراً من قبل الأفراد أنفسهم وإن من الممكن أن يقوم أقران الفرد أو مرؤوسيه

بتقييمه ولكن نادراً ما يتم ذلك في وضع المستشفى، ففي المؤسسات التي تقدم الخدمات فإن مستهلكي الخدمات أو المستفيدين منها هم الـذين يمكن أن يكونـوا مقيمين.

مشكلة المقيم العام:

وهناك مشاكل عامة تظهر بدرجة كبيرة أو صغيرة في كل تقييم حتى ولـو كـان المقيم هو المسئول أو المرؤوس أو القرين النظير).

التحيز:تحيز الفرص لبعض المستخدمين لديهم ظروف عمل أفضل ولديهم خبرة أكبر في العمال العاملين معهم ومشرفين مسانـدين، وتحيـز خصـائص المجموعة (تماسـك المجموعة، والأخلاق وتفسير المجموعة ليوم العمل والعامل)، وتحيـز المتنبئ (معرفـة المقيم بالسجل الماضي للفرد) وأنواع الإجحاف بحث الفرج (بخصوص العمر والجنس والدين والسلوك .... الخ) ولكنها تؤثر على التقييم.

المساواة:إن الهدف الرئيس للتقييم هو مقارنة أداء الفرد مع نظراته وهذه الفرضية أن الفرد بالمقارنة مع نظرائه خاضعون لنفس بيئة العمل ونفـس عوامـل الاحتفـاظ والتسهيلات، والفرضيات بأنها نـادراً مـا تكـون حقيقـة وعليـه يخضع المسـتخدمون لمنافسة أقل أو المقيم المتساهل ويحصلون على التقييم أعلى من المنافسين أو زملاؤه والمسئولين.

الضغط من مجموعات القوى، والاتحادات والمسئولين لتقـدير الموضـوع بصـورة محببة.

نماذج التقييم:

هناك عدة أسباب التقييم للمستخدمين في المؤسسة منها خليط من مكامن القوة والضعف ولا يوجد أسلوب فيها قادر على إنجاز جميع الأغراض التي وضع من أجلها برنامج التقييم ويعتمد اختيار تقنية معينة على ثلاثة عوامل رئيسية.

- معايير الاستخدام الأمثل لماذا يتم تقييم الأداء، فربما يكون الهدف لإجراء تأديبي التغذية الاسترجاعية لتطوير المستخدم أو أو أكثر فيه أو الاختيار أو التدريب.

- معايير النوعية، اعتبار العوائق المؤسسية للتقييم الطريقة، وثيقة الصلة معايير التقييم وتوفر البيانات والناحية العملية وإمكانيات الملائمة وقابلية التفسير.

- المعايير الكمية، خصائص السيكومترية للتقييم، والموثوقية وقابلية التمييز والدقة، وأخطاء التقدير الموروثة والأسلوب الذي يعتبر أقل ذاتية وأكثر موضوعية من الأساليب الأخرى هو المفضل، فالموضوعية هي الصيغة لإبعاد التحيز، مع معلومات موثوقة، وفاعلة عن الفرد.

وهناك صيغ عديدة متوفرة:

التقدير الخطي الحر:

يقوم المقيمين بكتابة بحث قصير عن كل مستخدم يفصل فيه مكامن القوى والضعف وخبرة القدرات .... الخ. وربما لا يكون النموذج محدد النية ويكون هنا المقيم.

حق الاختيار لتحديد المظاهر التي يمنح بها المستخدم الذي يقوم بتقييمه والتحكيم بتقسيمه إلى نموذج ذات بينة ومفتوح النهائية ويطلب من المسئول كتابة ملاحظات قصيرة على كل معيار محدد وهذا النوع الأخير يؤكد صورة شاملة على المستخدم ويمكن كتابة بحث عن الوسائل الفاعلة في تقييم الأداء ويمكن أن يتم تفعيلها

لتلائم الفرد ووضع عمل معين، وفي الحقيقة عندما تكون نماذج المقياس مستخدمة فيتم غالباً توفير المكان للتعليمات والملاحظات والانطباع العام لطلب المعلومات عن الفرد التي لا يمكن تسجيلها من خلال المقياس استخدام إجراءات هذا التقييم بصورة مكثفة فإن من المهم إبداء الملاحظات التالية:

- إن مهارات الكتابة لضابط التقرير يمكن أن تغطي الأداء الحقيقي للفرد.

- إن هذه الطريقة تستهلك الوقت.

- حيث إن هذه التقييمات في شكل وصفي فإنها تفتقر إلى التناسق وحيث أنه يصعب القيام بالمقارنة بين الأفراد بسهولة.

أسلوب التوزيع الإجباري:

وهذا الأسلوب حسب نظام عمل المجموعات حيث يخصص مقيم لك مستخدم واحدة من المجموعات الخمس بطريقة تلزم نوعاً ما التوزيع الطبيعي مثل تخصص المشرف لما يقارب من ١٠% من رجاله إلى نهاية مفضلة للمقياس و ٢٠% في الفئة التالية و ٤٠% من الفئة المتوسطة و ٢٠% في المنطقة التي تلي النهاية المنخفضة و ١٠% في المستوى الأدنى.

وإن الفائدة الرئيسية لهذا الأسلوب هو أن جميع المستخدمين لا يمكنهم إعطاء تقديرات معتدلة أو جيدة ويجب أن يتم تقدير بعضها بصورة أفضل من الأخرى وبذلك فإنها النموذج الأفضل عندما يكون المشرف قد قام بتقييم عدد كبير من المرؤوسين ولا تستخدم هذا المقياس بصورة متكررة.

- إنه كبير جداً ولا يميز بين الأفراد في مجموعات.

- تظهر المشاكل مع حالات خط أوسع للتقدير.

- لا يفسر المقياس الأسباب المحدد للأداء ولا يعرف المستخدم ما الذي يجب عليه عمله لتحسين أدلته.

طريقة الرتب:

إذ تهدف الرتب إلى إنشاء نظام رتب للمستخدمين يستند إلى جدارتهم النسبية وفي طريقة تناوب الرتب يتم إدراج أسماء المستخدمين في قائمة عشوائية وبطلب من المشرف اختيار المستخدم الأكثر قيمة وتشطب اسمه ووضعه في قمة القائمة، ويقوم بعدها باختيار الأقل قيمة واسمه وبضعه في أسفل القائمة ويستمر المشرف في استخدام نفس الطريقة حتى ينتهي من القائمة ويتم الانتهاء من التقدير بالرتب المقارنة زوجياً وبالرتب بأن كل مستخدم يقارن مع المستخدم الآخر، وهذه الطريقة أبسط من طريقة تناوب الرتب وتحتاج إلى المقيم ليحدد أن من المستخدمين الذين تمت مقارنتها أفضل، ويضع المقيم علامة صح على كل نماذج مقابل الشخص الذي يعتبره الأفضل من بين الاثنين ويتم تحديد التقدير النهائي بعدد من علامات المطابقة مقابل كل اسم.

ولطريقة الرتب العوائق التالية:

حيث أنه مزهق كثيراً لوضع رتب للأفراد عندما يكون عددهم ٢٠ أو أكثر.

وتشمل المقارنة الحكم الشامل الذاتي.

- إن من الصعب وضع رتب للمستخدمين كجزء من الأعلى في القمة والأسفل وبينهما.

وعلى أية حال فلطرق الرتب هذه فائدة هامة وهي إمكانية استخدامها حتى من قبل مقيم غير متدرب.

مقياس التقدير التصويري:

في مقياس التقدير التصوير (المعروف أيضاً بمقياس الرتب للجدارة أو تقدير يتم كتاب ملخص عنه مسبقاً) وهناك محاولة لتأكيد درجة في المستخدم ذو الخصائص المحددة وهذه الخصائص هي:

النزعات الشخصية: والطرفة، والقدرات والمهارات ونوعية وكمية العمل الناتج مدرجة في لائحة مع أو بدون تعريفات أو أوصاف.

ويمكن أن يتم قياسها عددياً التجاوبات التي يمكن أن يختلف من ثلاث نقاط إلى نقاط عديدة على مقياس أفقي مثل (٥، ٤، ٣، ٢، ١) أو نقاط مقياس يمكن تحذيرها للإشارة إلى درجة قابلية التطبيق للمصادر مثل ممتاز وجيد ومتوسط وضعيف، وضعيف جداً أو دائماً وغالباً وبعض الأحيان لا يتم ذلك.

ويستخدم التقدير التصويري هذا بصورة واسعة وإن من السهل وغير المكلف تطويره وإدارته ويوفر معلومات عن المستخدم في عدد من الخصائص ودرجة قابليتها للتطبيق.

وهناك علامة مركبة لكل فرد يمكن تحصيلها وهذا يمكن الدراسة لأداء الفرد بمرور الوقت وكذلك المقارنة لأدائه فردين أو أكثر في نقاط مختلفة من الوقت.

ولكن لهذه الطريقة أيضاً بعض المحاذير:

- إن العلامات المركبة جادعة فربما يتم تحصيل تقدير إجمالي بمستخدمين فما نزعات محددة مختلفة بصورة كبيرة.

- إن التقدير التصويري مرتبط بثوابت بدرجة كبيرة من التصنيف الفرعي لأن النزعات الشخصية يتم التركيز عليها بصورة علمية يخضع مقياس تقدير

تصـويري إلى عـدد مـن الأخطـاء ومثـل الهالـة والتسـاهل الميـل المركـزي والمنطـق والتعارض ومشابه لي والتقريبية.

طريقة الأحداث الحرجة

إن مداخل الأحداث الحرجة الخاص التقييم الأداء يتطلب مقـيماً لتسـجيل الأحـداث الحقيقية المتعلقة بالمستخدم، والتي كانـت هامـة لـلأداء الفاعـل أو غـير الفاعـل لهذا الأخير وإن الإجراء الاعتيـادي هـو أن يقـوم لـديك سـجل مشرف (في كتـاب أسود صغير سجل غير المرغوب فـيهم والأحـداث الفعليـة للسـلوكيات الوظيفيـة السلبية أو الإيجابية التقديرية المتعلق بالمرؤوس حيث تظهر عندما تظهر بتعيين تدوينها المتعلق بالمرؤوس حيث تظهر هذه على نموذج التقيـيم المـرؤوس عنـدما يلزم ويترتب عليها لتعـديل هـذه الطريقـة أعـلاه الإعـداد القائمـة تفقـد مكثفـه (حوالي ٨٠- ١٥٠ حدث سلوكي) من السـلوكيات الهامـة للوظيفـة وعـلى المشرف مراجعة ذلك وإعادة جميع سلوكيات محددة تمت ملاحظتها في المستخدم خـلال الفترة المعنية.

المكاسب (الفوائد):

- يعتـبر تقيـيم الفـرد أقـل موضـوعية، حيـث أن المشرـف مضـطر إلى التركيـز عـلى سلوكيات محددة للوظيفة أكثر منها على النزعات المحددة بصورة غامضه.
- مقابلات واستشارات التقييم تصبح أسهل عندما تـتم بـذكر أحـداث حقيقيـة عـلى المستخدم.
- يعتبر هذا الأسلوب مـؤثراً عنـدما تكـون مقـاييس العمـل الموضـوعية أو الأهـداف الكمية غير متوفرة.

العوائق:

- إن فكرة الشخص الذي يحمل دفتراً أسوداً صغيراً سجل غير المرغوب بهم باحثاً في الخلفية وبدون الملاحظات على السلوك يتوافق الصعوبة مع وضع ناضج بدون باختصار على عجل.

- وتتطلب الطريقة أن يقوم المشرفون على الأحداث على أسس يومية أو أسبوعية على الأقل ويمكن أن يصبح هذا نظاماً متبعياً.

- يختلف غالباً المقيم في فهم السلوكيات الهامة التي يتعين الإبلاغ عنها ويتم تجاوز ذلك جزئياً بتوفير قائمة بفقد للسلوكيات.

- إن الأحداث الخطرة والمعلقة تحدث بصورة غير متكررة نسبياً وربما يؤدي ذلك إلى أن لا يكون لدى المشرف ما يكفي من الأحداث للإبلاغ عن عدد كبير من المستخدمين.

- يميل الأسلوب إلى دفع المسجل - المراقب نحو النقاط الأشياء للنقد.

طريقة تقدير الاختيار الاضطراري (مقياس المعايير المختلطة):

وهذا مقياس يحتوي بالضرورة على عدد من الوثائق التي تلزم المقيم للإشارة إلى حدة الوثائق التي تلاؤم بصورة أفضل المستخدم وتلك التي تصنف الفرد بأقل وصف ولا يعرف المقيم أي من البيارات تشير إلى الأداء العالي وأيها تمثل السلوكيات أو النزعات غير المرغوبة أو الأداء المنخفض فكل وثيقة تحمل وزناً أو علامات ولكن هذه العلامات ليست موحاة إلى المقيم وبعد إتمام المقيم للتقديرات لتصل إدارة شؤون الأفراد إلى دليل لأداء المستخدم باستخدام مفتاح تقدير بعلامات.

المكاسب (الفوائد):

- يتم القيام بتقييم الأداء بطريقة أكثر موضوعية.

- ويقلل المقياس من تأثير وهالة وخطأ ويمكن أن يقوم بتحسين موثوقية التقديرات.

- يمكن استخدام المقياس التقييم الذاتي.

العوائق:

- إن إنشاء هذه المقياس يستغرق الكثير من الجهد والوقت.

- تمثل إجراءات التقدير استثارة المقيمين الذين يعتقدون بأنهم لم يتم الوثوق بهم.

- إن المقيم الذين يعرف كيف يهزم النظام.

- إن الطريقة غير مفيدة لمقاتلات التقسيم.

مقياس التقدير المعتمد (المرسى) سلوكياً:

لقد تم تطويره أولاً من قبل سميث وكاندال للممرضات مسئولات المجموعات في ١٩٦٣ وافترض وحدات القياس الآتي:

- إن تأثير الشخص على الوظيفة يمكن أن يؤخذ من السلوك على الوظيفة أكثر من كونه نزعات شخصية وإن تقييم السلوك أكثر موضوعية من الحكم على النزعات الشخصية.

- إن أداء المستخدم بعقد ويودي إلى أبعاد متعددة وإن قيمة ودرجة كل من هذه الأبعاد يمكن تسجيلها بصورة فاعلة من خلال الوثائق أكثر منها فقط من خلال تدرج الفني.

— خلال عملية التقييم تلزم وحدة القياس المقيم للتركيز على السلوك الحقيقي للمستخدم والأداء أقل ذاتية وبين فاعلية وموثوقية عالية وتأثير الهالة أقل.

القيود:

- إن علمية بناء وحدة القياس مستهلكة للوقت.

- مع الوضع العالي للحركة بين المقيمين فإن المقيم الجدد لا يشعرون منخرطون لوقت طويل في بناء وحدات القياس.

- إن وحدة القياس المطورة لوضع ما لا يمكن استخدامها بسهولة لوضع آخر حيث أن متطلبات الوظيفة قد تكون مختلفة في الوضع الآخر.

التقييم بالأهداف:

إن نموذج التقييم لمستخدم ومراجعة مسؤولة إنجازات الموضوعية السابقة والتي تم إعدادها سابقاً والاتفاق عليها، وتم التركيز على تحليل الأداء الحقيقي أكثر من التقييم النزعات أو السلوكيات ويتم التركيز على ما يقوم به المستخدم أكثر مما يعتقده مسئوله عنه.

ويدخل في التقييم بالأهداف العملية التالية:

- على الإدارة العليا صياغة أهداف لفترة محددة.

- ويترجم فيما بعد رؤساء الأقسام الأهداف المؤسسية إلى أهداف محددة للأقسام ويضع الأولويات في مجالات النتائج الرئيسية.

- برامج العاملون في القسم مجالات النتائج الرئيسية وتطوير قوالب إدخال نتائج مبنية للمساهمة الرئيسية والمساهمة الأقل أو انخراط الشخص في النصح.

- يقوم كل فرد بعد ذلك بوضع قائمة محددة تخطط أعمـال مقيـدة بالوقت لإنجاز المهمة الرئيسية ويقوم المشرف بتنسيق هذه العملية.

- وفي نهاية الفترة المحددة (ستة أشهر أو سنة) يجتمع الفرد مع مسئوله مـرة أخرى لمراجعة الأداء السابق في ضوء الهدف التي وضعت سابقاً.

- هناك العديد من التوصيات في التقييم بالأهداف.

- التركيز على تحليل الأداء وعدم الحكم على الشخصية أو السلوك.

- إن المرؤوس ليس هدفاً سلبياً يتم تقييمه لفترة طويلة ولكنه عامل إيجابي مسئول عن وظيفة ونموها وتطويرها والكفاح لإنجاز الأهداف الفردية المؤسسية.

- يقوم المستخدم بتطوير الوضوح فيما يتعلق بعملـه ومسـاهمته المطلوبـة لزيـادة التحفيز العملي.

- إن الطريقة ملائمة لتطبيق مستويات الإدارة ومحدودية تطبيقها بالنسـبة للفئـات الدنيا من المستخدمين.

- وهو الممكن مع النمط التشاركي للإدارة وغـير مجنـب في النمط التفويضيـ مـن التنظيم.

- إن الطريق غير محببة للفكرة المتولدة عن التقييم التي سيستخدم بصـورة أماميـة لأغراض إدارية وأغراض المراقبة.

مقابلة المقيم:

يتم عقد مقابلة المقيم بصورة دورية بين المسئول (المقيم) والمرؤوس (الـذي تـم تقييمه) ويعطي الأخير على كيفية إنجاز العمل خلال الفترة تحت المراجعة وقـد تـم إدراكها من قبل المسئول استناداً إلى صيغة المقابلـة ويمكن أن يشمل النقاش ردود فعل المرؤوس والذي يمكن أن يكون للتقييم والتحليل، والعوامل التي تسهل إحباط أدائه،

؟؟

ويمكن وضع أهداف محددة للأداء للمستقبل لوظيفة الفرد من المؤسسة وتحديد التدريب الذي يحتاجه والتفاعل بين المرؤوس والمسئول ... الخ، وإن مقابلة التقييم رغم أنها مرغوبة فهي ليست جزءً ضرورياً لعملية التقييم.

مقابلات التقييم التي يمكن أن تتبع:

– طريقة بلغ ثم بع حيث يقوم المشرف بإبلاغ المرؤوس بأفضل طريقة ممكنة لتقديراته ونصيحة التحسين.

– أبلغ ثم اسمع حيث يكون المقيم متوصل التقييم للمستخدم والسماح للمرؤوس يقوم برد الفعل على التقييم.

– مدخل حل المشكلات: حيث يكون التركيز على التحليل أكبر من التقييم وما هو بحاجة إلى عمل لتحسين الأداء.

أهداف مقابلات الأداء:

- توفير تغذية استرجاعية شرعية للفرد عن كيفية الأداء المدرك من قبل مسئوله.
- إيصال المعلومات من خلال قبل هذه المقابلة يمكن أن يكون وصولاً لرضى المستخدم وتحفيزه وخاصة إذا كانت التغذية الاسترجاعية إيجابية.
- يمكن للمستخدم في مثل هذه المناقشات إنجاز دور الوضوح فيما يتعلق بوظيفته.
- إن المرؤوس وبينما يأتي لمعرفة ضعفه يمكن أن يركز على الإجراءات التصحيحية، ويمكن أن يخطط المسئول لبرامج تدريب والتعلم المستمر ... الخ.
- يمكن للمتدرب الحصول على معرفة أكبر بالمؤسسة، وتوقعات مسؤولية وتوضيحات عن خطة الوظيفة في المؤسسة .... الخ.
- وعلى أية حال فإن مقابلته التقييم لا يتم انعقادها غالباً للأسباب التالية:

السبب:

- إن مناقشة التقدير مع المستخدم غالباً ما تؤدي إلى خبره في تجريح للمرؤوس والصراعات بين المسئول والمرؤوس والتي تؤثر على وضعية العمل.

- التقديرات السلبية يمكن أن تؤدي إلى تثبيط الفرد والتقليل من أدائه وخاصة عندما يعتبر الفرد تقنية أفضل من تقييم المسئول له.

- إن التقييم مرتبط غالباً مع قرارات الراتب، والترفيه والنقل، والطرد ... الخ وبذلك يشعر المستخدم بأنه دفاعي خلال مناقشات التقييم عندما يكون مرجحاً بأن يكون التقييم السلبي تأثير مشئوم عليه.

- يشعر المسئول بعدم الكفاية والملائمة عن تبرير التقدير لمرؤوسه من خلال ذكر الأحداث الحرجة والهامة ذات العلاقة.

- هناك الكثير من المسئولين ينأون بأنفسهم عن مقابلات التقدم حيث يخافون الوضع المفتوح والذي لن يكونوا قادرين على مواكبته كما لو أنهم مستخدمون يطالبون بالترقي ويستفسر عن طريقة تسيير الإدارة والتقييم وإن من المهم التأكيد بأن مقابلات التقييم لا تسبب فقط الإدارة الضعيفة المريضة ويمكن أن يتم تأكيد ذلك يجعل المشرف يسأله عن كل مرحلة، لماذا بعد ما الذي أقوله أساعد هذا الرجل؟ إن مقابلات التقييم غير قابلة إذا كانت مشاركة المستخدم بنشاط في المناقشة، وينخرط من وضع الأداء المحدد لأهداف الإنجاز لنفسه، وفيما إذا كانت المقابلة قد صممت بشكل أساسي لتحسين أداء المستخدم أكثر منها للربط مع راتبه أو ترتيبه.

دورة التقييم:

إن تقييم الأداء غالباً ما يتم إدارته كنشاط سنوي وخاصة للمتدربين والمجندين الجدد إذ يستخدم وتكرار ربع سنوي عادة هو المعيار وبذلك فيمكن أن يتم تقييم المستخدم في نفس الوقت خلال السنة في ذكرى استخدامه.

الصراعات في التقييم:

المشاكل العامة:

اختيار أهداف التقييم:

إن معظم محاولات التقييم في جميع المعلومات لأغراض إدارية والتطوير والنمو النفسي للفرد، وهناك تحصيلات متزامنة مع هذين الهدفين وهي غير عملية لأن البيانات اللحظية مطلوبة للتحكم بالغرض ومراقبته والمعلومات أمامه المتعلقة بضعف الشخص لا يتم الإيحاء بها في عملية التقييم ن على المؤسسة أن تكون واضحة عن الأهداف التي يتعين إنجازها من خلال عملية التقييم.

التركيز على السلوكيات: إزاء النزعات

إن تقييم النزعات الشخصية في تفضيل سلوكيات العمل المرتبطة والتوريطات الحزينة وفي هذا التقدير فهي غير موثوقة وتميل إلى التركيز على الشخصية للفرد أكثر من التركيز على مساهمته في المؤسسة ويختلف التفسير للنزعات بصورة ملحوظة مع الناس الذين يرغبون بأن يكونوا ذاتيين.

علامات التقدير المتعددة المعايير:

التقدير المقابل:

إن التقدير المقابل ملزم غالباً عند مقارنة أداء عدد من الأفراد للاختيار ووضع في موضع ما، والترقية، والحوافز ... الخ وعلى أية حال هناك عوائق بأن حقائق

الأداء لم يتم إحضارها من خلال علامات تقديرية وأكبر من ذلك فإن قبل هذه العلامات التقديرية غير مقيدة للتغذية الاسترجاعية وتعليل أداء الفرد.

النتيجة:

بالرغم من عدد المشاكل المرتبطة بالتقييم فإن الكثير من المؤسسات واصلت الاحتفاظ ببرنامج تقييم رسمي وبذلك تكون واضحاً أن البديل لبرنامج التقييم السيئ ليس إلغاء برامج التقييم نهائياً بل إنشاء برنامج تقييم أفضل.

وإن التقييم الراسخ يجب أن يفي بالمتطلبات الأساسية التالية:

- يجب أن يكون النظام متواضعاً مع نمط الإدارة وفلسفتها وتكنولوجيا والخصائص الثقافية الاجتماعية للأفراد المعنيين.

يتعين أن تتناغم مع برامج الأفراد الأخرى مثل نظام المكافآت ومشاريع التعويضات وبرامج التدريب ... الخ.

– إن التقنية المستخدمة يجب أن يكون لديها تعاون بين المقيمين وأن تكون لديها القدرة على التعميم بطريقة موضوعية قدر الإمكان وأداء وفاعلية الفرد فيما يتعلق بوظيفته.

الجزء السابع
(٧)

إدارة المواد (٣٩)

تقارب النفقات على المواد ما يعادل ٣٠- ٣٥% من الميزانية التشغيلية السنوية لمعظم المستشفيات وبناءً عليه يجب وضع مهمة الاحتواء الأسعار وعلى مدير المستشفى بناءً على ذلك أن تتجه أنظاره أول ما تتجه إلى تخصيص تكلفة المواد وعادة ما تؤتي الجهود في هذا المجال ثمارها سريعاً وكل ما هو مطلوب تطبيق بعض المفاهيم الأساسية والتي فاتهم عادة قبولها بصورة حسنة، لأنها ترتقي بالكفاءة أيضاً ومن هذا تأتي أهمية إدارة المواد في المستشفى.

أهداف إدارة المواد:

إن الغرض من إدارة المواد هو التحكم بامتلاكها، وتخزينها وأرشفتها وتوزيعها واستخدام وتصديق الإمدادات والمعدات لتنفيذ المسؤولية الأساسية للمؤسسة بصورة فاعلة وكفؤه واقتصادية وتسعى إدارة المواد لتأكيد توفير المواد الملائمة في الوقت الملائم والمكان الملائم بأقل تكلفة ممكنة.

تنظيم إدارة المواد:

هناك مهمتين اثنتين لإدارة المواد وهما المشتروات والتخزين/ التوريد ويمكن تنفيذ هاتين المهمتين بصورة منفصلة مستقلة من خلال مستودعات وإدارة مشتروات منفصلين أو بتوحيدهما في إدارة المستودعات والمشتروات فالإدارات المنفصلة للمشتروات والمستودعات تقلل من إمكانية والتواطؤ وإنجاز تشكيل البيانات اللازمة للقيام بشراء جيد والرقي بالتخصيص حيث أن الكفاءة العالية) تأتي من الوظيفتين والمختلفتين في طبيعتها. ولإدارة المستودعات والمشتروات الموحدة الفوائد التالية:

- هناك سلطة واحدة يمكن أن تكون مسئولة عن توفر المواد والتحكم بها وتوريدها فيقل بذلك احتمال إلقاء كل إدارة اللوم على الأخرى في حالة

التقصير والتنسيق الجيد بين التخزين في المستودعات والمشتروات يؤدي إلى الرقي بالمشتروات في وقتها (مما يؤدي إلى خفض مستوى الجرد) ومعلومات أفضل بالنسبة للمواد اللازمة من حيث النوعية والكمية السنوية والتغيير في الطلب والاستخدام وعمل المقاييس التي تؤدي إلى مشتروات أفضل ومستويات إعادة طلب ومخزون أمان أقل بالإضافة إلى أن (المخزون الميت) وهي المواد غير المستغلة يمكن تصريفها أيضاً بطريقة أكثر سهولة بجانب وجود سلطة واحدة تتعامل مع الاستفسار من المستخدمين والآخرين بصورة أكثر فاعلية.

– وفي الإدارة الموحدة هناك عمل ورقي أقل حيث يمكن الاحتفاظ بسجلات مشتركة (مثل بطاقة مراقبة المخزون يمكن أن تخدم كتاريخ للمشتروات والمشتروات وسجلات الإيصالات التي يمكن خلطها ... الخ) وسيكون هناك تخفيض في المخاطبات والمراسلات الداخلية بين العاملين في المشتروات والتخزين ويمكن تفعيل سرعة الصفقات حيث يمكن الاشتراك في المعلومات العامة بسهولة وبصورة غير رسمية بين الأفراد العاملين في المشتروات المستودعات، مما يؤدي إلى خفض التوظيف بصورة غير رسمية لفريق العمل من تاريخ تقديم طلب الشراء حتى يتم استلام البضاعة في المستودعات.

عملية إدارة المواد:

ينخرط في عملية إدارة المواد التخطيط والمراجعة والمراقبة لكل من:

- التخطيط للمواد والميزانية.
- التنبؤ بالطلب.
- المشتروات.
- الإيصالات والتفتيش والدفع.

- التخزين.

- التحكم بالجرد.

- الإصدار والتوزيع.

- الاستخدام.

- الصيانة.

- التصريف.

- والسرقات الصغيرة.

تخطيط المواد الميزانية:

استناداً إلى المعلومات عن مستويات الأداء الماضية والنشاطات/ والخطط المتوقعة يتعين معدات رأسمالية ومواد مستهلكة وإمدادات خلال سنة إلى الأمام على أساس الإدراكات: مثل وضع قائمة بالمواد حسب الوحدات اللازمة وتصدير تكلفتها والذي يشكل ميزانية المواد التي يتعين تجهيزها سنوياً، وفور القيام بذلك وإتمامه فمن الممكن بتقييم للميزانية على فواصل فورية وتحديد الاختلاف والفارق بين النفقات الحقيقية والميزانية، هذا الفارق الذي بما ينتج عن اختلاف تكلفة وحدة المواد و/ أو في استخدامها فالأولى من مسؤولية مدير إدارة المواد أما الثانية فمن مسؤولية المستخدمين حيث تصح تقارير المراقبة المكثفة وتخفيض التكلفة ضرورية عندما تتجاوز التكاليف الحقيقية للتكاليف حسب الميزانية.

وإن من المهم في مراقبة عمل الميزانية وتخصيص تكلفة المواد هو مفهوم وضع المقاييس وتدخل في هذا وضع البنود المتشابهة في مجموعات استناداً إلى مواصفاتها أو استخداماتها بحيث أنك لتختار أحدها (أو بعضها) فإنها تكون مقبولة عالمياً للغرض نفسه.

ولا تتضمن فقط العدد والأحجام والاختلافات (والتي بهذه الصورة عامة إلى البسيط) ولكن تبني مواصفات النوعية والتخفيض في الأحجام والاختلافات الأخرى التي تسهل تبادل المكونات .... الخ وعمل المقاييس التي تؤكد الاستخدام النسبي الأكبر للبنود القياسية بالمقارنة مع البنود المشابهة المتوفرة في الأسواق وكذلك عدم ازدواجية الجرد أو تكاليف شراء أكثر انخفاضاً واستخدام أكثر كفاءة للمواد. وفي مقاييس المستشفى فإن من خلال تفصيل بنود الأيزو / BIS المعتمدة والقيود على ماركات العقاقير التي يتعين تخزينها (استناداً إلى الاسم غير المسجل بعلامة تجارية والسلطة وسمعة الشركة وقبول المستخدم المقاييس وتوفر مكوناتها بسهولة ولا تقع مسؤولية عمل المقاييس فقط على إدارة المستودعات والمشتروات ولكن أيضاً على إدارات المستخدمين لها والإدارة.

إن عمل المقاييس ذات العلاقة هو مفهوم تحليل القيمة، ويحاول هذا المفهوم فحص جميع الوظائف وتكلفة وإنتاج البند المستخدم بغرض تحديد فيما إذا أمكن تخفيض التكلفة أو معاً بينما يتم الاحتفاظ بإنجاز / أو نوعية المنتج القيد، وتؤدي إلى دراسة كل بند ، مكونات يجري استخدامها مع التطلع إلى توفير سعر أكبر انخفاضاً وبديل ذات مكانة وتحمل مساوية لها في الجودة وتفي بنفس الهدف، وفي تحليل الأسعار تتم محاولة تقديم المسائل التالية:

- ما هو البند المكون له.

- ما يرغب تحقيقه.

- كم تكلفته؟

- ما هو البديل الذي يمكن أن يؤدي نفس الغرض؟

- ما هي تكلفة هذا البديل؟

ولذلك فإن هندسة القيمة كذلك تستخدم بالتقاطع مع تحليل القيمة وترجع بشكل محدد إلى ما يقوم به إدارة المستخدم/ والهندسة لتطوير بديل أقل تكلفة.

ويكون فقط القياسي هو المرغوب به وكذلك للتأكد من البنود المشتراه تتطابق بصورة كاملة مع احتياجات طالبها فمن الضروري للمستشفى أن توفر لإدارات المستخدمين كتيباً يفصل أسماء وأرقام رموز والوصف والمواصفات وحجم الوحدة أو الحزمة لكل بند في الاستخدام المنتظم بينما يمكن إعداد طلبات شراء يدوية من نسختين للمستودع.

التنبؤ بالطلب:

بقدر الوضع المتدهور جداً ولزوم للبند وصغر الكمية المطلوبة بقدر ما يكون سعر الشراء أعلى والتكاليف أعلى لذا فإن من الضروري توقع الحاجة من البند التي تؤكد أن الشراء الضخم يمكن أن يحصل على أعلى خصم ممكن ويتم توقع الاحتياجات المستقبلية من خلال التنبؤ بالمطالب والتي يدخل فيها تطبيق أساليب إحصائية للتنبؤ بالمتطلبات المستقبلية استناداً إلى نماذج الاستهلاك الماضية وهناك بعض الأساليب المتوفرة للتنبؤ مثل خط النزعة طريقة شبه المعدل وطريقة المعدل المتحرك، وطريقة المربع الأقل.

والنزعات:

وتعتبر طريقة المعدل المتحرك من أكثر الطرق استخداماً ويدخل فيها كتابة تقرير عن قيم الاستهلاك الماضي لمدة محددة من الوقت وتقسيم هذه القيم على عدد القيم المستخدمة للحصول على التنبؤ للفترة القادمة وإسقاط القيمة الحقيقية الأولى وإضافة التالية في التسلسل وتقسيم القيمة الجديدة على عدد القيم المستخدمة للحصول على التنبؤ للفترة القادمة وهذا وإن المعدل المتحرك الذي يستخدم والقنطرة الواسعة الوقت يقوم بتجنيد التدفق المفاجأة المؤقته بالطلب بصورة فاعلة

ويقلل من الانحراف القياسي للخطأ وبهما يكن فبقدر كبير الوقت يقدر ما يكون الوقت النتائج عن خطأ أكبر في التنبؤ وتجد المستشفيات أن من الملائم العمل على معدل متحرك لمدة سنة.

المشتروات:

يهدف نظام المشتروات الفاعل إلى شراء المواد ذات النوعية المقبولة وبكميات ملائمة وبالسعر الأولي، وفي الوقت المتوفر ولا ينصح بشراء كميات ضخمة من قبلاً دارات منفردة في المستشفى (الشراء اللامركزي) فهناك إيجابيات ومكاسب من وراء الشراء المركزي (من قبل الإدارة العامة والمستودعات والمشتروات، والصيدلية وإدارة الحمية).

- وبذلك تكون الخصميات على الكمية ممكنة من خلال وضع مقاييس للطلبات الضخمة.
- تقل تكلفة الشراء نظراً للطلبيات الموحدة وتميز المزوجة.
- تكاليف جرد أقل ناتجة عن المركزية التي تجعل من الممكن تخفيض مخزون الأمان.
- هناك تحكم إداري أفضل حيث يتم مسح جميع مظاهر الشراء من قبل من قبل الإدارة.

ويمكن أن تقوم مجموعة من المستشفيات التي لها اهتمامات مشتركة قبل (تديرها نفس الإدارة أو واقعة في نفس المنطقة أو الإقليم ... الخ) بالقيام بمشتروات ضخمة بصورة مشتركة، ولهذه المشتروات الجماعية مكاسب مشابهة للمشتروات المركزية، وبذلك فإنه وعلى مقياس أكبر، فإن مشتروات المجموعة تجلب المستشفيات معاً وتؤدي إلى المشاركة في السعر ومعلومات المنتج، وبالمشتروات الجماعية يجب التخطيط جيداً سلفاً، فإن من الصعب استيعاب ماركة مهملة وتفصيل المورد من قبل

؟؟

المستشفى الفردي وتشكل المستشفيات جزءً من مجموعة يجب أن تتمتع بثقة كبيرة حيث يميل الموردون إلى إيجاد بين الأعضاء.

ووراء الطلبات لمرة واحدة يمكن أيضاً للمستشفيات الدخول في عقود شراء مع المؤسسات مرة أو مرتين في السنة للتأكد من توريد المواد على الأسعار الثابتة المقررة مسبقاً، وبالحجم الملتزم به في العقود الجارية يلتزم المشتري بحجم محدود من الإمدادات فسعر ثابت للوحدة بعض النظر عن جدول التسليم الذي قد يتضمن من ١- ١٢ وجبة (دفعه) تتوزع على طول السنة، وفي عقود الأسعار يقدم البائع عرض أسعار ثابت لمدة محددة ويجب طلب الكمية الفعلية التي سيتم توريدها حسب الطلب وعند الطلب.

وربما يرغب المستشفى بالحصول على معدات محددة مرتفعة الثمن ربما لا تتوفر تحويلاتها بصورة فورية لغرض شراء المعدات ويمكن أن يتم شراؤها بناءً على مشروع دفعات مؤهلة أو من خلال استئجارها، فيدخل في الدفعات المؤجلة التزام على جزء من المستشفى لدفع هذه التكاليف فوراً، والقيمة المتبقية المستحقة القابلة للدفع على مدة محددة (ربما من خلال تعزيز الرسوم أو المواد المستهلكة) حيث يتوجب أن يضع المورد أموالاً جانبية للتمويل قبل هذه الصفقات، فينشأ عنها فوائد وتكاليف رأسمالية أخرى بما في ذلك سعر المعدات، ويساعد لاستئجار المستشفى على استخدام المعدات بدون امتلاكها حيث يتم دفع الإيجار من قبل المستأجر للمؤجر طبقاً لبنود العقد، وهناك أنواع عديدة من أضاف التأخير قصير الأمد وطويل الأمد والمدة المتواصلة (المباشر) واتفاقية شراء تأجير.

ويترتب على الإيجار الخطوات التالية:

- الاحتفاظ بقائمة للبائع لكل مجموعة مـواد وللمـواد أو غـير الاعتيادية وكـل بـائع يجب أن يكون معروفاً طبقاً لقدراته وسمعته .... الخ.

- متطلبات التنبؤ وخطط الشراء، بالإضافة إلى تأمين خصميات على الكمية، ويسـاعد التخطيط على تلاقي نفاذ المخزون والأسعار العالية المرتبطة بمشتروات الطوارئ.

- ارسم مواصفات للتأكد مـن الوضوح وتلافي الأخطـاء والـرفض بسـبب الإمـدادات الخاطئة، وتفعيل سرعة متـوافقين فـترة المشـتروات ويؤكـد بـأن كـلاً مـن المـورد والمستورد المستخدم غير ليسوا.

- طلب تقديم العروض: العطاءات المفتوحـة تؤكـد الشـفافية وتقلـل مـن تواطؤ المشترين والبائعين.

- إعداد وثيقة مقارنة للعروض استناداً إلى السـعر الأسـاسي والشـحن وأجـور التـأمين والضرائب وجني الضرائب وكمية خصميات الدفع وشروط الدفع، وفترة التسـليم والضمان وسمعة البائع وحساب القيمة الإجمالية لكـل عـرض يسـاعد في تحديـد السعر المخفي والذي لا يكون واضحاً أحياناً، وأكثر مـن ذلك فإن قيمـة الطلـب تؤكد اتخاذ حجم الطلب بعين الاعتبار وكذلك توفر السيولة النقدية عند التعامل مع الموردين بفضل التعامل مع وكيل محلي وخاصـة للصـفقات تفعيل السـرعة وفصل الخلافات ووجـود وسـيط يريـد مـن تكلفـة الشـراء، وكـذلك فإن الـوكلاء معروفون بأنهم لا يملكون المسؤولية عند حصول الخطأ لـذلك لابد مـن الإبقاء على الاتصال مع المورد الأصلي).

- وفي تقييم العروض للمعدات، فإن من الضروري ملاحظة أن السعر الأساسي للمعدات يمكن أن يكون قد أسيء التعامل وعلى المرء أيضاً أخذ قيمة CIF التجميل والتأمين والتسليم وتكاليف التركيب وتكاليف وتدريب القوى البشرية، والتكاليف السنوية للمواد المستهلكة وقطع الغيار والكفالة وشروط خدمة ما بعد الكفالة والتكلفة .... الخ، وحياة فوق ٥- ٧ سنوات للمعدات، بإضافة هذه التكاليف وإن من الممكن حساب دورة الحياة للعروض المختلفة والاختيار المنطقي من بينها العروض قصيرة الأمد، إن الاختيار النهائي يفضل أن يكون من قبل لجنة مشتروات / سلطة ومن الممكن بعد التفاوض على السعر والشروط للعرض الأول من الأخبار (حسب اقترابها من الجدوى الاقتصادية، ورفض الدفعة المقدمة والتسوية من خلال وثائق بنكية VPB .... الخ، ومع مثل هذه الأشكال من الدفاعات فتفقد المشتروات عملياً حقها برفض التوريدات غير الصحيحة، وكذلك فإن من المفضل التركيز على التسليم والتفتيش في مباني المستشفى حتى لو كان هناك سعر إضافي للتكلفة.

- إصدار طلبات شراء مع أخذ العناية بقائمة كل المتطلبات للمؤسسة.

- البحث عن طلب إقرار بعد التأكد من وصول الطلبية تلزم المورد باحترام شروط الطلبية.

- إمكانية الإمدادات المبكرة.

يجب أن يحاول طلبية الشراء إدخال خصوصيات دقيقة حسب ما يلزم وما هو مبرر، ويؤكد هذا أن الطلبية واضحة للمورد وللمستقبل وموثوقة رسمياً في حالة الخلاف في المرحلة الأخيرة:

١- رقم المرجع للطلبية وتاريخها.

٢- اسم المشتري وعنوانه.

٣- اسم العميل والتاريخ (وخاصة عندما يكون المشتري ليس عميلاً).

٤- اسم المورد وعنوانه.

٥- مرجعية عرض الأسعار وتاريخها أو عندما تتم عادة الطلب ... يتعين.

٦- إعطاء المرجعية السابقة للطلبية.

٧- وصف البضاعة (المواصفات واسم الماركة ورقم الكتالوج والملامح حسب العينة).

٨- الكميـة (الوحـدات، حجـم التعبئـة، الـوزن، كـل واحـدة / زوج، الكميـة حسـب التعبئة).

٩- السعر (سعر الوحدة، والخصم على الكمية، والخصم على الدفعة، وأجور المنازلـة، وضريبة المبيعات، و والرسوم والضريبة الأخرى المأخوذة وأجور إضافية.

١٠- أجور النقل والتأمين (CIF/FOR/FOB) والشحن المـدفوع أو الـذي سـيدفع، والتأمين من قبل المورد/ أو لمشتري).

١١- التعبئة وأجره إضافية فوق العادة، تعبئة خاصة يلزم استخدامها. أو عمل تعبئة في صادق لها.

١٢- تعليما الشحن (بالجو/القطار/البر/البحر/بالبريد/ اسم المينـاء/ محطـة السكك الحديدية/ أو مكتب البريد).

١٣- تاريخ التسليم (تاريخ محدد يتم تعيينه وعدم استخدام شروط غامضة مثل المخزون السابق، فوري/ مستعجل للطلبيات وجود الكمية بالنسبة للطلبيات السائبة على فواصل زمنية مسبقة التحديد).

١٤- الإقرار بالوقت (تأكد من استلام الطلبية المورد قانونياً).

١٥- الشروط والظروف العامة (حددها إذا طبقت على الخلف).

١٦- التفتيش (يفضل في المستشفى عن أن يكون في موقع المورد).

١٧- تعليمات الفواتير (عدد تنتج الفواتير، نسخ طلبيات الشراء التي يلزم إرفاقها لمن سيتم تقديمها).

١٨- طريقة الدفع (من خلال حواله، أو شيك أو VPP أو نقداً).

١٩- التوريد الجزئي (مسموح به أو ممنوع).

٢٠- الكفالة فترة الكفالة، ما الذي تعطيه استبدال أو فقط إصلاح).

توقيع المشتري المفوض ووظيفته:

يتم تطبيق إجراءات الشراء الإضافية فيما يتعلق باستيراد المعدات، والتوريدات الطبية والعقاقير من الخارج.

- الحصول على أدبيات المنتج وقائمة فاتورة صورية وإدراج سعر FOB و CIF وطريقة الشحن وشروط الدفع، .... الخ.
- إذا لم يتم تغطية تحت الترخيص العام، وإنه قد يلزم الحصول على ترخيص خاص.
- استيراد العقاقير المطلوبة لها فحص ترخيص من مراقب العقاقير في الهند، فهناك بعض العقاقير التي يتعين استيرادها من خلال معاير حدودية كما هو موضح.

- إشعارات جمارك يتم طباعتها سنوياً ويمكن تعديلها دورياً ولذا فإن مـن الضروري توثيقها إذا كان البند المدرج للاستيراد معفى من الجمارك، والاستثناء مـن الرسـوم الجمركية (معفى، مع خصم) مطبق على المستشفيات فيما يتعلق بالآتي:

* معدات وعقاقير إنقاذ الحياة.

* معدات سلامة النظر.

* أدوية محددة.

* معدات للحكومة ومعاهد الأبحاث المعتمدة.

* الهدايا من الخارج للمؤسسات الخيرية للتوزيع المجاني للفقراء.

* المساعدات للمعاقين حركياً والعميان.

* إعادة استيراد المعدات بعد إصلاحها.

* وإذا كان البند أو المؤسسة غير مدرجة في قائمة المعفي من الرسوم الجمركية، يجب الحصـول علـى شـهادة (غـير مصنوع في الهنـد) وشهادة إعفاء مـن الرسـوم الجمركية يمكن الحصول والسعي للحصول عليها وإلا سيتم الدفع عنها حسب تعرفة الرسوم الجمركية المتعارف عليها.

* وفي حالة الاستيراد الصغرى يمكن للمورد الطبي السعي للحصول علـى حوالـة بنكية مقدماً للاستيراد الرئيسية ويلزم الحصول على خطاب اعتماد بنكي.

* عند استلام الإشعار وصول البضاعة إلى ميناء الدخول يلزم الإخلاء السـريـع لهـا لتجنب رسوم الأرضية.

* استلام البضاعة – وتفقدها وقبولها والدفع.

يجب استلام البضائع في مكان استلام مخصص في المستودعات ويجب أن يتم الاحتفاظ بها جانباً حتى يتم الانتهاء من جميع الرسميات والشكليات ويتم إخلاء البضائع لإصدارها ويتعين على كاتب الاستلام اكتشاف الأخطاء للبائع، أو المورد و/أو إدارة المستشفيات، وفور اجتياز الإمدادات لهذه المرحلة وإن تكلفة إعادة معالجة الأخطاء أعلى بكثير وتكون الإجراءات للاستلام والتفقد وقبول الإمدادات شاملة للآتي:

- بينما يتم الاستلام من الناقل/ محطة السكك الحديدية/ أو الجمارك تفقد الحاوية أو الحاويات من أي عيب أو تلف إذا كانت التعبئة تالفة وركز على التسليم المفتوح لفحص الكمية والتعبئة والبنود الفردية، والأوزان .... الخ، مقابل إيصال تعبئة ووثيقة مطالبات يفضل أن تكون من خلال مساح تأمين.

- عند استلامها في المستشفى تفقد الإمدادات لفحص تناقضاتها ومغايرتها في الكمية والنوعية والمنتج والمواصفات ... الخ وسجل البعض والمواد التالفة وغير الصحيحة والمنتهية المدة رقم باتخاذ الإجراء بحسبها.

- جميع الإمدادات يتعين تفقدها، والتصديق عليها من قبل كاتب الاستلام / أو اللجنة وفي حالة المواد (البنود) الفنية يتعين أن يصادق عليها أيضاً الذي طلبها/ مستخدمها وفي حالة الإمدادات السائبة يمكن أن يلقي أخذ عينة ويجب كذلك تحليل عينة من العقاقير والمصادقة عليها من قبل مختبر العقاقير التحليلي.

- يتعين تنفيذ جميع الوثائق الضرورية والسجل اليومي للاستلام وإشعار البضائع في العنبر ودفتر أستاذ المخزون وسجل المشتريات وبطاقة صندوق التخزين.

- ويتعين عمل نسختين من طلب شراء المواد الأخرى في الطلبات المحددة وإرسال إشعار بها فيما يتعلق بوصولها وعند قبول البضاعة والمصادقة على صحتها يتعين تقديم الفواتير للدفع وقبل تحرير الدفعة يجب أن تؤكد إدارة الحسابات أن الفاتورة تحمل دليلاً على وصول البضاعة وإتمام وتألف الشراء.

التخزين:

إن الهدف من التخزين هو التأكد بأنه وحتى وقت إصدارها للاستخدام تكون الإمدادات محفوظة لمنع الصورة ملائمة لمنع فقدانها أو تلفها وتكون إدارة المستودعات من موقع ملائم لتسهيل إيصال المواد من المورد وسهولة تصريفها إلى العنابر والأقسام وأن تكون كافية في الحجم لاستيعاب المواد وأن تكون مزودة بمناطق منفصلة لاستلام المواد حتى قبولها وتخزينها ومراكمها للإصدار وكذلك مكان للمكتب للأفراد العاملين في المستودع وكذلك مرافق تخزين خاضعة تشمل غرفة ضد الحريق للمواد القابلة للاشتغال وغرف مكيفة للمواد والعقاقير الحساسة للحرارة وغرف بارد أو ثلاجات للمواد التي تمتد من درجة حرارة الغرفة، وخزائن سلامة للحبوب المخدرة ومعدات التعامل مع البالات والمواد ويجب أن تتم حماية من الحريق بطريقة ملائمة وكافية.

وتملي إدارة المستودعات الالتزام بمفاهيم ومبادئ:

- يتعين تقسيم المستودعات إلى أجزاء متشابهة ومناطق منفصلة مخصصة لمجموعات مختلفة من البنود البوب الدوائية والكبسولات والشراب والحقن والسوائل ضمن الوريدية والمواد الجراحية والضمادات والمعدات الصغيرة للمستشفى، وقطع الصيانة، والقرطاسية والأثاث.

- ويتعين تصنيف البنود في مجموعات بفئات استناداً إلى اسمها أو تطبيقات استخدامها أو يجب تخزين المواد المشابهة.

- ويجب استخدام الأرضية المتوفرة والفراغ العامودي بقدر كبير من الحكمة بينما يتم الحفاظ على ما يكفي من المشي في الوقت نفسه.

- كما ويتعين حفظ المواد الثقيلة في مكان منخفض قريب قدر الإمكان من الممشى للأرشفة السهلة، أما المواد السائبة الخفيفة فيمكن وضعها على الرفوف العليا والمواد التي يتكرر طلبها كثيراً توضع بالقرب من الممشى أو الكاونتر بقدر الإمكان لسهولة تناولها للتقليل من أيولها للإهمال يتعين تخزين المواد التي تنتهي صلاحيتها أولاً في مقدمة الدفعة (الوجبة) التي ينتهي مفعول بعدها على قاعدة ما يدخل أولاً يخرج أولاً (FIFG) والالتزام بهذا القانون.

كل بند يتم تخزينه في مكان دائم يجب أن يعطي رقم موقع لتسهيل وضع البنود وأرشفتها ورقم الموقع هذا يبين الغرفة ومنصب حامل والرف وصندوق التخزين والذي فيه البند.

وكل بند له رمز فريد - رقم تحديد له - ويتعين تنظيم هذه الرموز على نظام معين وأن يأخذ بالحسبان نوع البند - (مجموعة علم العقاقير والأدوية المجموعة الفرعية، وتصنيفها وحجمها ... الخ).

ويكون لكل بند بطاقة صندوق تخزين لتوثيق الاسم للبند والوصف ورقم الرمز ورقم الموقع ومستويات ومراقبة المخزون والصفقات المتعلقة بالإيصالات (مرجع الفاتورة وتاريخها واسم المورد والكمية المشتراه، وسعر الوحدة والقيمة الإجمالية)، والإصدارات (وموقع طلب الشراء من نسختين وإدارة الطلبيات والكمية التي تم تحديدها ثم توريدها والقيمة، والمتبقي من المخزون (الكمية والقيمة تكون ومثل هذه البطاقات لصندوق التخزين محسوبة بصورة مثالية.

وبالإضافة إلى كل مستودع وكل عنبر/ أو قسم سيكون له مستودعه الخاص به فمن الضروري أن يتم تخفيض هذا الجرد غير الرسمي إلى قدر ضئيل لتعليل تكاليف الجرد والأيول للإهمال والسرقات الصغيرة وبذلك يحتاج مستويات التخزين القصوى إلى تثبيتها في مستويات القسم والعنبر مع الأخذ في الاعتبار فترة الإصدار ومعدل الاستهلاك ويتعين القيام وبالتفقد الدوري لها على الواقع لمنع تراكم المواد في المستودعات الفرعية.

التحكم بالجرد:

تسعى مبادئ التحكم بالجرد لتعليل استثمار على المواد وبذلك تتوفر رأسمال تشغيلي لنشاطات أكثر أهمية في المؤسسة والغرض الأساسي للتحكم بالجرد هو تقليل تكلفة المواد لمنع التخزين الزائد لها (والذي ينتج عنه إغلاق رأس المال والسرقة الصغيرة والألوان إلى الإهمال) بينما يقلل في الوقت نفسه من تكاليف نفاذ المخزون والسؤال الأهم الذي يطرح في التحكم بتكاليف الجرد هو ما إذا كان من الأخرى اقتصادياً الإبقاء على البند تحت الجرد أو شراؤه عند الطلب والمفاهيم التالية لها علاقة بالتحكم بتكاليف الجرد.

نظام الدورات/ دوري

ويدخل في هذا النظام مراجعة وضع المخزون على فواصل دورية/ ثابتة ووضع الطلبيات استناداً إلى المخزون المتوفر لدى المؤسسة ومعدل الاستهلاك وبذلك فإن فواصل الطلبيات يتم تثبيتها، ولكن الكمية المطلوبة تختلف في كل وقت عن الآخر والفاصل الزمني (الدورات وقت المراجعة) سيتم اختياره استناداً إلى الوقت من تاريخ تقديم طلب للشراء وحتى استلام البضاعة في المستودع ومدى الضرورة للشراء والمدة الضرورية، نفاذ المخزون ودرجة التحكم المطلوبة ... الخ بينما يتم وضع

؟؟

الطلبيات المتراكمة في الحجم الملتزم (الجاري) من العقود ويتم التعامل مع الفاصل الزمني بين التسليم المجدول.

نظام الصندوقين:

وهذا النظام جرد مؤيد دائم حيث يكون مخزون كل بند من حيث المفهوم موضوع في صندوق أحدهما صندوق كبير يحتوي على ما يكفي من المخزون للوفاء بالمتطلبات خلال الفاصل بين وصول كمية الطلبية ووضع الطلبية الأخرى، بينما يحتوي الصندوق الآخر على مخزون كبير بما يكفي للوفاء بالمطالب المحتملة خلال فترة سد النقص في المخزون فعندما يكون الصندوق الأول فارغاً يتم تقديم طلبه لسد النقص في المخزون وبذلك يكون هناك مستوى أعلى للمخزون، وإن النقطة المقررة سلفاً لتقديم الطلبية ومستوى المخزون الأدنى الذي يتم خلاله توقيت سد النقص في المخزون مستوى (انتهاء المخزون) إلى الصفر وفي المقابل لنظام الدورات فإن الطلبية في نظام الصندوقين ثابتة ولكن الوقت لتقديم الطلبية لفترات غير محددة مسبقاً خلال السنة حيث تكون الكمية التي سيتم إعادة طلبها محدودة مسبقاً ويمكن تعويض المبادرة بإجراء سد البعض في المخزون إلى العاملين من المستوى الأدنى وبذلك فإن النظام مفيد للبنود ذات القيمة الاستهلاكية المخفضة حيث تكون المراقبة والتحكم مطلوبة.

الوقت من إعداد طلب الشراء حتى وصول البضاعة:

وهذه الفترة اللازمة للحصول على الإمدادات عندما تكون الحاجة قد تم تقريرها، وبذلك تكون معدل عدد الأيام بين وضع طلب الشراء من نسختين واستلام المواد. (الوقت من تاريخ تقديم طلب الشراء حتى استلام البضاعة في المستودعات)هذا مكون من عنصرين إداري أو وقت المشتري (عند الوقت اللازم لرفع طلب الشراء والحصول على عروض الأسعار وإعداد جداول مقارنة، ورفع طلب الشراء ووصول طلب الشراء للمورد ووقت النقل والإخلاء عندما تكون البضائع قد

أرسلت من محطة خارجية ورسميات وشكليات التفقد، وعند وصول المواد وإرسال المواد إلى المستوده الملائم) وهناك وقت من تاريخ تقديم طلب الشراء حتى وصول البضاعة للتسليم، التسليم/ أو المورد (عند الوقت اللازم لبضاعة وتعبئة وتقديم البضاعة وشحنها والتأخير في النقل ... الخ. وإن الوقت من تاريخ تقديم طلب الشراء وحتى وصول البضاعة لتخزينها محدد لكن بعد ولكل موارد وتعتمد على العوامل مثل التوفر في الأسواق والشكل الذي يتوفر به وموقع الشركة الصانعة المورد ورسميات وشكليات الاستيراد ووقت تجاوب البائع .... الخ، وإن الوقت من تاريخ تقديم طلب الشراء حتى وصول البضاعة لتخزينها هام في تحديد حاجة معدل الجرد معدل الجرد ويقدر طول الوقت من تاريخ تقديم طلب الشراء حتى وصول البضاعة بقدر ما يكون مستوى الجرد عالياً، ويتعين أن يتم محاولة التقليل من الوقت منذ إعداد طلب الشراء حتى وصول البضاعة وخاصة للاستهلاك العالي للبنود.

وهذه كمية المخزون الذي يتعين إبقاؤه في الحفظ لتجنب نفاذ المخزون في حالة زيادة الاستهلاك بصورة غير متوقعة وفي حالة زيادة وقت وصول أكثر من الطبيعي فإنه يكون بالمستوى الذي يتعين فيه الإمدادات الجديدة وإن الفشل في ذلك يتطلب اتخاذ إجراء تفعيل سرعة الإمدادات وسد النقص في المخزون.

حيث يتم الاحتفاظ بالمعلومات للطلب الأقصى أو أوقات مختلفة التي تتكرر فيها ظهور ذلك فن من الممكن تحديد كمية المخاطرة التي سيتم الحماية ضدها استناداً إلى مدى ضرورة البند وبذلك.

مخزون الأمان (ss) = (الأقصىـ – معدل) ل بينما ل هي الوقت من تاريخ تقديم طلب الشراء حتى استلام البضاعة في الأيام.

والطلب الأقصى d max القصوى هي الطلب الأقصىـ في إيجاد يوم من الأيام المحددة في مستوى المخاطرة.

المعدل هي معدل الطلب اليومي:

وإذا كانت هـذه الحسـابات مضـجرة ومملـة كثـيراً بـأن هنـاك طريقـة بسـيطة لتحديد مستوى مخزون الأمان وهو تقدير الوقت الذي يؤخذ عادة لشراء المواد على أسس طارئة وضرب ذلك بمعدل الطلب اليومي.

مستوى إعادة الطلب وهذا مستوى مخزون مقـرر مسـبقاً يتعـين اتخـاذ إجـراء لسد النقص في المخزون بناءً عليه، ومن الملائم لمتطلبات المخزون الأولى بالإضـافة إلى الوقت من تاريخ تقديم طلب الشراء حتى استلام البضاعة خلال وقت ويتم حسابها كالآتي:

مستوى إعادة الطلب (ROL) = معدل الطلـب × وقـت تـاريخ تقـديم طلـب الشراء حتى استلام البضاعة في المستودعات مخزون الأمان.

وإذا كانت هذه الصيغة أيضاً ثقيل مزعج فهناك طريقة سهلة لتصميم مسـتوى إعادة الطلب بتجديد عدد أشـهر الإمـداد ومثـل هـذا السـبب الاسـتبدادي يأخـذ في الحسبان المخزون المتوفر ومعدل الاستهلاك والوقت الداخل في الشراء.

المخزون الأقصى:

إن هذا هو المحدد الأولي والذي يكون المخزون للبند لا يسـمح لـه بـأن يتجـاوز الحد الطبيعي وهو يعادل المسـتوى الأدنى للمخـزون بالإضـافة إلى كميـة الإمـدادات التي يتم استلامها منذ أي نقطة من الوقت.

إلى المستوى الأقصى حسب المفهوم مفيد في اسـتثمار المـواد وهـو بـذلك مطبـق على المواد التي قيمتها مرتفعة بالمقارنة مع غيرها وحيـث تكـون الطلبـات المتراكمـة قد تم وضعها مع تسليم يتهادى ويترنح وفور ثبات المستوى الأقصى للمخزون، فمـن الممكن وعلى فواصل دورية (كما هو بحسب نظام الجرد الدوري) لمراجعة المخزون

الفعلي الموجود لديها وإعادة جدولة التسليم عندما يكون المستوى الأعلى وشيك أن يتم تجاوزه ويساعد أيضاً المستوى الأعلى بتجنب المخزون الزائد، والذي يمكن أن يعود بالضرر أو التلف في التخزين أو السرقات الصغيرة.

كمية الطلبية الاقتصادية:

إن كمية الطلبية الاقتصادية هي الكمية التي يتعين طلبها عند أي نقطة من الوقت وتسعى إلى توازن الأمور بين التكاليف المعارضة أو (المتصارعة) للطلبيات وتكاليف الإبقاء على الجرد والمحاولات للتقليل من الاثنين معاً.

وإن تكلفة الطلبية هي تكلفة رأسمالية مرتبطة مع شراء البند بما في ذلك التكاليف الطارئة الداخلة في الحصول على عروض الأسعار والأعمال الكتابية لإعداد الوثائق المقارنة ووضع الطلبية موضع التنفيذ والمتابعة التكاليف للأفراد ... الخ، وإن التكلفة الإجمالية للطلبية للسنة يتم تقييمها على عدد الطلبيات التي تعطي المعدل لكل طلبية وإذا كانت R هي المتطلب السنوي للبند فإن (Q) هي كمية كل طلبية و CP التكاليف الرأسمالية لكل طلبية وبذلك فإن تكاليف الطلبيات السنوية للبند تساوي R/OXCP أي المتطلب السنوي للبند كمية كل طلبية × التكلفة الرأسمالية لكل طلبية وللمتطلب السنوي المعطى فإنه كما كانت الكمية المطلوبة أكبر في الوقت نفسه كلما كان عدد الطلبيات الذي يتم تنفيذها في السنة أقل وبقدر ما تكون تكاليف الطلبيات أقل للبند.

وإن تكاليف الإبقاء على الجرد أو تنفيذه هي التكلفة الناشئة عن الارتباط الفيزيائي بالتخزين بالإضافة إلى فرصة التكلفة للمبالغ المغلقة في الجرد وتتضمن الأرباح (الفائدة) السنوية على الاستثمار والفوائد المنظورة للجرد غير الضروري وتكاليف مستودعات التخزين والإفراز والمواد الآتية إلى الإهمال والتأمين والسرقات الصغيرة ... الخ. وتكلفة الإبقاء (CH) يتم التعبير عنها كالآتي:

تكلفة شراء الوحدة/ ١٠٠ لا معدل النسبة المئوية وأن التكاليف الإجمالية للإبقاء على معادلة لمعدلة الجرد × ch ؟؟؟؟؟ كانت الكمية المطلوبة في كل وقت فإن الكمية/ ٢ هي معدل الجرد، فإن تكلفة الإبقاء تكون إذا الكمية/ ٢ × ch كما يمكن ملاحظة ذلك من الصيغة وإنه بقدر كبير الكمية المطلوبة في نفس الوقت بقدر ما تكون تكلفة الإبقاء أكبر.

وتحاول كمية الطلبية الاقتصادية تحديد الكمية القصوى التي يتعين طلبها بحيث تكون كل من تكاليف الطلبية وتكاليف الإلقاء قد تم تخصيصها.

وبذلك فإن الكمية الأدنى

$$Q = \frac{RCP}{Q} + \frac{Q}{٢}CH \quad \text{وبذا تكون} \quad ٢Q = \frac{RCP٢}{CH}\text{و} \quad EOQ$$

هي الحذر المربع لها.

وإن تثبت كمية الطلبية من خلال كمية الطلبية الاقتصادية خاضع لتوفر السيولة النقدية وكان التخزين والتغير في نموذج الاستهلاك. وأرجحية الأيول إلى الإهمال وكمية التصنيع الاقتصادية ووقت التسليم والأنظمة الحكومية والملائمة لقدر الإمكان من خلال تقليل العمل، والتوفر الموسمي .... الخ، وتوفر التعديلات الأخرى لهذه خصميات الكميات وبذلك تكون كمية الطلبية الاقتصادية قد أكدت بصورة آلية بأن البند له قيمة استهلاك عالية يتم طلبه بكميات أصغر على فواصل زمنية متكررة، وبذلك يتم تقليل الاستثمار في المواد.

تحليل ABCالمواد فئة أ- ب- جـ وتكلفة كل منها) ويشمل هذا الأسلوب تحليل جميع البنود في الجرد على أسس تكاليف وقت الاستخدام السنوي، وهي بذلك مساعدة في التحكيم الدائم الأفضل، وإن تحليل ABCهو أحد الأدوات الأكثر فاعلية في إدارة المواد وتساعد في جعل جهود الشخص اقتصادية لإنجاز نتائج كبرى أكثر من إضاعة الجهد المرء في محاولة الإدارة بصورة متزامنه لجميع المواد القابلة للاستهلاك في

الاستخدام المنتظم وتساعد في فصل تلك البنود التي تسعى لإحداثها لزيادة النتائج وتستند تحديد هذه البنود ليس فقط على تكلفة الوحدة للبند أوت على الكمية النسبية المستهلكة ولكن على قيمة الاستهلاك السنوي الذي هو خليط من الاثنين.

إن تحليل ABCيخبرنا أن ٥- ١٠% من جميع المواد يسمى فئة (A) ومسئول عن ٧٠% من تكاليف الاستهلاك السنوي وهناك ١٠- ٢٠% من النفوذ (تسمى فئة ب) مسئول عن ٢٠- ٣٠% من التكاليف بينما التبقي وهو ٧٠% من البنود (فئة جـ) وهو مسئول عن ٥- ١٠% من التكاليف وإن الفائدة من هذه الأداة الإدارية هي أنه بالتركيز على بنود فئة أ فإن ٧% من النتائج يمكن تحقيقها مع ٥% فقط من الجهود ومع الانتباه إلى نسبة ١٠- ٢٠ المتبعة من البنود (فئة ب) فإنه يتم إنجاز التحكم بما مقداره ٩% مع مخلات نسبة ١٥%.

وبعد تحديد بنود فئة أ فمن الممكن تكريس انتباه وأكثر لتقليل تكاليف الشراء والاستراتيجيات على أداة المواد قبل تخطيط الشراء، والتنبؤ والتفاوض على الأسعار وتقليل تكاليف تنفيذ الجرد وتقليل الجرد غير الرسمي، وإعادة تقييد الاستخدام والتحكم بإضافة المواد وإدارة إغلاق المخزون، والتدقيق .... الخ، قد يثبت نتائج أكبر عند تطبيقها مع التركيز على بنود الفئة (أ).

ويستند تصنيف مشابه لبنود الخدمات على إغداق قيمة المخزون بدلاً من قيمة الاستهلاك السنوي ويسمى تحليل XYZ فعند تجديد بنود فئة X فمن الممكن الفصل أكبر للبنود غير المتحركة للفئة المرغوبة وتفعيل تسريع استخدامها أو تبادلها أو تصريفها وتكلفة نفاذ المخزون وعدم الملائمة الناتجة عن غيابها وتتطلب بنود ٧ مخزون أمان كبير، أينما تتطلب مخزون D إلى مخزون احتياطي قليل أو عدم وجود مخزون احتياطي وإذا كانت نتائج تحاليل ABC و VEDمتكاملة في قالب فيمكن تحديد

المجموعات التالية من البنود التي يمكن أن يتم تحديد للتحكم والمراقبة الجيدة من قبل كبار المدراء وهي:

VED

١٧ ×١ =A١١١ من البنود

٤٥٪ ×٢ = B١٢٢ من البنود

٣٨٪ ×٣ - C١٢٣ من البنود

فالمجموعة الأولى هي البنود الحيوية و/ أو البنود من فئة والتي تتطلب أن تتم مراقبتها والتحكم بها عن طريق توفير المخزون والمخزون الزائد والاستخدام أما بنود المجموعة الثانية فتتطلب مراقبة وتحكماً أقل كثافة بينما بنود المجموعة الثالثة قد يلزمها المراقبة بصورة أصعب.

تحليل FSN

ويمكن أيضاً تصنيف البنود والتي في المخزون حسب تكرار إصدارها أو استهلاكها، وبذلك فإنها نسبيه وموضوعية في التحديد والبنود السريعة الحركة تلك التي تم استخدامها بمعدل سريع، أما البنود بطيئة الحركة تلك التي يتم استخدامها أقل تكراراً بينما تبقى البنود غير المتحركة في المخزون لبضعة أشهر دون أن يتم إصدارها، وبذلك يتم تحديد هذه البنود ومراجعتها بصورة دورية لمنع انتهاء تاريخها أو الأيول إلى الإهمال أو التلف في التخزين ... الخ.

رقم المبيعات في الجرد:

إن معدل المراقبة القياسية للكمية التي تم إصدار الجرد قبل الفيزيائي قيمة الجرد لها، لعدد من المرات، وإن معدل رقم المبيعات يتم حسابه بتقسيم القيمة الإجمالية للنقود للإمدادات التي صدرت خلال فترة على قيمة المخزون المغلق ويكون

معدل رقم المبيعات بمقدار - ١٢ مثالياً، وبذلك فإن ٨- ١٠ دورات في السنة أكثر واقعية، وربما يتم زيادة معدل رقم المبيعات بإقصاء فائض المخزون وتخفيض البنود غير المتحركة وزيادة رقم المبيعات لبنود أ وتخفيض مستويات المخزون مخزون الأمان وتخصيص الوقت من تاريخ تقديم طلب الشراء حتى وصول البضاعة الداخل في سد نقص المخزون.

الجرد الفيزيائي:

إن التوثيق الفيزيائي للجرد يتعين الشروع به مرة في السنة على الأقل لمقارنة المخزون الفعلي الموجود مقابل الرقم المتوقع حسب السجلات، وربما يكون الاختلاف قد تم التعبير عنه بالقيمة النقدية أكثر منها من البنود الأكثر استعجالاً والحيوية كما يتعين إيقاف الإصدارات المنتظمة خلال فترة تفقد المخزون التي يتعين أن تأخذ أقل وقت ممكن.

والجرد الفيزيائي هو أفضل وسيلة لتقييم كفاءة الأفراد في المستودعات في مناولة المواد وحفظ السجلات وتوفر كذلك فرصة لتحديد التلف وانكماش وإيواء المخون إلى الإجمالي، والسرقات الصغيرة. وإن توثيق الموجودات الفيزيائية ومخزونات الأقسام من المواد المستهلكة يتعين تنفيذه أيضاً على فواصل زمنية دورية لمنع بناء الجرد غير الرسمي، والتحكم بالسرقات الصغيرة، والمتابعة.

الإصدار/ التوزيع

إن البنود التي يتم الاحتفاظ بها للجرد في المستودعات يمكن إصدارها من خلال طلبات شراء من نسختين للأقسام المستخدمة لها على أسس دورية (مثل مرة في الأسبوع أو أكثر) أو حسبما يكون ضرورياً على أسس الاستبدال ويفضل الأخير بالنسبة للعقاقير الثمينة والمواد المستهلكة وخاصة إذا كانت التكاليف توضع على نفقة المريض وأنظمة النقص في المخزون للعنابر، والأقسام تكون على الأنظمة التالية:

نظام الطلب أو سلة العقاقير:

تكون على فواصل زمنية محددة أو عند انخفاض مستوى مخـزون الأقسـام، ثـم تقديم طلب ربما يتم توقيعه من موظف كبير لسـد النقص في المخـزون، ويـدخل في سلة العقاقير إرسال حاوية فارغة/ أو عربة مع الطلب.

نظام PAR LEVEL أوTOP – UP

يتم تحديد مستوى المخون الأعلى لكل عنبر أو قسم مسـبقاً عـلى أسـس معـدل الاستخدام وتكرار سد النـقص في المخـزون ويتم تخزين مخزون الأقسـام في موقـع مخصص على فواصل زمنية دورية ويقوم أفراد المستودعات بزيارة العنابر/ الأقسـام والتقيد بجرد فيزيائي فيمـا يتـوفر ويقومـون بالترتيـب لسـد النـقص في المخـزون إلى المستوى الأفى المحدد مسبقاً.

نظام تبادل العربات:

وهذا مشابه لنظام مستوى لسعر المساواة القيمة الاسـمية وفيه يكون هنـاك مستويات تخزين محدودة مسبقاً وفواصل زمنيـة محـدد لسـد النقص في المخـزون ويكون بذلك مخزون الأقسام مجزئاً في عربة وتكون هناك عربـة مشابهة/ نسـخة عنها في المستودعات وعلى فواصل زمنية يتم أخذ العربة من المستودعات إلى منطقة المستخدم ويتم تبادلها مع عربة العنبر.

ومهما تكن نوعية نظام سد النقص في المخـزون فإن مـن الضرـوري بـأن يكـون التحكم الملائم قد تم إنشاؤه لإصدار المواد القابلة للاستهلاك، ويكـون لـدى مشرـفات التمريض معرفة بحمل الأقسام والإمدادات اللازمة وتعين مراقبـة وتنظيـم الإمـدادات وسـد النقص من قبل المستودعات ويتم التركيز بصورة خاصة على التحكم ببنود الفئة أ. بينما تـتم طلبات الشراء من نسختين وعلى مشرفات التمريض أيضاً التأكد من أن

العنابر غير مسموح لها بجرد الإمدادات ومثل هذا الجرد غير الرسمي، بعـد إقفـال رأس المال، هو الأكثر إلى عرضة إلى الإهمال والتلف والسرقات الصغيرة.

وعند صرف البنود الرأسمالية مثل المعـدات والأثاث إلى الأقسـام عندما يمكن ذلك يتعين دهان أو تثبيت رقم الرمز على المادة لتسهيل التحديد.

ويتعين أيضاً تحميل المستودعات المسؤولية عن أي توثيق للمواد التي تـم إصدارها في سجل موجودات القسم .. وهو الشيء الذي يمكن تنفيذه بصورة فاعلة من خلال حوسبة الإصدارات.

الاستخدام:

إن أساليب التحكم بالجرد يمكن أن تحقق وفراً هامـاً في تكـاليف المـواد ولكـن هذه الوفورات صغيرة نسبياً بالمقارنة مع الوفرة التي يمكن أن تنشـأ عـن الاسـتخدام الأكف والاقتصادي للمواد، ويجب بذلك عمل جميع الجهود وعلى جميع المستويات في تنظيم استخدام الطريقة الأكثر وعيـاً للاسـتخدام الأمثل متجنبـة أي شكل مـن أشكال الضياع ويتعين أخذ الرعاية الخاصة للتأكد من أنه لا يوجد هناك تجهيز زائد للمواد التي لها العمر التخزيني محدودة، ومراقبة الاستهلاك وخاصة لبنود الفئة أ، والتي يجب أن يتم القيام بها من خلال تقارير شهرية لاستخدام الإمدادات، والتي تختصر الاستهلاك على أساس الأقسام، في كل مـن وحدات حفـظ المخـزون والقيمـة النقدية ويربط هذه التقارير بحمل العمل ومعايير الاستهلاك المـاضي، ومن الممكـن تجديد الاختلافات الرئيسية وأخذ الإجراء اللازم لتقييد استخدام و/ أو كميـات أكبر مقدماً ويمكن تقليل تكاليف المواد بالاختباء المناسب لها (مـواد ذات تحمـل ومثابة وذات قابليـة لإعـادة الاسـتعمال) وبـدائل أرخـص تعـي بالمتطلبـات الفنيـة وعمـل المقاييس للإمدادات.

الصيانة:

إن الصيانة الملائمة للمعدات، والأثاث والمواد المثبتة (المعلقة) لا تؤكد فقط تواصل توفرها تقريباً للاستخدام ولكن أيضاً حياة وإنتاجية أطول للبنود وبذلك تؤدي إلى تكاليف مواد أقل.

إن وقت وتكاليف الصيانة يمكن تخفيضه تأخذ العوامل التالية بعين الاعتبار خلال شراء الموجودات الرأسمالية.

المتانة والتحمل:

حيث يتم تناول الأدوات والمعدات والأثاث في تنظيم المستشفى من قبل مستخدمين كثر لها فإن ذلك خاضع لأشكال مختلفة من سوء الاستخدام والاستخدام الخشن لها ومن الضروري توفير عنصر من التميز بالمواصفات بحيث تصبح المواد أكبر من تلك المتوفرة للاستخدام الفردي.

التطهير أو التعقيم الدوري:

تتعرض المعدات والأثاث للتلوث خلال الاستعمال ولذا يجب أن تكون خاضعة لتنظيف وتعقيم دوري وإن السطح الخارجي لمثل هذه البنود يتعين أن تكون قابلة للغسيل وقابلة للتعقيم.

قابليتها للإصلاح:

يجب أن تتم العناية باختيار البنود المختارة، التي يمكن إصلاحها بسهولة (مثل الأثاث الخشبي مقابل المعدني) ويجب أخذ القرارات بالصيانة المستقبلية والصيانة الوقائية المخطط لها والصيانة الخارجية والتدريب على اكتشاف الأخطاء وإصلاح الأعطال ..... الخ.

توفر قطع الغيار:

إن عمل مقاييس للبنود والاختيار لهذه المقاييس المتوفرة بسهولة في السوق يؤكد سهولة توفر قطع الغيار في حالة البنود غير القياسية والاستيراد فإن من الضروري شراء بعض قطع الغيار الضرورية للتأكد من توفرها لمدى عمر الجهاز.

كتيبات التشغيل والصيانة:

إن من الضروري الحصول على كتيبات التشغيل في حالة شراء الأجهزة المعقدة ويجب أن تكون منسوخة ومتوفرة للمستخدمين وأن تكون الأصلية موضوعة في ملفات في المستودعات، ومن الضروري أيضاً التركيز على كتيبات الخدمة التفصيلية ويؤكد هذا أن الإصلاحات يمكن أن تقوم بها إدارة الصيانة في المستشفى دون الاعتماد على المورد بمفرده أو بصورة دائمة.

عقود الصيانة:

يفضل الحصول على شروط أفضل للخدمات بمناقشة عقود الخدمات للصيانة قبل شراء المعدات ومثل هذه العقود يجب أن يتحدد أقل عدد من الصيانة الشاملة (أفرهول) لها أو طلب مبلغ غير محدد، وأجور الخدمات للخدمة بدون قطع غيار وكفالة بنكية ودفعاً لذلك يتم اتخاذ اللازم للتأكد من الأداء الأفضل.

وحدات الانتظار الجاهزة:

حيث هناك ضرورة لاستمرارية عمل المستشفى حتى عندما تكون الأجهزة ضعيفة الأداء عندها يكون من الضروري توفير بديل للعمل خلال فترة الإصلاح.

التصريف والإعلان عن عدم الصلاحية للاستخدام:

غالباً ما تكون طلبات الشراء من نسختين قد تم فحصه وتدقيقه بصورة غير ملائمة ويبين الجرد غير الرسمي على مجال الاستخدام، ويتم صرف المعدات الرأسمالية والأدوات والأثاث من وقت إلى آخر إلى الأقسام بما يزيد عن حاجتها

لمستلزماتها، وبهذا فإن من الضروري لمشرفي التمريض للتفتيش بصورة دورية على المستودعات الفرعية المرتبطة بكل عنبر والترتيب لإعادة المعدات الزائدة/ المخزون، ويجب أن تقوم المستودعات بتوفير ما يلزم استعادتها لتوثيق إيصال استلام مثل هذه البنود.

ويتعين أيضا أن يكون لدى المستشفى لجنة إعلان عدم صلاحية المواد للاستعمال لمراجعة المعدات المستخدمة التي سيتم تبديدها وتثبيتها وفي الأوقات التي يمكن فيها إعادة تزوير أو إعادة استخدام المواد أو إيجاد استخدام آخر للبند، وفي حالة المعدات فيمكن القيام، إذا لم يتوفر استخدام آخر لها يلزم اتخاذ إجراء عن طريق شطبها أو بيعها بالسكراب.

السرقات الصغيرة:

إن الغش والتدليس المتعلقة بتواطؤ البائع والمشتري هي ليست غير شائعة في صفقات الشراء وهي مسئولة عن نسبة هامة من تكاليف المواد التي يمكن تلافيها، كعمولة أو الابتزاز، أما نقداً أو من أي نوع ليقوم أفراد المشتريات بتسوية وسطية لمصالح المستشفى، ويقوم البائع بتمويل مثل هذه المدفوعات بزيادة السعر أو عدم التقيد بالكمية أو توريد بضائع دون المستوى القياسي أو من خلال الغش والتدليس ومثل هذه التصرفات يمكن أن يتم منعها بواسطة تدقيق داخلي مكثف وبإشراك قسمين أو أكثر أو أشخاص في صفقات المشتريات، ويجب كذلك القيام بإجراءات للتأكد من أن الفواتير يتم دفعها لجميع صفقات المشتروات وقد تم توثيقها وأن البضاعة قد تمت المصادقة عليها من قبل المسئولين.

إن سرقة المواد أيضاً ليست غير شائعة، وربما يتم القيام بسرقات صغيرة من المواد من قبل الشركات الناقلة، أو المستلم أو أفراد المستودعات و/ أو المستخدمين، وإن السرقات من يمكن القيام بها في رفوف المستودعات بصورة جيدة بتعبئة طلبيات

قصيرة من الطلبات لأنه نادراً ما يتم تعداد المواد فيزيائياً عند استلامها من قبل المستخدمين والجرد غير الرسمي والذي راكم في العنابر أو المستودعات الفرعية كل ما يمكن سرقته وكذلك فإن أفراد العيادة أيضاً الصيانة أيضاً مشهورون بسرقة التوصيلات للمستشفيات وإن التحكم بسرقة المستشفى ممكن من خلال التيقظ المكثفة وبذا يكون الحل النهائي هو المستخدم الشريف في المستشفى.

الخلاصة:

يناقش هذا الفصل مفاهيم مواد المستشفى وأساليب احتواء تكاليف المواد، وعلى أية حال فإن المستشفى ترغب بتقييم فاعلية جهود وإدارة المواد فيها للتأكد من كيفية أدائها في هذا المجال.

وقد قام تشارلز. أي، هوسلي في مطالبة (جهود تقييم وفاعلية إدارة المواد في) (إدارة مواد المستشفى بصورة ربع سنوية في أغسطس عام ١٩٧٩) باقتراح أربع طرق لتنفيذ هذا التقييم وهي:

مراجعة الأداء – التوريد:

وتعكس هذا التقييم جيداً كيفية وفاء إدارة المواد بحاجات الأقسام الفردية للمستشفيات في مجال توفر المواد ونوعية المواد الموردة ونفاذ المخزون ومقاييس الأداء المودة التي تحتاج إلى تنظيم مسبق، ومراجعة الحقائق إزاء المقاييس التي يتعين تنفيذها مرة في السنة على الأقل مقارنة سعر الإمدادات.

تختلف أسعار نفس المنتج من مستشفى إلى آخر ومن إقليم إلى آخر ومن عملي إلى آخر وربما ينشأ مثل هذا الاختلاف في السعر نظراً لضخامة كمية الشراء من قبل مستشفى عن غيره، وبعد المستشفى عن الموارد وسعر بوليصات الشركة الصانعة أو الدليل ومهارة المفاوضات في الشراء للمشتري، وطريقة التوريد وسمعة المستشفى،

والعروض الدعائية .... الخ. وإذا تم تبعيد مقارنة أسعار الشراء عبر المستشفيات، فمن الممكن تجديد المشترين الذين دفعوا سعراً أقل وبذلك يعكسون تأثيرهم في التحكم بالسعر واحتواء التكلفة.

تدقيق الإدارة:

يمكن أن تقوم إدارة المشتريات والمستودعات بتنظيم الأهداف الخاصة بها في مجال ممارسات إدارة المواد الموصى عليها، وخطة الإجراءات والأشخاص المسئولين عن الإجراء، ويمكن أن ترتبط هذه الأهداف بإدارة المواد، واستلام المشتريات، وتخزينها وصرفها ويمكن من خلال عملية التقييم بالأهداف تقييم أداء الأقسام/ العاملين.

ويجب أن تؤكد الإدارة أيضاً أن يتم الحفاظ على مصالح المستشفى، ويتم ذلك بإنشاء نظام تدقيق داخلي متواصل وهو المجال الذي يشمل:

- مراجعة وثائق المشتروات بما في ذلك العطاءات وعروض الأسعار ووثائق المقارنة وقرارات الشراء.

- التفقدات الفورية للمتبقي في البطاقات والمخزون الحقيقي الموجود.

- التفقد العشوائي للترحيل.

- التحكم بالمخزون الزائد، وتاريخ انتهاء المواد.

- توثيق الكمية المتبقية الموضحة في طلبات الشراء على نسختين مقابل الموجود فعلاً في المستودعات ومناطق المستخدمين.

- التحليل المقارن لتكلفة المواد وعلاقتها بزيارات المرضى وآلام المرضى المقيمين والإجراءات التشغيلية، والفحوصات التي تم تنفيذها ... الخ، واكتشاف الاستخدام الزائد أو غير الملائم للمواد وضياعها.

- الحصول على تغذية استرجاعية من المستخدمين والأقسام فيما يتعلق بنوعية وكمية المواد الموردة، ونفاذ المخزون والمشاكل التي تتم مواجهتها ... الخ.

تكلفة المواد على صيغة أيام المرضى:

إن هذه التكلفة على هذه الصيغة يدخل فيها تقسيم إجمالي تكاليف المواد لكل يوم على التكلفة الإجمالية للمريض يومياً على المستشفى، واقتراح معدل تكاليف للمواد إلى تكاليف المستشفى، وتقارن مثل هذه الصيغة بصورة متناسقة عبر المستشفيات بغض النظر عن أحجامها، ومواقعها وعمرها ... الخ حيث أن العامل في زيادة تكاليف المواد هو أيضاً زيادة التكاليف اليومية للمريض والعكس ويحتمل أن تكون صيغة تكلفة المواد على أيام المرضى وهي الطريقة الأكثر موضوعية وموثوقية لتقييم فاعلية أساليب إدارة المواد.

دراسة حالة المناقشة:

الحالة:

أرسل المستر بانغ مدير مستشفى نانسي- سيتي الطبي مستر بيمور للقيام بالمشتريات وقام بتوجيهه بالقيام بالمناقصة لنظام انتركوم داخلي جديد وتم طلب عروض الأسعار بالهاتف لنظام انتركوم ملائم لمستشفى ٣٠٠ سرير، وقد أرسلت جميعها من المؤسسات الثمانية التي تم الطلب منها عروض أسعارها بينما سمعت أربع مؤسسات أخرى باهتمامات المستشفى وقابلوا المسئول الطبي وبعثوا بعروض أسعارهم، وقد قام المستر بيمور إذ كشف مقارن وقدمه إلى المستر بانغ مقترحاً بأن يكون قبول أدنى سعر لمؤسسة هير اسوسيتس ولكن مسئول المحاسبة سمع بالكشف المقارن، جذراً أن مبلغ ١,٩ لاك روبية التي تم وضعها كميزانية للأجهزة الطبية ما زالت متبقية، وقد رسل المستر يانغ لممثلي المؤسسة وطلب منهم تخفيض العرض من ٢,٢٥ لاك روبية إلى ١,٨ لاك روبية، وقد تمت دعوة المستر يانغ

بحضور سلسلة من المناقشات في مكتب المؤسسة لمشاهدة كيفية عمل النظام ومقابلة المندوبين، وأخيراً اتصل المدير الإداري لمؤسسة هيرا سوشيتس للإبلاغ بأن السفر يمكن تخفيضه إلى ٢ لاك، علما بأن ٤٠ خط فرعي بدل ٥٠ خط فرعي قبلت بها المؤسسة، وقد ذكر أيضاً أن المؤسسة قررت التبرع بنظام تلفزيون وفي سي آر حيث أن المستشفى مؤسسة خيرية علماً بأن الطلبية قد تم تحريرها خلال أسبوع من حواله بنسبة ٢٥ بالمائة من قيمة الطلبية، وقد اتصل المستر يانغ في إجازته هاتفياً بالمستر بمور لتحرير الطلبية ومناقشة شروط ظروف الصيانة للنظام والذي سيصادق عليه عند عودته، وقد قام المستر بيموز بتنفيذ الطلبية بنظام الاتصالات فوراً وإلا فإنه مع اقتراب نهاية السنة فإن الميزانية ستنتهي، وقد كتب المهندس المستشفى للتأكيد على الشروط التي يتعين التركيز عليها للتأكد من الأداء العالي والخدمة غير المنقطعة للنظام.

للمناقشة:

هل هناك أية أمور غير منتظمة للشراء في هذه الصفقة؟ ما هي الخطوات التي يتعين اتخاذها للتأكد من الشراء الفاعل.

ما هي الشروط والظروف التي ركز عليها المستر بيمور لتوريد وصيانة النظام؟

المالية (٣٠)

مقدمة

إن أحد أسباب الصراع الرئيسية لمدير المستشفى هـي الماليـة وخـدمات الصحة المستخدمة لتكون مكثفة للعمالة وقد أصبحت الآن مكثفة للعمالة ورأس المال ومع تصعيد التكاليف فقد أًبحت عملية تـوازن الـدخل مـع النفقـات صـعبة للغايـة، إذا تبدو المطالـب دائمـاً أكـثر مـن الـدخل النـاتج. مطالـب المحترفين والمطالـب العامـة والفحوصات والمعدات المكلفة الجديدة، تفهـم الأهميـة الحقيقيـة للماليـة غالبـاً إلا بعد إجراء تحليل جدي للعمليات المالية، تماماً كأهمية الصحة التي لا يتم التفكر بها إلا بعد أن يصبح الشخص مريضاً.

طرق التمويل:

ويسـتند ذلـك إلى الطبيعـة المسـتقلة المختلفـة للملكيـة ففـي المستشـفيات الحكومية تؤخذ الدخل غالباً من الضرائب، وتنطبق نفس الشيء على المستشـفيات التي تديرها البلديات أو الهيئات المحلية الأخرى فـالمنح هـي المصـدر الرئيسيـ وإن القليل منها يتم تلقيه بأجور تؤخذ من المـرضى وفي القطـاع الخـاص هـي في الغالـب رسوم خدمات وهذه الرسـوم أقـل نسـبياً في المستشـفيات التطوعيـة غـير الرسـمية، حيث تميـل لأن تكـون أعـلى في المستشـفيات الحكوميـة للأشـخاص أو المستشـفيات الربحية وبيوت التمريض، وربما تكون هناك قيم مختلفة من التبرعات من الأشخاص أو المؤسسات المناصرين للخدمات الإنسانية، وغالباً ما تكون هذه من أجل النفقـات الرأسمالية أو لعلاج المرضى الفقراء والمعـوزين في بعـض الأحيـان ولـذلك فـإن هنـاك مشاريع تأمين صغيرة يتم إنشاؤها وهي تأمينات اجتماعية أو تأمينات تطوعية.

وبصفتك مديراً للمستشفى فإن لديك مسؤولية الاطلاع على وجود دخل كاف يتم توليده وأن الدخل يتم استخدامه بصورة حكيمة لتقديم أفضل رعاية ممكنة بأقل تكلفة ممكنة وإن الوعي بالتكلفة واجبة لجميع عمليات الرعاية الصحية وتحتاج جميع مؤسسات الرعاية الصحية بغض النظر عن ملكيتها إلى نظام تخطيط مالي ومراقبة لاستغلال الموارد النادرة وكبح الشكيمة التكلفة المرتفعة للرعاية الطبية ويتطلب ذلك وجود ضباط ماليون مدربون ذوي خبرة ومحاسبون ويلزمهم المساندة من الإدارة العليا وهي مطلب حيوي.

الأهداف المالية:

إن المهمة الرئيسية في عملية التخطيط المالي هي تحديد الأهداف المالية:

١- توفير الموارد المالية لجميع الخدمات الضرورية وبعد ذلك للنشاطات المرغوبة الأخرى.

٢- المحافظة على أجور الخدمات في متناول الناس الذين تخدمهم المستشفى بما في ذلك الرعاية المجانية والرعاية في الخصم للفقراء والمحتاجين.

٣- تحسين رضى المستخدمين بزيادة الفوائد التي يجنونها مثل الرواتب والأموال التدبيرية والمكافأة والتقاعد والإمكان والتدريب والقروض ... الخ.

٤- تقليل الاعتماد على المنح والتبرعات والخدمات المتبرع بها.

٥- تقديم ما يلزم لأعمال تطوير صحة المجتمع المجاور إذا كان ذلك هدفاً مؤسسياً.

التمويلات اللازمة

١- دخل تشغيلي منتظم للوفاء بالرواتب والأجور والصيانة والمواد وتكلفة العمالة والنفقات الروتينية الأخرى.

٢- الاحتياطي (التمويل الطارئ أو من أجل سداد الدين).

٣- التمويل كتدريب الأفراد وإذا كان البحث هدف مؤسسي فيلزم التمويل للأبحاث.

بغرض تحقيق التوازن المالي والحفاظ على الخصائص الأساسية للمستشفى فإن من الحصافة بأن يكون لذلك تمويل العبوات والعطايا ولا تتضمن ما ورد أعلاه الأموال الرأسمالية (عنبر/ ما ورد متكرر للمباني والمعدات .... الخ.

التخطيط المالي:

تحتاج المؤسسة إلى تخطيط طويل الأمد وآخر قصير ولا تملك معظم المستشفيات خطط طويلة الأمد (٥ سنوات أو أكثر) وربما القليل منها الذي لديه ولذلك يتم وضعها مع رسميات وشكليات أكثر منها اعتماداً على التحليل للنزعة، ومشروع مقترح المعلومات وتقييم الأداء الماضي والمتطلبات المستقبلية ويجب أن يستند التخطيط المالي تحليل نشاطات المستشفى من حيث النوعية والكمية وإن العامل الأكثر أهمية أو الأكثر صعوبة) هو إيجاد أسس معقولة مقترح للنشاطات المستقبلية ويتعين أن تقع الخطة قصيرة الأمد (السنوية) ضمن أهداف الخطة طويلة الأمد.

السياسات المؤثرة على الخطة المالية:

١- خليط من الخدمات والقرارات المتعلقة بالتخصيص.

٢- التسعير.

٣- الرعاية المجانية مع الهضم.

٤- صحة المجتمع والانخراط في نشاط التطوير الاجتماعية.

٥- التدريب والبحث.

٦- النمو والتوسع والتحديث.

تنفيذ الخطة المالية:

هناك العديد من الأشخاص الذين يلعبون دوراً هاماً في نظام التخطيط الفاعل:

(المدير)

١- يتولى المسؤولية عن تنفيذ الخطط والسياسات المعتمدة من قبل مجلس الإدارة/ والحكومة/ والسلطان العليا.

٢- يجتمع مع رؤساء الأقسام والآخرين المعنيين بمناقشة الخطط والسياسات والاستراتيجيات.

٣- يقوم بتعيين لجنة للميزانية أو تخصيص ضابط ميزانية (ضابط مالية بشكل عام).

٤- يتولى المسؤولية عن تطوير وتنفيذ السياسات اللازمة ومراقبة الخطة وتنفيذها ضمنت الإطار الزمني.

ضابط المالية (المراقب المالي/ مدير الخزانة):

١- يقوم بتوفير المعلومات عن الخبرات السابقة والنزعة التاريخية.

٢- يقوم ترجمة تأثير التغييرات في نشاطات المستشفى وإضافة أو تعديل الخدمات والمرافق.

٣- توفير معلومات عن البيئة، وتعبيرات السكان في منطقة خدمة المستشفى ومساهمات التمويل للتدبير الإضافي والمكافآت.

٤- ترجمة تأثير التغيرات في السياسة مثل جدول الرواتب والعلاوات والمتطلبات الأساسية.

٥- تجميع وموازنة ومقارنة البيانات المتولدة عن رؤساء الأقسام.

٦- توفير المعلومات عن تغييرات الأداء المالية.

٧- توفير النصح عن الاستثمارات والهبات والتبرعات.

٨- تنسيق الميزانية السنوية وعمل الميزانية النقدية ومراقبة الميزانية والتغييرات الحقيقية.

رئيس القسم:

١- يقبل بالمسؤولية عن الجزء الخاص بميزانية القسم.

٢- يقوم بتحليل البيانات المالية والإحصائية المتولدة في القسم أو الموردة له/ أولها.

٣- دراسة العمليات للقسم وأدائه بصورة دقيقة.

٤- تطوير مؤشرات للتخطيط والمراقبة.

٥- يقوم بتقييم عمليات القسم وعلاقتها بالخطة الإجمالية والتعاون مع الخطة الإجمالية للمستشفى.

٦- مراقبة الدخل والتحكم به وبالنفقات المتعلقة بالقسم.

إعداد الميزانية:

تعتبر إعداد الميزانية إجراءً مالياً هاماً ويجب أن ينال العناية اللازمة من قبل المدير، وهناك العديد من المدراء الذين لا يحبون الميزانيات وتمثل الميزانية بالنسبة لديهم القيود، ولكن الميزانيات توفر التعليمات والتوازن والاستقرار والتوجيه دائماً بصورة جيدة وعلى المدير أن لا يفهم فقط عملية إعداد الميزانية كاملةً ولكن أيضا أن يدعمها من كل قلبه.

وتعبر الميزانية عن خطة المستشفى لتوفير الرعاية القصوى بتكلفة معقولة في المفهوم المالي فالميزانية خطة ماليه، وهي عادة خطة قصيرة الأمد (سنوية) ولجعلها أداة فاعلة للآتي:

١. توفير التعبير الكمي لخطة المستشفى.

٢. تقييم الأداء المالي طبقاً للخطط.

٣- مراقبة التكاليف.

ويجب أن يتم التخطيط للميزانية وإعدادها جيداً، وغالباً للأشهر التسعة التي تتوفر فيها الحسابات، مضافاً إليها إجراءات احتياطية لضمان نجاحها لمدة ٤ أو ٣ أشهر، ونسبة مقدرة (النقل ١٠- ٢٠%) للإجمالي لموازنة التضخم وعمل تنبؤ والطريقة الأخرى المقترحة لميزانية تعتمد على صفر وهذا غير رائج أو منتشر فهمه.

وإن الميزانية فرصة لأخذ الأداء الأفضل للمستشفى في الاعتبار عند إعداد الميزانية ويجب استخدام عقولنا للتفكير في مجال النوعية المحسنة والكمية للرعاية.

ويجب تعاون جميع الأقسام والإدارات في إعداد الميزانية ويجب أن تتلاءم الميزانية الفردية الخاصة بالأقسام والإدارات مع الميزانية الشاملة ويجب أن تكون الخطط واقعية بحيث يمكن تنفيذها وربما يكون هناك أنواع مختلفة من الميزانيات.

١- التخصيص.

٢- التنبؤية.

٣- المرنة.

فالمستشفيات الحكومية لديها عادة ميزانية وتتوفر لمستوى محدد من الإنفاق، وعادة لا يمكن تجاوزها، وسيتم إعداد ملحق تخصيص الحصص إذا كان ذلك ضرورياً.

أما الميزانيات التنبؤية فهي أكثر مرونة والتي يمكن رؤيتها بوضوح في الميزانيات المرنة، توفيرها للتغييرات في مستوى للنشاطات والمقاييس الواقعة لأغراض المرونة لقياس النشاطات ويمكن تقييم الميزانية إلى: -

١- ميزانية تشغيلية.

٢- ميزانية رأسمالية.

ميزانية العائدات التشغيلية:

بغرض الحصول على ميزانية للعائدات يجب أن يكون لدينا بيانات إحصائية كاملة، لأن التنبؤ بالعائدات يبقى تأملياً نوعاً ما حتى مع توفر أفضل البيانات وتتعلق بحجم العمل المتوقع، وأي تغيير في حمل العمل سيؤثر على العائدات وتعتمد أيضاً على معدل أو جدول الأجور ويمكن أن تأتي العائدات من نشاطات المستشفى.

١- خدمات المرضى.

٢- النشاطات الطارئة لخدمات المرضى.

٣- الدخل الناتج عن الاستثمارات.

٤- الدخول الأخرى - التبرعات والمنح .... الخ.

ويمثل الدخل من خدمات المرضى الجزء الأكبر من العائدات للمستشفيات التطوعية والخاصة، ويشمل جزأين:

١- أجور الخدمات اليومية (الغرف - الرعاية التمريضية- الوجبات للحمية ... الخ ويختلف هذا حسب الإحصاء اليومي، وخلط ١ المنامة، ونوع الخدمة، وربما يكون هناك رسوم على تسجيل المرضى الزائرين و/ أو الاستشارة.

٢- الخدمات الخاصة (الإجراءات للعمليات - الفحوصات ... الخ) وقد يكون هناك بعض الحسميات مثل الرعاية المجانية والخصميات على الرعاية.

التنبؤ بالميزانية التشغيلية:

إن التكاليف الدائرة المتكررة (التشغيلية) لازمة لتشغيل وصيانة المرافق والخدمات وإن أكثر هذه التكاليف أهمية هي الرواتب والأجور والإمدادات مثل العقاقير، والعيادات والكواشف والوقود ... الخ، والمرافق الخدمية وتشمل الكهرباء

والماء والهاتف .... الخ، وصيانة المعدات وشراء قطع الغيار وغالباً المواد للبنود المهمة والتي يتم وضع الميزانية لها هي التدريب أثناء العمل.

الرواتب والأجور:

- معدل الطبيب والمريض.

- معدل الفحوص وفني المختبر.

- معدل الفحص وفني الأشعة.

وبهذه الطريقة يمكن للمؤشرات المفصلة أن تتطور ويمكن تحليل النزعة وتجنب الزيادة في العاملين ويتعين أن تكون الرواتب ثابتة لجميع الأفراد، وفي تثبيت الرواتب، يعطى الاعتبار لمتطلبات التأهيل والخبرة والمهارة وطبيعة العمل والإجهاد والرواتب السائدة في المستشفيات المشابهة والمجاورة ... الخ. ولبعض الفئات هناك تثبيت للأجور قانونياً يتعين تطبيق ذلك وبالإضافة إلى الرواتب (الدفعات والعلاوات حسب المقياس) ويتعين القيام بالتجهيزات لمساهمات الأموال والمكافأة لنهاية الخدمة، والميزات الأخرى.

الإمدادات:

يمكن تطوير المؤشرات للمرضى المقيمين للخدمات المتعددة، التي تعمل لزيارات العمليات والعمل في الخارج لزيارة قسم العمليات، ويوم المرضى المقيمين والولادة الطبيعية وغير الطبيعة والأنواع المختلفة من العمليات، وفحوصات المختبر وتصوير الأشعة والوجبات والتدريب المنزلي... الخ.

المرافق الخدمية

هناك حاجة لمعرفة النفقات على مجالات المرافق الخدمية العالية الاستخدام مثل أشعة إكس والتكييف المركزي والتعقيم المركزي والمغسلة والمطبخ وغيرها.

نفقات الصيانة:

يمكن اقتراحها مقدماً إلى مدى معتبر.

النفقات الرأسمالية:

يتعين توفير الأموال للنفقات على البنود الرأسمالية (غير المتكررة/ غير الـدائرة وتلزم هذه للآتي:

١- النمو – توفير المرافق الجديدة.

٢- استبدال الأجهزة والمعدات وكذلك للأسرات والأثاث الآيلـة للإهمال وربما تكون المرافق الجديدة مباني أو الأجهزة أو آلات أو معدات.

وسيكون هناك متطلبات تنافسية ولا تتوفر الأموال للوفاء بكل المطالب، ويتعين القيام بالاختيار، وربما يتم تطبيق الاحتياجات إلى جوهريـة ومرغوبـة، وبعـض هـذه المطالب مثل تلك التي تحتاج إلى استبدال للأجهزة غير الكفؤة لحماية الأرواح يتعـين الوفاء بها، والأخرى ربما تكون اقتراحات لتوفير التكاليف فيها، وهي أن بعضـها يـوفر الراحة والملائمة.

لقد كان المستشفى T عدد من المقترحات:

١) نظام اتصالات لاستبدال نظام الهاتف القديم غير الكفء.

٢) مبنى جديد للطوارئ والحوادث.

٣) مضخم ومكثف الصور قررت المستشفى تركيب نظام اتصالات جديد والـذي أعطى أولوية قصوى، وقـدر المستشـفى أيضاً بنـاءً مبنـى للطوارئ والحوادث لأن شخص يعمل لخير الناس قرر الوفاء بما مقداره منصف التكلفة وقد تـم تأجيـل شراء جهاز تضخيم وتكثيف الصور.

الميزانية النقدية:

يجب توفير ميزانية نقدية كافية للوفاء بالالتزامات عندما تظهر، وهناك حاجة للحفاظ على التدفق النقدي الصحيح وحتى النقد غير الضروري في البدء يجب تجنبه ويجب استثماره لتوليد أقصى عائدات تمكنه وتتم ذلك بتخطيط للنقد.

ويجب تقدير وصول الأموال النقدية وتعويض الأموال المستحقة والقيم والوقت وبين جميع الأصول هناك العائدات لخدمات المرضى، وسيتم دفع بعض هذه الأموال عند تقديم الفواتير وبعض هذه الفواتير ربما يأخذ وقتاً، وهو كذلك بالنسبة للفواتير الدائنة وخاصة تلك الخاصة بالخدمات المقدمة لمستخدمين الشركات والمؤسسات، والذين لديهم ترتيبات للدفع، وكذلك حقيقة بالنسبة للدفعات من شركات التأمين ويتعين عمل التقديرات من العائدات الأخرى وفوائد الاستثمارات ستكون مستحقة في وقت ما من السنة ويمكن القيام بالاستثمارات بحيث يكون تدفق العائدات سهلاً وموزعاً للوفاء بالمتطلبات على أكمل وجه وإن البند الرئيسي ـ من بين وتعويض الأموال المستحقة هو جدول الرواتب ويتعين دفع الرواتب في يوم الراتب، بالإضافة إلى الرواتب هناك بنود أخرى قبل المساهمات بصندوق تمويل حكيم بعيد النظر يتعين الوفاء بها ويتعين الدفع عن الكهرباء والماء وكذلك أقساط التأمين والضرائب على العربات والممتلكات وعقود الخدمات، وكذلك الدفع عن الإمدادات والمصاريف ويتم تنفيذ هذه الدفعات عادة في بداية الشهر، ويساعد التخطيط الجيد على التدفق النقدي المطلوب.

فئات النفقات:

يمكن تصنيف نفقات للمستشفى إلى الفئات التالية:

- العائدات الرأسمالية المتكررة أو الدائرة.

- إن تكاليف النفقات الرأسمالية مبدئية ونفقات لمرة واحدة لتوفير خدمة معينة وتشمل هذه النفقات المصاريف على المباني والمعدات والأدوات والمواد المثبتة المعلقة والأثاث وتنشأ التكاليف المتكررة على أسس متواصلة/ دورية وتشمل الرواتب، والمواد المستهلكة والإمدادات والماء والكهرباء والصيانة والنفقات.

ثابتة أو متغيرة:

تنشأ النفقات الثابتة بغض النظر عن كمية حمل العمل عندما تكون التكاليف الثابتة عالية، ويكون معدل التكلفة للإجراء ممكن تحقيقه بزيادة عدد الإجراءات، وبذلك يكون النفقات الرأسمالية قد شاركت في قاعدة مدخلات تؤدي إلى تكاليف وحدة منخفضة بما في ذلك جزء من تكاليف التشغيل التي تختلف في حصتها من حجم العمل (عدد المرضى الذين تم تقديم الخدمة لهم وعدد الخدمات المقدمة).

هل هي مباشرة أم غير مباشرة:

يمكن اقتطاع التكاليف المباشرة مباشرة من منشآت أو إجراءات معينة.

أما التكاليف غير المباشرة، فهي النفقات المتفرقة التي تنشأ ولكن لا يمكن ربطها كاملة أو بصورة ملائمة بإجراء محدد.

العوامل التي تؤثر على نفقات المستشفى:

*** حجم المستشفى:**

إن هناك حجم أقصى لكل نوع من المستشفيات والمنطقة أو المجال الذي تخدم فيه، حيث يزيد حجم المستشفى فإن مدى شمولية الخدمات يزداد مما يؤدي عادة إلى تكلفة أعلى ليوم المريض.

*** حجم النشاطات:**

بقدر ما تكون عائدات المرض كبيرة بقدر ما تزيد الحاجة لعدد أكبر من العاملين وبقدر ما يكون العدد الإجمالي كبر للإجراءات التي يتم تنفيذها، ويؤدي ذلك إلى تكاليف تشغيل إجمالية أعلى، ويمكن أن تكون تكلفة الوحدة أقل.

*** المنافسة:**

في العادة فإن المنافسة بين المستشفيات لا تخفض الأجور للمريض، وغالباً ما تؤدي إلى تكاليف أعلى ولكن بمرافق أكثر وملائمة أكثر من قبل المستشفيات المتنافسة.

*** كثافة الخدمات:**

يقود التخصص إلى تكلفة أعلى لكل يوم مريض، وتبرز التكنولوجيا العالية الأجهزة المكلفة والمعقدة والإجراءات أمكلفة والاستخدام الأكبر للمواد الاستهلاكية والإمدادات والعاملين الأكثر مهارة.

*** درجة الاستثمار:**

تنتج تكاليف التشغيل المرتفعة عندما يكون رأس المال والتكاليف الثابتة عالية، ويقود توفر المرافق والأجهزة الكلفة إلى استخدام أكبر وتكاليف أعلى للمريض.

* **الكفاءة:**

مع وجود نظام إدارة كفؤة وقوى بشرية كفؤة وموارد مواد كافية منتشرة بصورة اقتصادية تؤدي في مخرجات جيدة إلى معدل مدخلات.

* **تصميم للمستشفى:**

إن العمر وموقع وهندسة البناء والمخطط ونوع مواد المبنى والمرافق المتوفرة حمل على تكاليف الصيانة وعدد العاملين المستخدمين وتدفق العمل ... الخ وبذلك يؤثر على نفقات المستشفى.

* **نماذج تعويض الأموال المستحقة:**

إن دفع فواتير خدمات المستشفى من قبل طرف ثالث غالباً ما يؤدي إلى رفع تكاليف المستشفى حيث يميل المستفيدون من استخدام خدمات المستشفى حتى عندما يكون العلاج المتنقل كافياً إلى البقاء أكثر في المستشفى وبدون الشعور بالضغط والشدة فإنهم يطلبون المزيد من الخدمات أكثر مما هو ضروري، وربما تقوم المستشفى للعب دور آمن أو لزيادة عائداتها بالقيام بإجراءات أكثر ما يلزم.

احتواء النفقات:

هناك العديد من العناصر في برنامج احتواء نفقات.

الوعي بالتكلفة:

إن الوعي المكثف لجميع أفراد المستشفى بماهية التكاليف (مباشرة وغير مباشرة) أو كيفية ترتيبها والإجراءات المتوفرة لاحتوائها.

مراقبة التكلفة:

يلزم توفير آلية لتحديد وتقرير وتحليل النفقات الحقيقية مقابل الميزانيات والمقاييس، وما هي الأسباب للتغيرات الرئيسية، والتعارض مع حمل العمل للفترة، والتركيز على أين وكم ولماذا يتم إنفاق الأموال الزائدة.

إدارة التكلفة:

إنشاء نظام مسؤولية للاتصال والتحكم والحصول على الخطط والاستراتيجيات والبرامج المتعلقة باحتواء النفقات والتركيز على ما يمكن عمله لاحتواء التكاليف ومن قبل من؟

والقيام بتحفيز جميع الأفراد لاحتواء النفقات الاستراتيجيات للتحكم بالنفقات.

تخصيص تكلفة المدخلات المتعلقة بالمخرجات:

أ- المواد يتم تقديم جميع الاقتراحات تحت إدارة المواد ويجب أن تتبعها وتشمل ذلك عمل المقاييس والمطالب والتنبؤات والتحكم بالجرد والمشتريات المركزية ومشتريات المجموعة وعقود الشراء والصيانة الدورية والوقائية وتجنب السرقات الصغيرة.

القيام بتحليل قيمة الاستخدام بدائل من نوعية مساوية ذات أسعار أقل وأكثر وقاية وتحمل والتي تفي بنفس الهدف، ويجب بذل كل جهد ممكن وعلى جميع المستويات للاستخدام الأمثل للإمدادات بطريقة أكثر وعياً وتلافي أي شكل من أشكال الضياع ومراقبة الاستهلاك، وربط الإمدادات الشهرية واستخدام التقارير مع حمل العمل.

أ- القوى العاملة: يتعين مراجعة الاحتياجات للوظائف الحالية من خلال التقييم الدوري للأوضاع الوظيفية، ومساهمتها في الأهداف الشاملة وإمكانية الملغمة للوظائف المخصصة حالياً للأفراد المختلفين وتجديد أي الفئات من العاملين يمكن أن تؤدي المهام بأفضل مستوى من الجودة والتكلفة، وإسناد العمل للأفراد الذين لديهم مستوى مهارات أقل ويوفون بالمتطلبات وربما لا يتم احتفاظ الأفراد، ولكن من الضروري الإبقاء عليهم وتحديد الطرق والوسائل للمشاركة في الخدمات لمثل هؤلاء الأفراد عبر الأقسام والمهمات.

ويتعين تخطيط الإجازات للطابق والتوفق مع الفترات التي يكون فيها إحصاء المرضى منخفضاً.

زيادة المخرجات النسبية إلى المدخلات:

أ- **الجدولة:** التأكد من الجدولة الملائمة للإجراءات وإزالة الازدحام في مناطق الخدمات والتدفق الميسر للخدمات التي أن تقود إلى عائدات أعلى بدون مدخلات بديلة.

ب- **العمل الآلي:** إن المخرجات العالية يمكن أن تنتج عن استخدام المعدات الأوتوماتيكية ويدخل في ذلك النفقات الرأسمالية المبدئية ولكن يمكن أن تكون التكاليف أكبر من وفورات.

ج- **المشاركة:** يمكن مشاركة الأجهزة والمرافق المرتفعة الثمن بين أقسام المستشفى وبين المستشفيات ويؤدي ذلك إلى استثمار رأسمالي منخفض وتكاليف تشغيلية منخفضة.

البديل عن التكنولوجيا:

أ- التركيز على الرعاية للترقي والرعاية الوقائية في تفضل الخدمات الشفائية.

ب- تفضل الرعاية المتنقلة بدلاً من الدخول إلى المستشفى وإن تمديد ذلك يمكن أن يكون تجهيز لمركز يومية ذو خدمات مختلطة.

ج-تضييق الخدمة المختلطة لزيادة الكفاءة وتقليل التكلفة للمريض.

إجراءات مراقبة اقتصادية أخرى:

اعتماداً على الوضع سيكون هناك العديد من الطرق لزيادة المخرجات وتخفيض التكاليف.

وممكن للمستشفى مع توفر الإدارة الجيدة التحكم بالنفقات بدون نوعية ذات تسوية وسطية.

تنظيم الأسعار:

إن إحدى الوظائف الإدارية المهمة هي تجديد جدول الأجور للخدمات التي يتم تقديمها ويجب أن تكون الأجور معقولة وكذلك يجب توليد دخل كافي والمتطلب الأول هو إيجاد تكلفة إجمالية لتوفير خدمة من الخدمات ويعتمد تثبيت الأسعار على عوامل التكلفة:

هناك تكاليف مباشرة وأخرى غير مباشرة. وتشمل التكاليف المباشرة الرواتب والأجور (بما في ذلك ميزات وفوائد المستخدمين) وتكلفة الإمدادات والتكاليف غير المباشرة متعددة ويتعين اقتطاعها بشكل متساوي وهي الماء والكهرباء والتدبير المنزلي والصيانة والنفقات الرأسمالية.

عوامل عدم التكلفة:

وتشمل فلسفة المستشفى بشكل عام وخاصة فيما يتعلق بخدمة معينة (مثل إعادة التأهيل) ومقارنة مع الأسعار في كيفما هي دارجة أو المستشفيات الأخرى المشابهة في الجوار.

وإن عملية إيجاد السعر معقدة وتحديد السعر للمستشفى لأي فحص أو إجراء هام ولا يتم القيام به عادة، وغالباً يتم تثبيت الأجور بالمقارنة مع الأجور التي تجنيها من المستشفيات التي في الجوار ومراكز التشخيص، وعدم تأكيد التكلفة الحقيقية للمستشفى يمكن أن يقود إلى الخسارة.

وأراد الدكتور ناريندرا طبيب علم الأمراض السريرية تقديم فحص جديد، للمصل الجديد وإجمالي الجديد القدرة والسعة المقيدة وقد توفرت المعدات (لما مقداره عشرين اختباراً) بسعر ١٨،٥ روبية واقترح الدكتور نايندار وضع سعر ١٠ روبيات لكل فحص وقد تتغاضى عن أمور كثيرة في التسعير.

- عمل المقاييس، وعمل المعايرة والضياع.

- الكواشف أخرى: وغسل الأواني الزجاجية بالأسيد والماء المقطر.

- استخدام مقياس الألوان.

- وقت التكنولوجيا.

- النفقات الرأسمالية بما في ذلك التقارير.

وتم فيما بعد تثبيت السعر على ٣٠ روبية للفحص حتى هذا المبلغ كان أقل من السعر الدارج في المختبرات المجاورة ويمكن أن يختلف سعر المختبر بصورة كبيرة مثل وقت النهار، إذا كان قد تم إجراء الفحص بيع العديد من الفحوص الأخرى

خلال ساعات العمل الروتيني وسيكون تكلفة كل فحص أقل بكثير مما إذا تم القيام بالفحص بصورة منفردة للطوارئ في الليل ومن الطبيعي تحديد تكلفة معدل التكلفة.

تحديد الأسعار:

هناك العديد من العوامل لتحديد الأسعار:

القيم النسبية:

يمكن تثبيت الأسعار على أساس الوقت والمهارة الداخلة وكذلك اعتبار تكلفة الإمدادات ويتم تبني هذا الإجراء عادة في تثبيت أسعار الإجراءات للعمليات وغيرها، ويمكن تحديد التكلفة الإجمالية لفحوصات المختبر وبعد ذلك تبين السعر.

التكلفة بالإضافة إلى نسبة محددة:

ويتم القيام بذلك عادة في الصيدلية، ويجب أن يكون السعر المثبت ضمن أقصى سعر ففرق محدد من قبل الحكومة.

أسعار الساعات:

تستخدم هذه الطريقة عادة لتحديد الأجور لاستخدام غرف العمليات والتحذير واستخدام التهوية وعمل تكلفة أجور غرف العلميات بالساعة تتم انتقاده عادة لأن الجراحين المختلفين يعملون بسرعات مختلفة.

الخدمات الروتينية:

يتم تثبيت أجور الغرف (بما في ذلك الرعاية التمريضية) استناداً إلى نوع المنامة والمرافق المتوفرة والعنابر العامة والغرف الخاصة وشبه الخاصة وغالباً ما يتم تثبيت الأجور على أسس تدريجية تفاضلية استناداً إلى وجود المريض في العنبر العام أو العنبر الخاص وهناك مسائل فلسفية أخلاقية واقتصادية تنبثق من مثل هذه الأجور التفاضلية، فهل الصحيح عمل أجور وأسعار مختلفة لنفس الخدمة الموفرة؟ فعلى سبيل المثال فإن الأجور لتقدير يوريا الدم يمكن أن يتم تثبيتها على ١٠ روبية للفحص

للمريض في العنبر العام و ١٧٥ روبية للمريض في العنبر الخاص فهل من الأخلاقيات وضع أجور مرتفعة فقط لأنها تفترض أن ذلك الشخص في العنبر الخاص يمكن أن يدفع أكثر لموازنة قدرة الشخص، في العنبر العام، والذي لا يستطيع الدفع للتكاليف الحقيقية؟ وإن الاتفاق الجماعي هو أنه حسب الظروف السائدة في البلاد فإن من الملائم والموثق وضع أجر أعلى قليلاً على العمل الغني بحيث توازن عدم قدرة المرضى الأفقر على دفع الأجور الكاملة ويعتبر تنظيم الأجور هاماً لأغراض عديدة بما في ذلك عمل الميزانية والتي يتعين أن تكون للتأكيد على الدخل الملائم للميزانيات التشغيلية والرأسمالية، ويجب إعادة تثبيت الأسعار بصورة دورية استناداً إلى التغييرات في التكلفة وعوامل أخرى.

الاستهلاك:

يتم اكتساب المباني والآلات والأجهزة والأثاث والتوصيلات والعربات والوجودات الأخرى بعمل استثمار ذو حجم معقول وكل من هذه الموجودات لها عمر محدود وتكون بعدها غير قابلة للاستعمال أو يتم إهمالها بعد فترات مختلفة، ويكون حساب الاستهلاك لهذا الجزء من قيمة الموجودات الرأسمالية التي تعتبر (مستهلكة خلال السنة المحاسبية ولها تضمينات هامة، ورغم اعتبارها نفقات فليس هناك تدفق نقدي خارج فللمؤسسات الخاضعة للضريبة فإن أعمال الاستهلاك بمثابة درع للضرائب، وبذلك عند تحليل الموارد واستخدام الأموال والتدفق النقدي تضيف إلى التدفق النقدي حتى يأتي الوقت الذي تكون فيه هذه القيم قد استثمرت كأموال استهلاك.

وكان الاستهلاك يعتبر تجهيزاً لاستبدال الموجودات التي أصبحت غير قابلة للاستخدام بعد فترة من الوقت ولبروز ذلك يتعين تمويل القيمة، والنظرة الأحدث هي أنه تمكن تصور الموجودات لحزمه من الخدمات المستقبلية التي سيستخدم فوق

فترة صلاحيتها للاستخدام. وطبقاً لذلك فإن عملية تسعير الاستهلاك هي طريقة لإنعاش تكلفة انتهاء الموجودات على فترة من الزمن.

وإن الاستهلاك هو تخصيص قيمة الموجودات على فترة قابلة للاستهلاك فوق المدة المقدرة لصلاحيتها للاستعمال وموجودات الاستهلاك هي:

الموجودات التي:

- يتوقع استخدامها خلال كثر من فترة محاسبية.
- لها عمر استخدام محدد.
- يتم إبقاؤها للاستخدام في إنتاج أو توريد المواد والخدمات.

وقيمة الاستهلاك للموجودات القابلة للاستهلاك هي التكلفة التاريخية تناقص القيمة المتبقية وهناك طرق عديدة لحساب الاستهلاك.

طريقة الخط المستقيم

يتم تخفيض قيمة الاستهلاك بواسطة قيمة سنوية متساوية ثابتة لكامل العمر للموجودات، ولهذه الطريقة سلبيتين متميزتين، أولاً أن تكلفة الإصلاح والصيانة للموجودات مهملة خلال السنوات المبدئية الأولية) وتستمر بالتزايد خلال السنوات الأخيرة وباتباع هذه الطريقة لنفس المعدات ونفس الاستخدام تكون النفقات منخفضة في السنوات الأولى وتتزايد بصورة تدريجية خلال السنوات الأخيرة.

ثانياً: إن تكلفة الاستبدال للمعدات ستكون دائماً أعلى من التكلفة المبدئية بسبب التضخم وكذلك التغيرات التكنولوجية.

اشترت المستشفى جهاز أمواج فوق الصوتية بقيمة ٠ لاك روبية، وكان العمر المفترض له ست سنوات وستكون تكاليف الاستهلاك له ١,٥٠,٠٠٠ روبية/ سنوياً باستخدام طريقة الخط المستقيم، ولكن عند نهاية السنوات الستة لم يكن بالإمكان

استبدال الجهاز بما قيمته ٩ لاك والتي تراكمت بسبب الاستهلاك، يتم وضعه في السنوات الأولى وتنخفض قيمة الاستهلاك تدريجياً وعادة على أساس النسبة، وفور استثمار مبالغ أكثر في السنوات الأولى يمكن أن تولد عوائد إضافية للوفاء بتكلفة الاستبدال للجهاز في وقت ما فيما بعد، وللمؤسسات الربحية الخاضعة للضريبة فهي توفر درعاً ضريبياً أكبر.

وبشكل عام فإن الموجودات مثل المباني والمصانع والآلات والأثاث والتمديدات ... الخ، يتم وضع أجور استهلاك على طريقة الخط المستقيم أما الأجهزة الطبية والجراحية ذات القيمة المرتفعة والتي لها سعر إهمال مرتفع بسبب تغير التكنولوجيا وبفضل استخدام طريقة معدل الاستهلاك المتسارع ويتعين على المدير رسم سياسات بموافقة الإدارة لتطبيق الطريقة للاستهلاك وكذلك تثبيت معدل الاستهلاك على أن يكون معدل الاستهلاك ضمن الحدود التي نحددها الحكومة.

التحكم الداخلي:

للمدير أن يكون لديه تحكم بتمويل المستشفى وللأسف فهذا هو المجال الذي يحيله العديد من المدراء للمدير المالي أو مسئول الحسابات للتعامل معه يجب أن يكون المدير محافظاً على ماهية الوضع المالي، يوماً بيوم وشهراً بشهر وسنة بسنة في تطلع مستقبلي طويل ويتعين وضع نظام محاسبي ملائم للدخل والنفقات والموجودات والالتزامات المالية بكاملها، ولن يتنازل المدير المالي/ أو مسئول الحسابات عنه وإصابة كاملة إذا لم تقم بتفسير الوضع وتوفير تقارير بطريقة قابلة للفهم من قبل المدير ومجلس الإدارة ولهم الحق بمعرفة كيفية استلام الأموال

واستخدامها ويتعين أن توفر البينة التنظيمية للمؤسسة فضلاً للمسؤوليات الوظيفية ونظام للتفويض والتسجيل ملائماً لتوفير التحكم المحاسبي بالموجودات والالتزامات المالية والعائدات والمصاريف.

نظام المعلومات المالية:

يتم تصميم نظام المعلومات المالية للجميع بصورة اقتصادية والتنظيم بعناية والقيام بالإجراءات الملائمة والتحويل الانتقائي للبيانات المالية للنقاط المخصصة في المؤسسة ويتم التركيز على تدفق المعلومات ويقدم شبكة من المعلومات اللازمة لقرارات الإدارة.

التحكم الداخلي:

الموجودات	الالتزامات المالية	العائدات	النفقات
الأراضي والمباني الرئيسية الثابتة	الحسابات المستحقة الدفع	عائدات المرضى	الرواتب والأجور
الأجهزة الصغيرة	القروض طويلة الأجل	الحسابات المقبوضة	الإمدادات والمصاريف
التدفق النقدي	صندوق التمويل لأغراض محددة	المنح والتبرعات	الإصلاح والصيانة
الاستثمار	رأس المال	الدخل من الممتلكات	تشغيل المصنع والمرافق والمصاريف الإدارية والتدريب والتطوير
الجرد		الدخل من مصادر أخرى	

التقارير والوثائق للإدارة الفاعلة:

التقارير اليومية:

١- التحصيل النقدي اليومي وتعويض الأموال المستحقة النقدية المراجعة.

٢- تقارير الإحصائيات اليومية.

٣- الوضع النقدي/ البنك اليومي.

التقارير الشهرية:

١- التقرير المالي الشهري (كشفي الدخل والنفقات) مع تحليل بنود الميزانية للأقسام في نموذج أو صفة الميزانية.

٢- الرعاية المجانية والرعاية مع الخصميات.

التقارير ربع السنوية:

− أداء الميزانية: كشف مقارن لجميع الأقسام الرئيسية.

التقارير نصف السنوية:

- تلخيص العائدات / المصاريف مع تحليل مقارن.

- كشف الميزانية والحسابات (إذا أمكن) إذا تم سحبه يمكن حساب المعدلات التالية:

* المعدل الحالي.
* رأس المال العامل.
* عائدات الجرد.
* فترة التحصيل.
* المبالغ المستحقة الدفع المعلقة.

تقارير سنوية:

١- كشف ميزانية (أو حساب) مقارن.

٢- تحليل دخل الأقسام ومصاريفها وكشف ميزانية (أو حساب).

٣- تحليل التكلفة والتحليل على أساس الأقسام والتحليل الآخر لتحديد تكلفة وحدة الخدمات.

٤- كم تكلفتها على المريض العام، شبه الخاص، الخاص على أساس الخدمات.

٥- الرواتب والأجور (بما في ذلك الدفعات والعلاوات والأجور وفوائد وميزات المستخدمين مثل صندوق تمويل حليم بعيد النظر والمكافآت لنهاية الخدمة والتقاعد والملابس .... الخ).

متطلبات نظام التحكم:

أ- لوحة تشغيلية (وظيفية) للحسابات مع التفاصيل والملاحظات المعتبر من عنوان كل حساب.

ب- (كتب حسابات) مرسوم جيداً يحتوي على نظام وإجراءات مفصلة للتناول النقد والدفعات والشراء والتخزين وإصدار البنود للإمدادات (طبية، وجراحية، وغيرها) والتحكم بالجرد، ومحاسبة الأصول والإعلام عن عدم صلاحية المواد والأجهزة للاستخدام والاستبدال.

ج- إجراء مفصل عن إعداد خطة طويلة الأمد وميزانية تشغيله وميزانية نقدية وميزانية رأسمالية والتحكم بالميزانية.

د- إجراءات لتحليل التكلفة، والفصل والتراكم وتصنيف المجموعات والتحليل لبيانات الخدمات والبيانات المالية لتحديد التكلفة المباشر وتخصص التكلفة غير

المباشرة وأسس التخصيص للتكلفة غير المباشرة واستخدام بيانات التكلفة لاتخاذ القرارات والتحكم.

هـ- إجراءات تفصيلية للتدقيق الداخلي والتحكم الداخلي.

و- نظام وإجراءات الدورية والتقييم والإجراء التصحيحي.

ز- نظام التقرير المالي للتحكم الداخلي والتقارير الخارجية وتقييم الأداء المالي من قبل محاسب الإدارة/ أو المجلس أو أية سلطات أخرى.

تحضير الدخل والنفقات:

كشف الحساب والميزانية:

إن محاسبة المستشفيات هي فرع خاص في المحاسبة فمعظم المدراء الماليين والمدققين المسئولين من إعداد الكشوفات المالية غير معتادين على المتطلبات الخاصة للمستشفيات وإن الوقت قد حان للإدارة والمدير أن يناقشوا صيغتهم ونموذجهم الخاص بهم والطلب من المدقق اتباع ذلك النموذج أو الصيغة.

دخل ونفقات منفصلة لقسم العمليات من الدخل والنفقات للمرضى المقيمين، استناداً إلى حجم المستشفى والدخل والنفقات للأقسام المختلفة لازم للعمل عليه وبيانه على أساس الأقسام، ويساعد الدخل والنفقات على أساس الأقسام في تقييم الأداء المالي بكل قسم وتخصيص الموارد وكذلك تحديد التكلفة لتوفير الخدمات لكل واحد منها.

الدخل

الخدمات الروتينية:

- الغرفة – الرعاية الطبية – الرعاية التمريضية – الطعام ... الخ.

- خدمات غرف العمليات مثل التسجيل – والاستشارة والغيار والحقن والعمليات الصغرى والإجراءات الأخرى.

- خدمات الحوادث والطوارئ.

- الحضانة/ خدمات المواليد الجدد.

خدمات احترافية خاصة:

- مسرح العمليات.

- غرفة الولادة.

- وحدة العناية المركزة.

- وحدات الجراحة والوحدات الطبية – العنابر.

- علم الأمراض السريري.

- علم الأشعة.

- الصيدلية.

- العلاج الطبيعي.

الرعاية المجانية والخدمات مع الخصميات

- رسوم برامج التدريب – مدرسة التمريض – تدريب المختبر.

- تدريب تصوير الأشعة – أخرى:

- الإنعاش من العاملين للسكن والطعام والماء .... الخ.

- الدخل من الرعاية المتنقلة أو الكانتين وساحة الموقف ... الخ.

الدخل غير التشغيلي:

- التبرعات.

- المنح

- الفوائد البنكية.

- دخل الممتلكات.

- عائدات الاستثمار

- بيع الأصول (الموجودات).

النفقات:

نفقات تشغيلية:

الرواتب والأجور بما في ذلك فوائد وميزان المستخدمين مثل صندوق تمويل حكيم بعيد النظر ومكافأة نهاية الخدمة:

- الإمدادات والمصاريف.

- المرافق الخدمية.

- الصيانة.

- المصاريف الإدارية.

مصاريف أخرى:

‒ برامج التدريب: مدرسة التمريض وتدريب المختبر.

- صحة المجتمع تطويرها وتطوير المجتمع.

مصاريف غير تشغيلية:

- الاستهلاك

- رفع التمويل – داخلي وخارجي.

- إدارة الممتلكات / صيانتها.

إذا كان الدخل والنفقات قد تمت على أساس الأقسام فإنه يتعين أن يشمل ملخص الدخل والنفقات العناوين الرئيسية المذكورة أعلاه وهناك حاجة إلى تحليل على أساس الأقسام كما هو مبين في الجدول الملحق.

كشف الميزانية:

إن كشف الميزانية هو لقطة للصورة التي عليها الأصول والالتزامات المالية للمؤسسة في تاريخ محدد وإن من الضروري استخدام نموذج ملائم للأعداد لكشف الميزانية والذي يصبح التحليل المالي بدونه صعباً للغاية.

إعداد كشف الميزانية:

الأصول (ما يملكه المستشفى)

أصول ثابتة

وهي المرغوب باستخدامها لمدة طويلة

- الأرض والتحسينات عليها.

- المباني – قيمة مباني المستشفى والمباني السكنية ومدرسة التمريض والمباني الأخرى التي يتعين توفيرها بصورة مستقلة في جدول مع الاستهلاك المتراكمة.

- الأجهزة والمعدات – معدات المغسلة – وآلات التعقيم الضخمة التكييف المركزي، والسخانات والأكسجين بالاسطوانات وسحب السوائل والمصاعد ... الخ.

- الأثاث والتوصيلات – الأثاث العام يمكن فصله عن أثاث المستشفى الخاص.

- الأثاث والتوصيلات – الأثاث العام يمكن فصله عن أثاث المستشفى الخاص.

- المعدات والأجهزة الطبية والجراحية.

الأصول الحالية:

وتختلف هذه من يوم إلى يوم:

- النقدية في اليد أو البنك.

- الاستثمار

- الحسابات والإشعارات المستحقة القبض.

- المصاريف المدفوعة مسبقاً.

- الأخرى المستحقة (مستحقات أخرى).

- الجرد.

التمويل محدد الغرض النقدي والاستثمار:

- الأموال النقدية في اليد.

- الأموال النقدية في البك.

- الاستثمار.

موجودات أخرى:

- الممتلكات

- المزارع

- المباني التأجير والتي لا يقع عادة ضمن مباني المستشفى / موقع المستشفى.

الالتزامات المالية (ما الذي يملكه المستشفى):

الالتزامات القانونية الحالية:

- الرواتب والأجور المستحقة.

- الحسابات والإشعارات المستحقة.

- مصاريف الناشئة ؟!

- الضرائب المستحقة.

- الالتزامات المالية الكفولة (المضمونة) بسندات أو غيرها.

الالتزامات المالية طويلة الأمد:

- قروض البنوك.

- الإشعارات طويلة الأجل.

- الرهونات.

- الضمانات.

صندوق تمويل ذو أغراض خاصة:

– صندوق تمويل الطوارئ وصندوق تمويل الحالات وصندوق تمويل الهبات والتبرعات وصندوق تمويل التدريب وصندوق للرعاية المجانية.

رأس المال

يتعين تقييم رأس المال إلى قسمين:

- رأس المال الأصلي الإضافات برأس المال.

- ملخص الدخل والنفقات.

يلزم للتعديل والضبط سنوياً من ملخص الحسـابات وصـافي رأس المـال أو صـافي الثروة العاملة لأي زيادة تحصل كل عـام في تجاوز الـدخل عـلى النفقـات أو تجـاوز النفقات على الدخل، ويساعد ذلك في إيجاد قيمة أصلية كانت مستثمرة كرأس مـال (استثمار أموال) وإضافات أخرى مرتبة عليه.

التسعير في المستشفيات استناداً إلى النشاطات

التعريف:

إن للتسعير استناداً إلى النشاطات أسلوب تم تطويره للإدارة الاستراتيجية وتقوم بتحليل تكلفة جميع النشاطات الداخلة في عملية الإنتاج، وهذا الأسلوب ملائم جـداً لحساب التكلفة في المؤسسات الخدمية مثل المستشفيات وهو مفيد أيضاً لتجديد التكلفة في كـل قسـم أو مركـز نشـاطات في المستشفى ولكل نشـاط مثل الفحص والإجراء والتدخل. إن الإدارة الماليـة المحسـنة واجبـة إذا أرادت المستشفيات التقاء والازدهار وتقديم الرعاية الصحية النوعية.

إن صناعة المستشـفيات في الهند صـناعة تشرف عـلى الغرق فالمستشفيات الحكومية في حالة محزنة والمستشفيات الخاصة تغلق أبوابها.

دراسة للرعاية الصحية – الأعمال في الهند

٢٨ كانون الأول ١٩٩٨ إلى ١ كانون الثاني ١٩٩٩م

السعة السريرية للمستشفيات في الهند:

وحتى بما هي عليه فإن السعة السريرية المنشأة في الهند لكل ١٠٠٠ مواطن أقل منها بالمقارنة مع مناطق أخرى من العالم (بتنظيم الموارد للتعاون والتطوير الاقتصادي ١٩٩٠ بيانات منظمة الصحة العالمية) والصين تقريباً أربعة أضعاف عدد الأسرة الموجودة في الهند لكل ١٠٠٠ نسمة حتى أن بعض الدولة شبه الصحراوية الإفريقية فيها ضعف السعة السريرية الموجودة في الهند وإن الأسواق الاقتصادية المقامة لها ١٢ ضعف ما لدى الهند من الأسرة لكل ١٠٠٠ مواطن وإن السبب الرئيسي وراء العدد الضئيل من الأسرة في الهند هو الجهل بعوامل التكلفة المرتبطة بالفائدة والإجراء المتخذ المستند إلى التكلفة والعائدات. فلا يتم القيام بتجديد التكلفة والتحليل بصورة مرضية في العديد من المستشفيات فإن تجديد السعر مسألة معقدة فهناك تكاليف مباشرة وأخرى غير مباشرة فإن من الضروري اختيار كيفية الاستغلال الأمثل للمواد لإنجاز الأهداف والأغراض متعددة.

أهداف التسعير استناداً إلى النشاطات:

١- تنظيم الأسعار (التسعير للخدمات).

٢- إدارة أفضل.

* الوعي بالتكلفة – والتحكم بالتكلفة – وفاعلية التكلفة.

* إقصاء أو إبعاد الهدر والضياع.

* وضع علامات

٣- رسوم المستخدم وتغطية التكلفة:

٤- التأمين – خطة المساعدة الطبية.

٥- تخصيص التمويل (وخاصة في القطاع الحكومي).

٦-التنظيم بواسطة الحكومة.

٧- الشفافية.

تنظيم الأسعار:

إن الغرض الرئيسي من هذا الفصل هـو تحديـد كيفيـة القيـام بعمليـة التسـعير بصورة منصفة وعادلة للوفاء بالتكاليف الحقيقية يبـدو النظـام الحـالي للتسـعير قـد أنشئ لغرض خاص فقد وضعت مسـتويات الرسـوم دون الرجـوع إلى التكلفـة، وتـم تنظيم أجور الخدمات على أساس المسح الأولي للسوق للخدمات المقارنـة في القطـاع الخاص فالرسوم لفحص علم الأمراض الكيماوي تم وضعه بعد تفقد الأسعار التي تم وضعها بواسطة جهات منافسة تم وضعها عن كثب.

تكاليف وتمويل الرعاية الصحية

VHSمدارس – مؤسسة فورد ١٩٩٠

الوعي بالسعر والتحكم به:

فور معرفتنا بالتكاليف الحقيقية (المباشرة وغير المبـاشرة) وإنـه بإمكاننـا إيجـاد وعي بالتكلفة بين العاملين في جميع المستشفيات مـما قـد يـؤدي إلى مراقبـة أفضـل لمراقبة التكلفة وإدارتها، وهناك استراتيجيات عديدة يمكن تبينها في هذا المجال.

- تخفيض تكلفة المدخلات بالمقارنة مع المخرجات.

- الاستخدام الأمثل للأفراد.

- تغيير التقنية.

إن أنظمة التحكم بالتكلفة ضعيفة في معظم المؤسسات تقريباً ولا تملك معظـم المؤسسـات المعلومـات عـن تكـاليف الخـدمات المختلفـة مثـل صـور الأشـعة اكـس وفحوصات التشخيص وإن التحليل التكاليف الخدمات المختلفة للمستشفيات لا

يساعد فقط بتقنين بنية الرسوم ولكن يوضح أيضاً المدخل لتخفيض التكلفة، فالاقتصاديات التي يتم إنجازها يمكن تمريرها إلى المرضى.

وخدمات التقنية العالية - لم تتغير في تكلفتها الكاملة والتي سيكون الكثير من المحرومين منها حيث تلزم لعدد قليل من المرضى لذا فإن مثل هذه الخدمات الدعم المالي المتداخل من قبل مستخدمين آخرين.

بيتر بيرمان و م. أي خان ١٩٩٣

الدفع للرعاية الصحية في الهند - نيودلهي - سيج للنشر

فإذا عرفنا عناصر التكلفة للخدمات المختلفة فيمكننا إدارتها ترتيبها بصورة أفضل وتقليل الضياع والتحكم بالتكلفة ولعدم ضرورتها الملحة فإن المدخلات والتكنولوجيا المرتفعة الثمن يمكن تلافيها بالآتي:

- الاستبدال بأقل تكلفة، وليس بأقل كفاءة، كادر الأفراد الصحيين.

- طرح الحاجة إلى عدد ومدى الخدمات الشخصية المطلوبة.

- استخدام تكنولوجيا أقل كلفة ومساوية في الفاعلية للفحوصات والعلاجات.

- استخدام أنظمة عقاقير أقل كلفة لا أقل كفاءة.

ويجب أن تكون المستشفيات دائماً واعية بكفاءة التكلفة وتأثير التكلفة.

أكثر كفاءة: تنفيذ الخدمة بأسعار أرخص وأصل تكلفة مع موار أقل عاملين ومواد وأموال ووقت.

أكثر فاعلية: الاهتمام بالنتائج (النتائج الحاصلة) وإنجاز الأهداف.

عمل ميزانية سريرية:

إن المشاركة بالمناقشة للتكاليف مع الأطباء يمكن أن يكون لها تأثير صحي على تخفيض التكاليف فقد لاحظت خدمة الصحة الوطنية في بريطانيا أن الأطباء لديهم اعتبار أقل للتكاليف التي تؤدي إلى:

- الاستخدام غير الملائم للموارد.

- والتكاليف المرتفعة للرعاية الصحية.

لم تكن محاولات الإدارات بالتحكم بالأسعار وضبطها ناجحة وقادت إلى قطع الخدمات إما في الكمية أو الكيفية والأطباء السريريون هم:

- موردون للرعاية الصحية.

- وطالبوا موارد للخدمات الصحية.

ويأخذ الأطباء قراراتهم نيابة عن المرضى:

وبالوعي بالتكلفة يتعلم الأطباء تخصيص الدخول غير الضروري إلى المستشفى والفحوصات الزائدة والوصفات الطبية غير المنطقية.

فوائد عمل الميزانية السريرية:

هناك العديد من الفوائد لجعل الأطباء منخرطين بصورة كاملة في عمل ميزانية خدمات المستشفى.

- فهناك رؤساء للوحدات السريرية منخرطون في التخطيط وتخصيص الموارد وإنجاز الأهداف.

- ويسعى رؤساء الوحدات السريرية لتحصيل موارد محددة من الأفراد والمعدات، لأداء الخدمة على أفضل وجه.

- تعتبر كل وحدة سريرية مسئولة عن نفقاتها بما في ذلك الإرسال إلى مراجـع طبيـة أخرى والفحوصات والعقاقير والمواد والخدمات من الأقسام الأخرى.

- وتقود عمل الميزانية السريرية إلى احتواء التكلفة والتحكم – الضياع.

رسوم للمستخدمين وتغطية التكلفة:

هناك صخب وحلبه لتقديم رسوم المستخدم في كل مكان بما في ذلك المرافق الصحية الحكومية، وقد كان رسوم المستخدمين في غموض في المستشفيات التطوعيـة والخاصـة وللقيـام بـذلك بصـورة منطقيـة فإننا بحاجـة لمعرفـة التكلفـة الحقيقيـة للخدمات.

وهناك العديد من الحالات لمعارضـة لرسـوم المسـتخدم وإن الأكثر أهميـة هـو العدالة والإنصاف فالخدمات الصحية يجب أن تكون مفتوحة ويتم تقديمها للجميع، عندما توضع الأجور فإن الفقراء جداً سيتم استثناؤهم وخدمة الرعاية الصحية مـن المهم جداً أن تترك لآلية السوق.

وتطرح تغطية التكلفة العديد من الأسئلة:

- ما الذي تضع الأجور له؟

- من الذي تأخذ منه الأجور من لا تأخذه فيه؟

- كيف تضع الأجور.

- كم هي الأجور التي تضعها؟

وعند اقتراح الاستثناء فإنك تـرى أن العديـد مـن النـاس تـم استثناؤهم وأن الاستثناء قد فشل في الوصول إلى جميع من يرغب بالوصول إليه.

التأمين:

هناك طلب متزايد لتغطية خدمات الرعاية الصحية بواسطة التأمين والذي يتم فتحه للقطاع الخاص وحتى لأولئك المتنقلين ولتحديد القسط للتغطية التي يتم توفيرها فمن الضروري معرفة التكلفة.

فهناك العديد من ترتيبات المستشفيات مع الصناعات ومؤسسات الأعمال لتوفير الرعاية الصحية والفحوصات الصحية ويمكن تنفيذ هذه الخطط بما يعود بالفائدة لكلا الطرفين إذا تمت معرفة التكاليف.

المحتويات

الجزء الخامس

الجزء السادس

الجزء السابع

HOSPITAL ADMINISTRATION

1. Alaxander R H, Proctor H.J: Advanced Life Support Programme for Physicians, Chicago, American College of Surgeons, 1993.
2. Anand R. C., Satpathy S. Hospital Waste Management - A Holistic Approach, New Delhi, Deptt. of Hospital Administration, AIIMS, 1998
3. Banerjee G, Mathew N.M., Finch C.B. Health Related Cases Under Consumer Law, Delhi: Voluntary Health Association of India, 1995.
4. Berthe H. Virgime Henderson. Textbook of the Principles and Practise of Nursing. New York, The Macmillan Company, 1981.
5. Bureau of Indian Standard. Quality Management and Quality System Elements: Guidelines for Services IS: 14004 (Part-2), 1992.
6. Bureau of Indian Standard. Work Study Methods: Doc:MSD 4(7)) September, 1992
7. Davies R.L, Macaulay H.M.C. Hospital Planning and Administration, Geneva. WHO. 1966.
8. Diff T and Blake G. Quantitative and Accounting Methods. London: English Language Book Society Pitman, 1985.
9. El NaGeh MM. Basics of Quality Assurance for Intermediate and Peripheral Laboratories WHO Regional Publications. Eastern Medi-terranean Series no.2, WHO, 1992.
10. Goyal R.C. Handbook of Hospital Personnel Management. Delhi: Prentice Hall of India, 1997
11. Houseley C.E: Hospital Material Management, New York, ASPEN Publication, 1968.
12. Kapoor A, Sancheti V. Statistical Methods. New Delhi: Sultan Chand and Sons, 1994.
13. Kerlinger F.N. Foundations of Behavioural/Research. Delhi: Surjeet Publications, 1993.
14. KleezKowski BM: Approaches to Planning and Design of Health Care Facilities Vol.3-5, Geneva, WHO 1985.
15. Manual of Hospital Housekeeping. Chicago. American Hospital Association, 1959.
16. Mac Eachern MT. Foundations of Behavioural/Research. Delhi: Surjeet Publications 1983
17. Mathew N M, Unni Krishnan P V: Transplantation of Human Organs Act, 1994. New Delhi, Voluntary Health Association of India, 1995.
18. McGibony JR. Principles of Hospital Administrtion. New York: G.P. Putnams Sons, 1969.
19. Muthuswamy, Brinda: CCS CCA Rules, New Delhi, Swamy Publishers, 1997.
20. National Productivity Council. Work Measurement, Management Guide. New Delhi, 1989
21. Parikh C K, Textbook of Medical Jurisprudence and Toxicology, Bombay Medical Publications, 1981.
22. Perkins JJ: Principles and Methods of Sterilization in Health Sciences, Illinois, Charles C Thomas Publishers, 1983.
23. Putsep E: Modern Hospital International Planning Practices. London: LLOYD-LUKE LTD 1979.
24. Roomer ML, Anguilar C.M. Quality Assessment and Assurance in Primary Health Care. Geneva: WHO Publication, 1988.
25. Roush, W R: Principles of EMS Systems, American College of Emergency Physicians Texas, 1994.
26. Rowland H.S., Rowland BL. Hospital Management - A Guide to Departments. New York: Aspen Publications, 1984.
27. Salhizzo RF: Emergency Department Management - Principles and Applications, Boston Mosby, 1997.
28. WHO Series :Safety in Health Care Laboratories, New Delhi, Byword Editorial Consultants, 1997.
29. Wolper L F, Pewa JJ: Health Care Administration, Principles and Practices, New York, ASPEN Publications, 1987.

Bibliography

GENERAL MANAGEMENT

1. Davis Keith. Human Behaviour at Work. Delhi: Tata Mcgraw - Hill Publishing Co.Ltd. 1981
2. Flippo E.B. Personnel Management. Singapore. McGraw. Hill Book Company,1984.
3. Ghosh, P.K, Ghorpade M.B. Industrial Psychology. Bombay: Himalaya Publishing House, 1986.
4. Harris. T.A. I'm OK - You're OK. New York: Harper & Row Publishers, 1967.
5. Koontz H, O Donnel C, Weihrich H. Essentials of Management. Singapore: McGraw - Hill, Inc. 1986
6. Prasad L, Gulshan S S. Management Principles and Practices. Delhi: S.Chand & Company Ltd. 1993.
7. Rao T.V. Readings in Human Resource Development. Delhi: Oxford & IBH Publishing Co.Pvt.Ltd. 1991.
8. Rao T.V, Perira D.F. Recent Experiences in Human Resource Development. Delhi: Oxford and IBH Publishing Co. 1986.
9. Shukla M.C, Grewal T.S. Advance Accountancy Delhi: S.Chand & Co.Ltd. 1986.
10. Tripathi P.C, Gupta C.B. Industrial Relations and Labour Laws. Delhi: S. Chand & Co.Ltd. 1998.

PREVENTIVE AND SOCIAL MEDICINE

1. American Medical Record Association, Illinois, Glossary of Health Care Terms: 1986
2. Government of India, Ministry of Health and Family Welfare: Health Management Information System. Verson 2.0
3. Park JE, Park K. Texbook of Preventive and Social Medicine, Jabalpur, Banarsidas Bhannot and Sons - 1997.